正道

谢泓 著

中国制造企业的新出路

生活·讀書·新知 三联书店

Copyright © 2025 by SDX Joint Publishing Company.
All Rights Reserved.
本作品版权由生活・读书・新知三联书店所有。
未经许可，不得翻印。

图书在版编目（CIP）数据

正道：中国制造企业的新出路 / 谢泓著. -- 北京：生活・读书・新知三联书店, 2025. 8. -- ISBN 978-7-108-08090-5

Ⅰ. F426.4

中国国家版本馆 CIP 数据核字第 2025KS8956 号

选题策划	何　奎
责任编辑	李　倩
装帧设计	薛　宇
责任校对	陈　格
责任印制	李思佳

出版发行　生活・讀書・新知三联书店
　　　　　（北京市东城区美术馆东街 22 号 100010）

网　　址	www.sdxjpc.com
经　　销	新华书店
印　　刷	河北鹏润印刷有限公司
版　　次	2025 年 8 月北京第 1 版
	2025 年 8 月北京第 1 次印刷
开　　本	635 毫米 × 965 毫米　1/16　印张 27
字　　数	327 千字
印　　数	0,001-5,000 册
定　　价	65.00 元

（印装查询：01064002715；邮购查询：01084010542）

知名企业家推荐

谢泓是我的知己，每每我需要他，总是不请自来。如此多次，我便觉得奇怪，谢泓怎么这么懂我？而我相信，视谢泓为知己的，不止我一个人。广东不少中小企业老板们，都如我一样。谢泓是广东省中小企业发展促进会的会长，他懂我们。

谢泓是一位君子，但他是观棋会语的君子。办企业，千辛万苦、千难万难，犹如下棋，下一步该怎么走？落子何处？我们难免有举棋不定之时。而且棋盘越来越大，不是一个省，不是一个国家，而是整个地球。棋盘如此大，局面如此复杂，当我们举棋不定，谢泓就会支招。而且他的招想得很远，穿透力很强。因为，他看了太多棋谱了。

企业都会创新，企业都能创新。创新为"奇"，但是，"奇"要转为"正"，才能持久。

如今，他的这本书，也像是一份棋谱，它将会是中小企业主难觅的知音。

——石华山　汉宇集团股份有限公司董事长

作为一名在制造业深耕四十年的企业家，我见证了中国制造的历史性跨越，也深切体会着多次转型之痛。当产业链重构的巨浪袭来，自我追问的同时，我第一个想到的人就是谢泓兄。与兄弟，也是与一位智者的一次次面对面，带着我们一次次学习顶流的商业文明与传统文化，我们在一起，风风雨雨，初心不改。

又是一个全球商业变革的伟大时刻，谢泓会长《正道：中国制造企业的新出路》的出版恰逢其时。这位躬身入局二十载的产业观察者，以广东省中小企业发展促进会为实践场域，用双脚丈量过珠三角上千家工厂车间，用双手触摸过制造业转型的真实温度。本书不是书斋里的理论推演，而是一位企业医生在长期问诊中开出的系统药方。

书中令我最为震撼的，是谢泓会长对"中国智造"本质的深刻洞察。他犀利指出："数字化转型绝非设备联网的数据游戏，而是价值创造逻辑的重构。"通过对汽车零部件、家电制造等十余个产业的案例解构，作者揭示了"隐形冠军"企业如何通过"工艺创新＋组织进化"的双螺旋模式，在细分领域构建起技术护城河。这些鲜活的实践样本，为困于转型焦虑中的企业家提供了可落地的路径参考。

更难能可贵的是，本书跳出了就产业论产业的局限，将制造业升级置于新商业文明的坐标系中审视。当书中论及"从效率优先到价值共生"的文明跃迁时，我仿佛看到作者为企业家推开了一扇新视窗，这种穿透周期的战略视野，正是当前企业最稀缺的思维方式。

中国制造的突围不在于追逐风口，而在于坚守"慢变量"——在基础材料、核心工艺、产业工匠等底层要素上持续深耕，这是一种清醒的认知。

——朱康建　博创智能装备股份有限公司董事长

我和谢会长结缘十六个年头了，前四年我引见他跟傅佩荣老师学孔孟老庄易；第二个四年是他引荐我去学习阳明心学；第三个四年我俩各自忙；最近这四年我每周等着读他的"行者视角"微文！在我的心中，谢泓是一个有热心、有激情、有使命感的人。也许因为他姓名和协会汉语拼音缩写都是XH的原因，他天生就是做协会的，而且一做就是二十年，把广东省中小企业发展促进会做到了中国最好的协会。

谢会长白天拜访企业，每年走访一两百家企业，晚上读书，每年读一两百本，周六闭门深度思考，周日不应酬撰写"行者视角"！依我看谢会长这本书不是写出来的，是走出来的、是读出来的、是思考出来的。这本书是广东制造业中小企业创业者纯粹的初心、极致的创新、艰苦的奋斗、成功的传奇……以及他们的喜怒哀乐和酸甜苦辣！这本书是广东制造的写真，这本书是中国制造的缩影！我知道谢泓会长至今没有赚到什么钱，但他看到企业家赚钱就高兴，每谈到企业、企业家，他就激情澎湃、豪气万丈，以至载歌载舞，因为他心里装着企业，因为他深爱着这些企业家！为此，他到处奔走、呼号，他呐喊，无所畏惧！想起2017年，谢泓会长约上我联合十多位企业家一起上书广东省委书记、省长，建议成立"广东制造创新中心"，汇聚创新要素，构建创新生态！没有想到竟然得到了领导的特别重视，以省政府相关部门为主管单位批准成立了"广东制造创新中心"，至诚无息啊！谢泓会长就是这么服务广东，甚至中国广大中小企业的，如果您有心抽时间读读这本书，会感同身受于自己的创业、创新、管理、经营！买本书赠送身边的企业家或未来的创业者，大家一定会在当下坚定信心，大家必定会对未来充满希望！

——刘小锋　广州千江企业集团有限公司董事长

谢泓会长和广东省中小企业发展促进会是南粤众多中小企业的"娘家人"，也是包括奔朗在内的许多企业的"贵人"。面对"内卷""出海""转型升级""路在何方"这些企业老板普遍关注的焦点，"行者视角"一次次用活生生的案例分享、独特的观察思考、鞭辟入里的逻辑分析给我们带来有益启发和前行信心。人间正道是沧桑。我相信《正道》一书必能引发更多企业家的思考、共鸣和行动，在中国制造造福全球的探索上"汇集智慧，相伴成长"。

——尹育航　广东奔朗新材料股份有限公司董事长

翻开这本书，仿若置身中国制造企业的奋斗现场。作者以质朴笔触，生动勾勒出企业于时代浪潮中破局突围、谋求可持续发展的壮阔图景，字里行间皆是洞察与思考，令人心潮澎湃。

作为制造业的经营者，我深知唯有坚守正道、敬畏规则、尊重市场，方能在跌宕起伏中稳健前行。那些淬炼出的韧性，正是企业穿越周期的关键力量。

《正道》一书汇聚众多企业家的实践智慧，为行业发展指明方向。期待此书成为企业稳健发展的智慧灯塔，与各界同人携手，共同助力中小企业迈向高质量发展新征程！

——马永涛　广东东箭汽车科技股份有限公司创始人

《正道：中国制造企业的新出路》这本书真的是商业领域的宝藏读物！谢泓会长多年来始终陪伴中小企业成长，他以深厚的行业洞察积淀和前瞻性的视角创作了此书。它既是企业不断前行的激昂行进曲，更是引领创新的灵动乐章。书中清晰地呈现了"中国制造"向"中国智造"的历史性转移，深入剖析了产业互联网这波革命浪潮，精准解密了中小企业数字化转型与逆势增长的密码，还描绘出新型商业文明的未来图景。无论你是企业掌舵人，还是对商业发展充满好奇，这本书都不容错过，赶紧读起来！

——许桂萍　广州市迪彩化妆品有限公司董事长

二十年如一日深入走访、研究与洞察中国制造业，坚持每周一篇对中国制造业发展的透析与洞察文章，全心全意陪伴中国制造业与中国企业家，肯定是最了解中国制造业，对制造业企业家最上心的研究者、观察者与陪伴者。书里的每一篇文章，对产业研究者、政策制定者、企业管理者都大有启迪与帮助。近几年，作为一名专精特新的制造业创业者，我每周都认真学习谢会长的文章，并在与谢会长的交流中，受益匪浅！

——史杰君　英得尔实业（广东）股份有限公司董事长

每期拜读谢泓会长的"行者视角",能够领略到一个儒雅灵动的"旁观者"的大局观和新思维,对未来的预见、趋势的理解、平台的建设,让我看到谢泓从旁观者到哲学家和践行者的演变。

谢泓会长严格意义上来说更像"跳出三界外"的学者,在企业家充满焦虑的时刻,恰如其分地娓娓道来,很客观很中肯,值得我们学习!中小企业在各种黑天鹅、灰犀牛交织的狂风大浪中驾船前行,需要愿力,专注力,创新力,洞察力,当我们在不远的将来看到春暖花开时,再回首今天的努力和坚持,我们才会看到愿力人生的精彩内涵!

——吴启超　广东天安新材料股份有限公司董事长

每周阅读谢泓会长"行者视角"专栏的文章已经是一个常态,转眼间已是十年!有幸拜读谢泓会长很多文章,并长达十多年跟随会长走南闯北,拜师求学,学经论道,广交朋友,在不经意的岁月中有进步,有成长,有升华!这就是汇集智慧,相伴成长吧。

就如书中描述和记载的,广大中小企业如何应对每个阶段的艰难险阻,并在波涛中成长,作者及时地进行深入的探索、分析和总结,是广大中小企业主学习、反思并重新出发的加油站,这也是广东中小企业十多年来的发展史。

笃定坚守,潜心研究,很少有人像谢会长那样二十年如一日怀有对中国中小企业发展悲天悯人的使命感!

祝贺:《正道:中国制造企业的新出路》成功出版发行!

——魏国锋　胜业电气股份有限公司董事长

有幸拜读了《正道:中国制造企业的新出路》,收获良多,故推荐给正在迷茫的企业经营者。作者长期跟踪广东中小企业,特别是制造业生存和发展过程,用深厚的理论基础,独特的见解,犀利的眼光,剖析了广东制造业目前的瓶颈,分析产业深层次的问题一针见血,为如何进行产业升级、实现高质量发展指出了方法。作者对新商业文明与高质量发展这一中国新的历史时期使命充满信心，读了本书深深感受到我们这一代企业经营者的作为和担当。行稳致远，守正创新，这是制造业的出路。

——陈建波　广东鸿智智能科技股份有限公司总经理

在制造业转型的关键节点，谢泓会长的《正道：中国制造企业的新出路》无疑是一盏拨开迷雾的明灯。书中以鲜活的案例与深刻的洞察，为企业突破发展瓶颈、锚定高质量发展路径提供了清晰指引，助力企业管理者在复杂多变的市场环境中，走出一条独具特色的创新之路。

——李峥　通桥医疗科技有限公司创始人、总经理，归创通桥（港股上市公司）执行董事

在全球产业链重构与科技革命浪潮交织的今天，当"利润寒冬""转型焦虑"成为制造业高频词，谢泓先生撰写的这本著作，以敏锐的洞察力剖析了中国制造的深层挑战与变革机遇，为制造业转型升级提供了极具价值的实践指南！

全书以广东制造为样本，深度剖析数字化转型的底层逻辑——中国制造的下一程，不在规模扩张，而在价值重构！这是一部从实践到战略的导航手册：它教会你在存量博弈中开辟增量赛道，在全球化退潮时筑牢本土根基。

沈阳作为国家先进装备制造业基地，正处在产业能级跃升的关键期。书中强调的理念，与沈阳推动打造东北数字经济新高地的战略方向高度契合。我极力推荐东北的民营中小企业家读这本书，期待沈阳甚至全东北的企业家能从书中汲取智慧，在工业互联网赋能传统制造、场景创新培育新业态等领域开辟新局，为中国制造的高质量发展注入"北疆力量"。

——刘洪文　沈阳市中小企业协会荣誉会长、沈阳防锈集团董事长

听内行讲门道

梁小民

相比于其他行业,制造业一直是利润率偏低的行业。经历了新冠疫情的打击,尤其是特朗普上台后挥舞"关税大棒",更让人对制造业的前景忧心忡忡。制造业的辉煌时代要结束了吗?

我不这样认为。从需求来看,无论在什么时代,人民的生活与经济的发展都离不开制造业。从供给来看,经过四十多年的发展,我们已经建立了一个完整而强大的制造业体系,我们的制造业产品遍及世界的每一个角落。我刚刚参加全球游回来,所到之处,无论是发达的欧洲,遥远的南美,还是欠发达的非洲,都有中国制造的产品。当发达国家逐渐走向去制造业化的空心经济时,我国的制造业对全世界的经济发展更是至关重要。去制造业化并不符合我们的国情。在可以预见的未来,制造业仍然是我国经济的基础,即使完全进入 AI 时代,这一点也难以改变。

但许多制造业企业,尤其是数量庞大的中小企业,面临的困难是确实的。制造业的出路在哪里?在互联网、人工智能时代,制造业企业应该如何发展?对这些决定命运的事情,我们还是要听听内行专家给我们讲的"门道"。谢泓先生的《正道：中国制造企业的新出路》正是这样一本"内行讲门道"的好书。

本书的作者谢泓先生二十年来一直从事制造业，见证了中国制造业从弱到强的全过程，现在担任制造业大省广东省的中小企业发展促进会会长。从这本书中可以看出，谢泓先生不是书斋式的理论家，对实际的了解仅仅处于走马看花的状态，他本人就是实践家。首先，他不是仅做一家企业，而是作为这个行业的会长熟知许多不同类型的企业，与这些企业的老板是无话不谈的朋友，所以对整个行业的情况极为熟悉。其次，他不仅仅是"做"，还在思考，在工作中不断总结许多企业的成功经验，从中得出企业发展的规律，看着现在，思考未来。这就使他的实践和观察上升为理论，有了更普遍的意义。最后，谢泓先生读了许多书，包括经济学的和目前最受关注的，如熊彼特的书和当下相当流行的《枪炮、病菌和钢铁》。这就使他不仅有实践而且有理论，两者的结合就使这本书不同于一般的记者调查，而是既有实践又有理论思考。

那么，作为内行的谢泓先生向我们说了什么呢？要详细解说，又要一篇长文了，但我说完了，大家读这本书也如同吃别人嚼过的馍，没味了，我只想提醒几个重要的观点。

在当前的互联网和未来的AI时代，制造业当然不能固守传统，一成不变。时代变化引起的制造业的变化，用一句话来概括就是要从制造业转向智造业，用互联网和AI技术实现对制造业的根本改造，包括从观念、模式到经营策略的改变，比如从制造到服务，从制造到系统，确定新时代制造业的生态位，构建新的产业体系，总之"中国制造要在基础创新、高端制造业、品牌、工业标准与底层系统、工业控制系统的发展中，形成更加立体及全面的工业体系"，全书正是围绕这一中心展开的。

本书以此为中心，但并不是纯理论的分析，而是结合广东省制造业发展的实践来展开这个观点。广东是制造业大省，又是最开放的地区之一，这就使广东的不少制造业企业，包括许多中小企业，在制造业的转型中处于全国领先地位，甚至在全球也独树一帜。比如制造业与数字经济的结合，寻找制造新场景、极致制造，用数字化实现制造业的全要素竞争优势，在 AI 时代实现中小企业的生态优化，实现制造业大省的后工业化演进，等等。

现在是一个互联网为王的时代，制造业当然不能视而不见，无所作为。制造业要通过构建产业互联网来构建适应时代的新业态。这种新业态改变了过去"制造—品牌商—渠道商—零售店—用户"的旧模式，转向"制造—品牌商—用户"的新模式，从而大大提高了效率，可以有效地应对全球制造业的不确定性，塑造全新的行业格局。同时产业的垂直互联，利用互联网的创新和规模经济，提高质量的"工业上楼"，形成地方产业集群，等等，都是互联网带来的新业态。互联网不仅从供给侧一方改变造制业，也会在需求侧一方改变制造业。这就是构建消费大市场，释放市场潜力，即开发出潜在需求。

在全球化时代，我们不能满足于产品与劳务出口，而要进一步让中国企业出海，实现中国企业的国际化。大家都记得，20 世纪 80 年代初外资进入中国的情况，许多海外企业进入中国办厂，既实现了自己的赢利，又推动了中国经济的发展。如今我们强大了，也要像四十多年前的外企一样走出去，既实现中国企业的成功，又推动欠发达国家的经济发展，这也是中央"一带一路"方针的内涵之一。在当前形势下，出海不仅仅是在国外办企业，而是要出品牌，用优秀的供给链推出新品牌，在全球创造出中国的创新供应链，建立中国制定产业标准与游戏规则的国际企业。在世界中成长才是中国企业的未来。

在中国的制造业中许多是中小企业。在数字化与国际化时代，这些企业面临的困难更多，它们应该如何发展？这是作者关心的问题，也是我们许多人关心的问题。中小企业之间差异极大，作者用不同企业成功的例子说明中小企业成功之路，如百福电器的坚守，欧佩纯对技术应用场景的理解，启正电气在美国做品牌，优凯公司创造出绿色洗涤剂"偶爱你"。当然，中小企业也需要像力王高科一样实现管理的自我变革，实现精益管理，像中山新盛机电一样重塑产业结构。这些例子可以给不同企业不同的启示。照办是不可取的，但学习是必须的。

制造业的这些改造与重构会给世界带来一种新的文明。

我是一个书斋式学者，或者说"书呆子"，"百无一用"的书生，年逾八旬，也很少深入企业实际，读了这本书感触颇深、颇多。当然也引起了我的一些联想，不免要"狗尾续貂"。

首先，无论任何时代，人才都是企业成功的关键，尤其在互联网和AI时代，人才更是关键。作者注意到了这问题，我补充两点。一是教育体制必须有根本改变，以培养经济需要的技术型人才为主。德国制造业的成功正在于高技术的熟练工人及培养他们的教育体制。从这个意义上说，我特别支持复旦大学削减文科的想法。不是不要文化，是不必要那么多人。众多的青年学文学、历史、哲学之类学科有什么用？还是更多需要技术型人才，中国未来制造业的转型成败就在于有没有这样的人才，不在于有多少文学家，史学家，哲学家。而且那么多学这些学科的人，有几个能成"家"？但制造业的技术是每个人都可以学会的，国家其实已意识到这一问题，也开始强调职业教育。但这个改变有一个漫长的过程，更为现实的是，企业用学徒制培养实用性技术人才，英国工业革命的成功依靠的正是瓦特这样的学徒制培养的工匠。晋商的成功也在于学徒制培养的人才。近年来法国青年人就业困难，政府又号召重启学徒制。大学生就业率是不高，可以到企业当学徒。他们有良好的文化基础，更容易成为企业需要的人才。这一点还需社会与大学生观念的转变。当然大学生不愿意也可以培养那些没有大学学历的人。企业不要只用人，还要培养人。

其次，本书特别强调了出海。作者引的例子主要以东南亚为主，我觉得出海可以是全世界，别只在东南亚，这些年我到世界各国旅游，尤其今年用四个月实现了全球游。旅游中我就看到许多商机，有更大的市场等着中国企业去开发。中国在海外的华人很多，但多是开饭店、开超市，从事制造业的很少。我们的产品遍布世界，为什么不能再进一步企业遍布世界？在中东、中亚、南非、南美这些地方落后的国家太多了，我们为什么不去这些地方办企业？风险当然是有的，但如果怕风险不去，岂不失去了机会？美国通用公司的雪佛兰汽车独占乌兹别克斯坦的市场，我们的汽车企业为什么不去？中东的许多电器都来自中国，且价格奇高，为什么不去这里办一些电气厂？走出去看看，全球机会太多了，企业家到更多的地方去考察、调研，一定会发现比东南亚更好、更广阔的地方。走出去不要只盯着与我们文化相近的东南亚，把眼光放得更远点。

最后是政府的支持。市场经济离不了政府，没有政府的纯市场经济从来没有存在过，问题是政府做什么，不做什么。本书用中国土地的例子说明了土地政策给企业带来的困难，这正是要改进的，中央多次强调支持民营经济，尤其是中小民营企业，但有些基层就说得多，做得少了。制造业的转型离不了企业本身，这是本书的重点，但也离不了政府。政府在制造业转型中如何成为助力而不是阻力，这是一个有待研究的问题。

敢用狗尾续貂，说明这貂好。每个关心中国、关心中国制造业的人，都应该读读这本书。读了也许不同的人可以用不同的尾来续这貂。

本文作者系著名经济学家
2025 年 6 月 9 日

打开问号

文 钊

几年前,我的同事因为偶然看到谢泓先生的文章与他相识,并邀请他成为我们的专栏作家。此后报社组队去广东调研制造业,他组织当地企业家与我们座谈交流,参与调研的同事都觉得获益颇丰。这又促成了《经济观察报》与他担任会长的广东省中小企业发展促进会的合作。我们共同发起了针对制造业营商环境和经营状况的若干次问卷调查,根据问卷分析及企业家访谈形成的调查报告在不同层面引起了反响和关注。

每次读他的专栏文章,我和同事都觉得发现了一位宝藏作者。他以平实的笔触、生动的讲述和冷静的思考,将当下珠三角企业和企业家正在发生的故事展示在读者面前,我们由此得以近距离地认识一群优秀的企业家,也理解他们在变局下的行动与思考。

读他的文章,我常常觉得他像一个优秀的新闻记者,始终保持着好奇心和追根问底的能力,绝不轻易放过任何疑问。不同的是,在这个过程中,他的角色自如切换,从一个商业世界的"局外人",到与企业和企业家血肉相连的"一份子"。以我的浅见,谢泓先生的特别之处在于,他不会满足于做一个微观世界的观察者。尽管他对企业和企业家的故事可以信手拈来,不过很多时候,他显然是有意识地后退几步,让自己从微观世界抽离出来,从而可以在更大的视角和景深中对耳熟能详的故事做远观的冷静分析。无论是智能制造、数字化,还是产业互联网和出海,那些鲜活生动的案例一旦放在中国经济乃至世界大变局的背景下,就有了新的含义和启发。风起青萍之末,在这些珠三角的中小企业燃起的星星之火中,隐藏着中国制造乃至中国经济御风而行的密码。

谢泓先生研究企业家"术"的精进,也思考着企业家"道"的探索与选择。由此,他的视野就超出了广东,也不局限于中国制造。他在"中国深度"中观察制造业的迭代与进化,更在全球尺度下重新审视中国制造和中国企业的迭代与进化。这些思考凝结成他对新的商业伦理和商业文明的执着追问——他呼唤中国企业家及社会回归科学与理性、创新与创造、精益与求精、求真与务实,摈弃西方资本的投机、摈弃资本社会的急功近利和重商主义,刷新中国的商业文明。所谓正道或者说中国企业的终极选择,关键或许也在于此。

这些年,中国制造常常被推到风口浪尖。其中原因正如作者所说,"中国企业正处在新旧结构破立之间"。一方面,我们看到企业在压力之下的突围,一些"卡脖子"技术被突破,中国制造在价值链中正在占据更有利的位置,一批中国企业扬帆出海,在更大的世界里寻找自己的定位和新的发展空间;另一方面,成本上升、内卷、产能过剩、贸易壁垒和逆全球化也让企业在前行路上应接不暇。在面对诸多不确定的时候,中国制造企业如何安身立命，如何找到属于自己的确定性，对于很多企业家乃至中国经济的观察者来说，还是一个巨大的问号。

谢泓先生以自己的方式忠实地记录了这段正在发生的历史——它远未结束，相信谢泓先生的观察与书写还会继续。这本书所展示的或许只是历史的截面和片段，但我们感受得到历史的震荡和时代的脉动，这有助于我们更有信心地面对那个问号：广东乃至中国制造企业的韧性和底蕴从何而来——谢泓先生笔下的广东企业家低调务实，敏锐敢为，有惊人的嗅觉，善于捕捉任何机会。没有人敢说他们的尝试一定成功，但他们始终保有"闯"与"创"的勇气，不放弃每一个可能。更难能可贵的是，他们有突出的学习和思考能力，这足以让他们中的很多人在挫折乃至失败中成长、成熟。

读谢泓先生这本书，中国企业特别是制造业企业在压力之下表现出的适应力、创造力和行动力常常让我感叹。我因此坚定了这样的认知：不用怀疑，只要少一些人为的约束和管制，给企业家足够的空间，让他们能够充分发挥创造、创新能力，并且多一点包容，中国企业一定行，中国企业家一定行。是否可以说，这也是谢泓先生给出的答案呢——这该是我们探寻的正道的一部分。

谢泓先生的文字理性而不乏激情，平实但无碍厚重。我猜想，这是因为字里行间或许正好透露了作者本人对制造业的深厚情感。20年前，正是谢泓先生发起成立了广东省中小企业发展促进会。作为商会，它的定位是服务成长型制造业企业的发展——那时候还没有"专精特新"的提法。这么多年下来，他和很多企业家彼此亦师亦友。他是服务者、同行者，也是陪伴者，加上他又是一个笔耕不辍的观察与思考者。当一个人坚持 20 年认认真真地做一件事的时候，自然就有了足够的积淀。

所谓水到渠成，这本《正道》正是时候。

本文作者系《经济观察报》执行总编辑

2025 年 7 月 5 日

目 录

第一章 新趋势：
中国制造正在向中国智造进行历史转移

中国制造进入向平台转型的窗口期   3
新型工业化与制造业新未来   13
一半海水一半火焰：那些逆势增长的中国制造
   新势力，做对了什么？   20
何谓"制造业当家"？   28
寻找制造新场景   37
极致制造   45
数字化与制造业的全要素竞争   55
AI时代的终极战场：中小企业的生态优化   65
制造业大省的后工业化演进   76
中国制造如何锚定未来十年？   87

第二章 新业态：
产业互联网是一波蓬勃兴起的革命浪潮

产业互联网是何物种？   101
产业垂直互联将重构产业格局   110
"星星之火"中的产业大变局   118
规模经济或将重塑制造新业态   128
"工业上楼"热之下的冷思考   136
地方产业集群：退化与再造   145
涌动的消费大市场   156
让新质生产力到达市场   167

第三章　新向度：

智能制造正在奔赴星辰大海

出海，艰难的选择　　　　　　　　　　　　　183
出海归来，再谈中国企业国际化　　　　　　　192
出海出品牌　　　　　　　　　　　　　　　　202
中国的创新供应链　　　　　　　　　　　　　210
企业升级有很多选项，哪个才是永恒竞争力？　220
开放向未来：中国企业的确定性是什么？　　　229
中国企业的国际化应该是星辰大海　　　　　　237

第四章　新企业：

中小企业数字化转型与逆势增长的密码

土地正成为中小企业高质量发展之痛　　　　　251
存量经济时代，中小企业怎么发展？　　　　　261
改造一部造纸机，打开一个新世界　　　　　　271
吊扇越洋记：小企业如何在美国做品牌　　　　277
说"偶爱你"，真的不容易　　　　　　　　　　287
中小制造，需要一场管理的自我变革　　　　　297
中小企业深藏功与名：不只关乎就业　　　　　304
一家"追光"企业的哲学思考：未来产业的
　　重构密码　　　　　　　　　　　　　　　312

第五章　新文明：
一种新型商业文明的历史逻辑与未来图景

灵渠：不单是国家主义的结果	321
《棉花帝国》的启示：制度安排是新商业文明滥觞的关键	331
"以经济建设为中心"的社会价值	336
钢筋、数字与生态	341
文明的夹角：中国经济的第三只眼睛	353
企业参与社会治理的底层逻辑	362
一家"裙带关系"简单的企业	367
大企业存在的意义是责任而非攫取	377
企业与共同富裕	387
中国制造业的底层重塑：新商业文明的力量	397

后记 406

第一章 新趋势：
中国制造正在向中国智造进行历史转移

中国制造进入向平台转型的窗口期

在传统制造业中，企业运营主要采用供给侧驱动的方式，其固有思维模式着重于成本控制和提升员工的劳动生产效率。若企业能够实现规模经济，单位成本越低，企业便越有可能在市场中占据基于供给侧的垄断地位。

广东就有一家从事小电机生产的企业，十余年来坚持实施精益生产管理，其单一产品的全球市场占有率高达50%，拥有市场定价权，可谓典型的"单项冠军"企业。然而，尽管该企业利润丰厚且已上市多年，其目前的市场估值却并不高。这引发了一个疑问：制造"不值钱"了吗？

从制造到服务

2024年年初，北京某投资机构的一位负责人联系笔者，希望了解一家广东制造业企业的情况，该企业正寻求募资。在交流过程中，该投资人因该企业属于制造业，表示不考虑投资。笔者向投资人解释，这家企业并不简单，它在美国拥有自己的品牌和销售渠道，并且正计划借鉴香港 TTI 创科集团的发展模式进行转型。

TTI 创科集团成立于 1985 年，是电动工具、户外园艺工具、地板护理及清洁产品等领域的全球领导企业。1988 年，TTI 创科集团在广东东莞厚街镇设立工厂，开始在中国内地拓展业务。当时，许多欧美电动工具企业因未能及时转移产能而失去竞争力。TTI 创科集团则通过产业转移获得竞争优势，并在香港上市后，充分利用其在制造、资本和渠道方面的优势，进行了长期的全球并购，发展为年销售额达 130 亿美元、拥有 20 个品牌的全球"隐形冠军"企业。

该投资人在了解相关情况后，分析了其欲了解的这家制造业企业在中国股市中的对标企业。其中一家是笔者所在单位广东省中小企业发展促进会（以下简称促进会）的会员企业，属于纯制造业，市盈率约为 17 倍。而在深圳的一家从事服饰配饰、运动娱乐等时尚品类的企业，市盈率高达 40 倍左右。投资人分析，该深圳企业的财务报表里 4% 的收入为服务性收入，表明其是一家平台型服务业企业。

该投资人指出，制造业与平台型服务业企业的区别不在于 4% 的收入，而在于它们的经营逻辑。即使制造业企业拥有自己的品牌，也不一定能够获得更高的市场估值。能够获得高估值的企业，必须具备市场品类的可复制性和增长空间。例如，一家企业在国外建立了销售网络、物流体系和售后服务，并能够与其他相关品类企业共享，那么就具备了市场复制的能力，从而可以获得更高的市场估值。投资人还表示，她与许多制造业企业老板交流过，服务与制造的观念虽然只隔着一层纸,但实际上很难突破。

广东这家制造业企业负责人在了解到投资人的看法后,认为非常有道理。该负责人提到,他们在东南亚设有工厂,在美国拥有品牌和渠道,并发现一些规模较小的制造业企业没有能力向东南亚转移产能。该企业希望学习TTI模式,发展一些新品类。但此前,他们承接了一项保险柜市场订单,由于对工艺流程不熟悉,废品率超过30%。因此,该企业负责人开始思考,如果将企业转变为平台,为更多小型企业提供海外市场的支持,企业的生态地位将迅速提升。该企业研究判断认为,其原有产品的市场规模约为30亿元,即使加上相关产品,在3至5年内达到20亿~30亿元的规模已是极限。但保险柜的全球市场规模达200亿元,目前东南亚国家的供应链中尚无成熟的同类企业,一旦能够顺利拓展保险柜市场,市场前景将更加广阔。基于此,他们认为可以发展为"1+X+N"的平台模式,其中,"1"代表平台企业,"X"指与主业相近的产品,"N"指相关产品。

随后,在广东省中小企业发展促进会的牵线搭桥下,该企业迅速与一家在保险柜业务领域废品率几乎为零的"专精特新"企业取得了联系。经过一系列的调查和考察,双方在不到一个月的时间内就完成了合作签约。

观念、模式和经营策略的改变,促成了企业的变革。投资人希望企业在他们投入时具有制造业的估值,但最终能够获得服务业企业的估值。而企业也能通过改变运营模式,获得新的发展机遇。

从制造到系统

广州汉源新材料股份有限公司和上热（上海）金属热处理有限公司，以往专注于产品的生产，未曾意识到下游企业真正需要的是解决方案，而非单纯的产品。如今，这两家企业均已将业务重心转向提供综合解决方案。因此对技术公司而言，关键在于建立系统并提供全面的技术解决方案，而非仅仅制造产品。

佛山市虹桥家具有限公司（以下简称"虹桥公司"）作为一家传统家具企业，如今也在逐步向平台型企业转型。其转型之路始于参与投标成为服务商。

谈及几年前参与国内某机场家具项目投标时，虹桥公司董事总经理左伯良至今仍心有余悸。虽然虹桥公司曾承接过很多国外机场的家具项目，但都是给中标的服务商提供代工服务。当他们首次以服务商的身份参与投标时，面临的挑战不再是产品本身，而是一系列标准和资质的问题。

左伯良说在投标过程中，需要预存超过2000万元的保证金，以确保产品能够及时供应；同时还需要提供ISO质量认证、环保认证及相关检测报告，且这些文件的有效期必须在规定时间内。幸运的是，虹桥公司经常安排产品进行检测，避免了长时间的排队等待。若非企业刚好有计划地安排了检测，检测报告一时也根本出不来。

在投资医院项目时，左伯良说他们必须比医院院长更理解医院的需求。医院内的所有布局都需要精心设计。由于虹桥公司曾实施过精益生产，他们就把很多制造业精益管理的理念应用于医院办公家具和设备的布置规划中。例如，虹桥公司通过精益管理，原本每天需要行走20000步的生产车间，调整后仅须行走7000步，大大节省了员工的时间。同样，虹桥公司在制定方案时，会深入了解医院各科室的工作流程，以及医生的工作内容和环境，并派出专业人员实地测量医生的日常步数。

当被问及虹桥公司如何转型为平台型企业时，左伯良说他自己也不清楚什么是平台型企业，只是觉得以前给国外服务商供货，现在自己也有能力成为服务商，但没料到这么难。转型初期，他们参与投标意味着要与原有的经销商和下游企业竞争。转型风险巨大，特别是在投标机场项目时，需要准备的保证金、押金和备货费用等高达四五千万元。与经销商和服务商的竞争直接导致对方停止下单，虹桥公司的业绩一度大幅下滑。

面对如此巨大的风险，是否值得？左伯良说："值得。"他说，在虹桥公司参与国内机场家具项目之前，这些项目几乎被德国、日本等国家的国际服务商垄断。受制于人的不仅是高技术领域，服务业领域，尤其是涉及标准、服务和检测的业务，往往也被国外服务商所主导。国外服务机构形成了完整的链条，无处不在。曾有一家生产粉尘设备的企业希望向虹桥公司供货，性价比很高，但由于其产品不在国际认证体系的设备清单中，虹桥公司不得不购买价格昂贵的外国设备。

然而，自从虹桥公司成为国内机场家具的服务商后，国外的服务供应商几乎在中国市场销声匿迹了。左伯良认为，国内企业在产品质量、服务响应速度和应用创新方面，相比国际服务商更有竞争优势。

最近，左伯良正在学习AI技术，一方面是为了提高设计效率，另一方面是为了建立医院、机场、学校办公家具的应用数据库，通过算法验证家具和办公设备的布局合理性，形成平面图和

3D 图，进一步提高效率。他认为，重点在于强化设计和营销，提升客户体验，从而提高客户满意度。

从制造业向服务商转型，企业的管理观念发生了哪些变化？左伯良称，以前企业生产产品，侧重于产品的功能和生产，虹桥公司以办公家具为主，因此注重设计和人体工程学的应用。为了设计出优秀的产品，虹桥公司经常不惜重金聘请世界知名设计师。有时，仅一张椅子的模具费用就高达 200 万元。转型为平台后，企业最大的变化是研发要以市场和用户需求为导向。

有位制造业企业的老板曾跟做电梯的制造企业老板说，工厂购买电梯，其实是购买物流服务。电梯企业必须成为物流专家，为买家节省空间和时间，提供更好的工厂物流解决方案。左伯良对此深以为然，他认为虹桥公司就应该成为医院办公、机场客流、企业办公及生活、学校管理等方面的专家。

随着商业模式的变化，虹桥公司内部的管理方式也发生了变化，包括实行事业部制和合伙人制。总体管理思想是以用户为中心，深入打造用户场景。左伯良将虹桥公司打造成一个内部创业平台，共享生产、展厅、资质等资源给创业团队。他提到，虹桥公司每年需要投入 200 万元维护各种投标资质，以及 200 万元维护和更新展厅，这就是服务平台的价值所在。未来，如果建立 AI 家具设计平台，包括设计和推广资源都可以共享，平台的宽度更加广阔，企业将更具竞争力。平台的优势在于软件比硬件更重要，包括品牌、设计、数据、资质和标准等。

制造业新的生态位

平台经济模式起源于互联网电子商务的兴起。在需求端和消费侧的推动下，商业模式逐渐由 B2B（企业对企业的业务）向 B2C（企业对消费者的业务）转变，通过平台上的资源整合，形成了万物互联的效应，构建了全新的商业生态系统。

平台经济模式已经成为推动经济发展的重要力量，它不仅改变了企业的运营模式，还影响着社会大众的工作和生活，改变了创造财富的方式。

制造业企业向平台型企业的转型，既与互联网的兴起有关，也与中国制造业的厚积薄发和向上发展有关，同时与外部环境倒逼、中国产业结构的调整密切相关。

位于广东佛山顺德区的广东耀龙金属科技有限公司（以下简称"耀龙公司"），原本是一家旗杆生产企业，占据全国高端旗杆市场70%的份额，其产品还被选为天安门城楼、天安门广场的专用旗杆，同时也是奥运会、亚运会、全运会旗杆的产品提供商。

自2019年起，耀龙公司充分利用佛山的供应链优势，探索从单一旗杆产品供应商向智能场馆设备服务商的转变。目前，耀龙公司的产品已覆盖所有体育赛事场馆所需的设备和系统，包括升旗系统、计时计分系统、标准时钟系统、信息发布系统、售检票系统、中央集成控制系统、场馆运营系统以及电视转播等专业赛事系统。耀龙公司在产品设计、软件系统开发和硬件设备生产方面均实现了自主研发，并申请和拥有多项国家专利及软件著作权，为客户提供完整的体育场馆系统和应用解决方案。

耀龙公司执行总经理陈晓龙表示，以前国内体育赛事的全套设备基本依赖进口。通过旗杆业务的开展，耀龙公司对体育场馆及体育赛事的需求有了更深入的理解。随着生活水平的提高，人们对健身和体育运动的需求日益增长，这为耀龙公司从单一旗杆产品向体育赛事场馆运营系统及设备的延伸提供了机遇。他表示，耀龙公司将进一步将业务拓展到整个运动场景的前中后端，包括赛前训练系统、赛中比赛操作运维服务以及后期场馆的商业运营系统。

在中美经济博弈的背景下，一方面是制造业企业出海，另一方面是国内企业解决"卡脖子"问题。企业从单一制造向系统服务供应商的转变，代表了一种更全面的能力。企业的竞争力不仅在于制造，更在于系统性和软件化的能力。这涉及标准、系统设计、整体工程等方面，这些都已经超越了传统制造业的范畴，属于服务业领域，这是中国制造原本所欠缺但附加值更高的新领域。

广东中海万泰技术有限公司是由佛山市南海中南机械有限公司（以下简称"中南机械"）与中海油田服务股份有限公司（以下简称"中海油服"）合作成立的混合所有制企业，专注于高端海洋石油机械关键装备及关键部件的研发与生产。公司自主研发的"璇玑"系统（旋转导向钻井和随钻测井技术）的首条数字化智能化生产线填补了国内空白。该系统集随钻测井及旋转导向钻井于一体，目前已成功完成1000口井作业、100万米钻井总进尺，关键作业指标达到世界一流水平，标志着我国高端油气钻井技术实现了跨越式发展。

中南机械原本是佛山一家生产精密零部件的制造业企业，产品涉及船舶制造、航空航天、石油勘探等多个产业，并曾为"蛟龙号"提供关键零部件。在与中海油服的合作中，中海油服负责研发控制系统，中南机械提供硬件配套，软硬件结合，"混合"出了国内首屈一指的油气钻井设备公司。

从互联网电子商务平台到制造业平台，中国制造企业已悄然进入新的生态位置，形成了新的市场格局。这代表着制造业价值链的高端部分，展现了中国制造新的竞争力。

建构新的产业体系

展望未来，中国将逐步形成自己的产业格局，既有基于设备的制造、基于品牌与渠道的制造，也有基于系统与标准的制造。从目前市场形态看，企业从制造向平台的发展仍属于市场发育的自然状态，距离形成真正的市场格局，尚需5年至10年的发展过程。

这个阶段将是中国产业重建的关键窗口期。结构一旦形成，中国产业将步入稳定发展阶段。相关主管部门应当关注这一趋势，正确引导平台型企业的发展，并在政策、产业链和新市场要素等方面给予支持。

制造业企业则需要从更高的维度出发，从客户需求的角度审视产业的未来方向，抓住机遇，建立平台服务能力，成长为平台型企业。可以预见，成功的制造业平台型企业将能够在垂直领域内重塑产业，成为产业链的主导者或独角兽企业。

平台型企业应更加开放，从软件、系统、数字化、管理等多方面提供服务，赋能产业，服务更多产业链上的企业，构建良好的产业生态，促进产业的高质量发展。那些无法为产业赋能、服务，无法为产业带来更高效率、更好生态的企业，便无法成为真正的平台型企业。例如，仅依靠垄断、不平等地位，通过拖欠上游企业账款获利，而不为产业和社会进步做出贡献的总包工程企业，都不是真正的平台型企业。

左伯良指出，虹桥公司不与那些只提供低利润、极不平等的商业条件的总包工程企业合作，因为这样的配套业务应收账期过长。一个真正优秀的平台企业必须是良好生态的建设者。

在制造业向平台转型的窗口期，也有企业家对市场上可能存在的无序状态表示担忧：虽然国际企业可能存在垄断行为，但它们在建立市场规则方面有很强的能力。一旦这些企业退出中国市场，中国企业的规则意识不足，就可能出现一哄而上的局面，最终导致市场分散无序。如果没有大量平台型企业作为支撑，中国的产业体系可能会因混乱而坍塌。

从事外贸服务平台的企业表示，与西方国家相比，中国市场的规则建设能力还是比较弱，这也是难以形成中国企业平台的一个主要原因。中国企业在国外建立平台时，缺乏国家背书，处境也相当困难。因此，他们呼吁，中国市场经济的建设应进一步深化改革生产关系，这是中国经济结构重塑、平台经济发展的最重要前提。

笔者认为，企业数字化、智能化是中国制造业企业重塑行业、重新定义企业的重要途径。大量工业控制系统、工业 App（应用程序）的应用，也将催生一大批制造业平台企业的出现。构建从制造到平台的产业体系，需要顶层设计、前沿技术、市场规则、产业要素等多方面的配合，缺一不可。

新型工业化与制造业新未来

2022年，有媒体记者跟踪了解到广州流花商圈有不少企业歇业关门，遂向笔者了解广东省中小企业是否出现大面积关闭的现象。笔者的回答是：流花商圈业态老了。中国有一家快时尚公司广州希音国际进出口有限公司（以下简称希音公司），也是服装企业，2021年销售1000亿元，很快可以达到两三千亿元的规模。不是服装市场没有需求，而是批发市场业态老了。

疫情期间，中小企业之难，可想而知。但跟流花商圈关门的道理一样，很多中小制造业的业态老了，需要重建业态，重塑产业结构。

广东有一个热词"制造业当家"，值得深思与探讨。广东省是中国经济发展第一大省，制造业发展第一大省，以制造业产品为主的对外贸易第一大省。制造业就是广东重要的经济支柱，在广东提出"制造业当家"，理所当然。广东制造的过去和未来，可以作为一个重要的样本去理解中国制造的未来。

工业、制造业及广东制造的业态

工业是将自然界的原材料进行采集并予以加工或再生产的过程。工业发展在经历手工业、机械制造、现代工业阶段后，如今有了后工业的提法，即知识经济对工业发展的提升、促进，是制造业新竞争力的体现。

手工业发展有农业社会的业态,也有工业革命之后工人配合机器劳动的业态,后者属于工业社会的初期制造业态。比如同是棉纺加工业,处于农耕社会的古代中国棉织手工业,就与开始采用蒸汽机作为动力的英国棉纺手工业业态完全不同。前者的手工业业态属于农耕社会的附属物,后者是脱离农业经济独立出来的新业态,开启了工业文明,人类由此进入工业社会。

改革开放后的广东制造业业态,从工业业态的手工业与半机械化开始,经过几十年发展,基本已全面进入机械制造发展阶段。过去几十年,广东制造的业态一直由全球化的产业分工体系来塑造,总体上处于价值链的底部。

从价值链看,制造的层次有原标准制造(OSM)、原品牌制造(OBM)、原技术制造(ODM)及原设备制造(OEM)层面。其中,原技术制造又分应用技术及原发基础技术。中国的应用技术研发存在工程师红利,全世界最快,而北美制造技术研发场景已不在,效率最低。但技术基础研究方面,如材料科学、精密制造等领域,美国、日本、德国等国家还有巨大优势。

如果讲到原品牌制造及原标准制造,中国制造的话语权就更低。一旦中国制造的产品突破了欧美品牌与标准的领域,就是动了人家的"奶酪",会受到打压。

广东制造同时存在几个发展的层面与空间:高端制造、品牌与标准。也就是说,广东制造业进入工业发展的新阶段:现代工业发展阶段。现代工业体现于制造的全面机械化、电气化、自动化、化学化。

由于全球产业结构出现调整与重构,中国将会自建工业体系,中国的工业发展也会同时进入后工业阶段,其重点就是知识经济重塑制造业而形成的工业新格局。知识经济形态下的工业化，其方式是知识化、智能化、数字化、时尚化与生态化。

广东制造当下的窘境是：原来全球化所塑造的产业格局，在地缘政治博弈和疫情导致的供应链紊乱双重作用下已严重扭曲。未来5到10年时间，广东低端产能过剩，而产业高端发展的探索才刚刚开始，产业结构在重大调整中震动。

美国也在重塑其制造业系统，低端制造业回流美国不现实，因此，美国会推动中国低端产业向东南亚、南亚转移，以寻求替代中国产能。彼此之间的竞争要看谁的替代效率更高，或谁的经济韧性更强。经济结构调整，不仅考验国家或地区的经济韧性，也在考验企业的韧性。

广东制造业发展的破题需要同时解决多个层面的问题，需要找到新的业务场景与产业架构，才能打开广东制造的未来。就如，有了希音公司，珠三角的服装业就会在全新的产业架构中得到重组。

业态及消费场景决定了企业的机会与规模。未来有很多可能，譬如随着希音公司对快时尚定义的调整，它也许会从服装"跨界"到鞋或箱包。希音公司这样的企业像一块磁铁，让无序的小铁块变得有序。又或者，在巨大规模的广东制造中，去寻找更多的希音公司。

广东制造面临的机会

广东所提出的"制造业当家"，其实与党的二十大报告提出的要建设新型工业化、制造强国的理念是一致的。新型工业化是发展经济学的概念，这也是广东制造破局的方向。据笔者观察，广东制造存在多个发展空间。

一是规模经济与产业集中度。未来中国的规模经济，已经不限于生产制造的规模，基础设施的规模，还将有人才规模、市场规模，以及数字经济带来的新的规模经济。在互联网、物联网背景下，中国各行业的中小企业会采取横向协作的方式、产业分工专业生产的模式，通过标准化协同生产、协同供应链、协同制造业人才供给，深度挖掘制造能力，形成产业深度垂直互联，这将是广东制造可以培育的制造新优势。传统制造业可以通过找到一些新的切入点，提升产业集中度，形成规模效应。主要方式是通过管理、技术、数字化、模式、资本等的介入，诱导原有结构失去平衡而进入重组，建立新的规模与秩序。

二是从"专精特新"到"隐形冠军"。中国"专精特新"企业的发展，不是欧美很多一两百年小企业的格局，因为中国的社会阶层和产业还没有固化，产业发展还有很多空间，必将有其新格局。今天的"专精特新"企业，未来可能是"隐形冠军"企业、上市企业、大企业，中国企业、广东企业还有很多整合空间。

三是数字化对产业的重塑。数字化快速集结生产规模，产生边际效应。已有不少企业从不同切入点探索借助数字化对细分行业、产业内部生态进行新的排列组合。一旦实现数字化布局的企业"釜底抽薪"，可能成为行业的"巨无霸"，而不是简单的"独角兽"。数字化与人工智能的发展一定不是基于生产端所构建的体系，而是基于应用场景所建立的数字逻辑，通过数字逻辑去获取相应的数据，支持其决策及应用。

四是大企业所建立的开放式创新生态。大企业有创新的窘境，一方面是创新需要边缘思维，大企业的系统性与科层管理会妨碍创新，造成创新效率低下。另一方面是大企业需要找到降低研发成本与持续创新的新平衡，所以需要通过外部创新来供给。特别是医药创新创业公司，基本上不可能有资金来做市场，所以有新发明后就把发明成果卖给大公司。大企业的创新不要试图去控制小企业，而是资本赋能、市场赋能、供应链赋能、管理赋能，建立创新生态。有些大企业承担省级、国家级制造业创新中心的建设，配套投入很大，但成效不大，最主要的问题是用企业闭环管理的方式，去管理需要开放的创新平台。开放式创新需要建立全新的机制。

五是产业资本与赛道重启。之前，美的公司在广东收购了一家电梯企业，收购后发展迅速。美的公司利用其在中国制造的地位，通过资本优势、管理优势、供应链优势、市场优势去形成产业新格局。

20世纪六七十年代，美国制造业以在"二战"后发展了十几年所形成的工业资本去整合制造业，当时很多世界五百强企业基本都是制造业，最终成为工业托拉斯。中国在20世纪八九十年代积累工业利润后，刚好碰上互联网兴起，大量资金投入互联网。今天，中国制造业会补回这一课，像美的公司这样的制造业头部企业，也会形成中国的工业巨头，国企也会进入垂直行业赛道，成为巨无霸企业。

以上所描述的多个方向，均是观察结果，而非理论总结，并没有完成从个别到一般的归纳。中国制造在当前的背景下，必须形成自己的格局，要尽快补齐短板，不然就会被甩出制造业高速发展的快车道。中国制造要在基础创新、高端制造业、品牌、工业标准与底层系统、工业控制系统的发展中，形成更加立体及全面的工业体系。

广东的"制造业当家"与新型工业化

当前,中国制造业的挑战前所未有。幸运的是,在中国经济人均 GDP 达到 1 万美元,有可能滑入中等收入陷阱的同时,数字化经济的启动创造了制造业发展的新空间。另一个幸运则是,虽然美国掌握很多管理底层系统及知识库、生态系统、标准体系,但中国应用场景更加丰富。笔者在深圳看过一家研发设计公司,底层知识系统是美国的,但美国知识库的很多制造业应用场景都是在中国形成的。

希音公司之所以能成功,就是以快时尚为新场景,以人工智能与数字化为支撑来重构体系。华为从鸿蒙系统开始,也进入制造业智能体系,难点在于需要找各种应用场景,需要更大的资金投入以及更长时间形成生态。

不同企业有不同路径,未来 5 到 10 年是广东制造从欧美体系脱离的关键时期,以中国大市场为主体,以海外市场为补充的新市场格局一定能够形成新体系,但这个过程一定会有阵痛。

持续 3 年的疫情,使遭受全球化逆流的广东制造业更受冲击,老板们缺乏信心就会退出。最近,很多制造企业老板确实有"上岸"的想法。广东制造业的老板们比较务实,对于什么是新型工业化、现代工业等不甚理解。

"制造业当家"的理念提出,其实是思考制造业在广东经济的地位,以及制造业如何通过全新的发展模式与产业重构体现全新竞争力,如何体现制造业企业家的地位,"当家"就是主人翁精神与责任。当我们没有赋予企业家当家做主的地位与社会伦理时,他们就会盯着赚钱,而不是责任。其实,制造业不仅需要企业家精神，也需要工匠精神，这是制造业文化的内涵。

工业化需要新的社会文化、商业伦理做支撑，"制造业当家"可以成为广东工业化文化的理念、内涵与社会价值取向，是广东建设新型工业化的底层文化逻辑。

新型工业化，广东制造由硬到软，从研发的硬科技到品牌与标准的软实力，从制造业到制造业文化，再到企业家精神、工匠精神与新商业伦理、文明，这也是中国式现代化的一个立面，从农业文明到现代工业文明，再到转向全新的世界商业文明的探索。

中国制造未来可能形成以国企为主，利用资本与资源为杠杆，民营企业及中型企业以产业为杠杆，小型企业以创新及市场机会为杠杆的竞争格局，全面发起从中低端制造到高端制造的进击。这也是中国建设新型工业化国家，建设现代产业体系的发展方向。

一半海水一半火焰：
那些逆势增长的中国制造新势力，做对了什么？

新冠疫情、中美贸易战、俄乌战争……当问题集中出现，原有的产业结构正在坍塌，但新的结构还没有产生。

一边是海水，一边是火焰。

亿合门窗总经理胡超2021年在促进会16周年年会上做演讲时，分享了过去几年他在数字化领域的探索与实践。一家2023年销售额6亿元的企业，提出几年后要达到70多亿元的目标，而笔者相信了，很多人好像也信了。笔者信的是亿合数字化、标准化、协同化的业务逻辑。

2021年，笔者还接触了一位做手表直播销售的年轻人，15分钟销售了25万只手表，销售额达4亿元。他说，脑门被夹了一下，然后内心发出一个声音：他们未来要做世界第一的品牌。

笔者跟一位做奢侈品贴牌生意的企业创始人说起这个故事，他愣了一会儿说："不可能的事。"他说自己有30年的品牌梦，但最终都变成了噩梦。

《商业评论》杂志团队前身是《哈佛商业评论》的班底。后来由于合作期限到了，且觉得中国崛起应该有中国的商业案例，所以创办了《商业评论》。互联网时代，纸媒日子不好过。但《商业评论》的经营情况上了阿里巴巴的经营分析系统，一家传统杂志社的经营决策效率突然加速。

"本来准备翻车的项目，因为快速迭代及复盘，起死回生了。"《商业评论》营运总监王芸说。同样一本杂志，因为有了互联网思维，也可以变成互联网企业。

专家姚阳说，互联网的复盘、迭代是以日为单位进行的。所谓互联网企业和传统企业的分野，不是上不上网的问题，而是数据分析、决策及迭代效率的区别。

姚阳在奔朗公司做咨询顾问，主要帮助奔朗公司抓取数据、分析经营数据，助其迭代改善。他的目标是帮助制造业建立数据分析系统，教会企业管理层如何有效地分析数据，加快迭代周期，从1个月到1周，再到1天。他说，可以在奔朗公司身上感受到一个传统制造企业蓬勃的活力。

促进会2022年年初联合《经济观察报》做的关于"疫情反复中的中小制造业"的调研也显示，117家参与企业中47%的企业还认为危中有机，且有3%认为有重大机会。

为何有的企业表现优异？它们有什么特质？在思考什么？发现了什么重大机会？而数字化、互联网思维、新消费，对于中国制造业还意味着什么？

天下武功，唯快不败

世界变化快，中国制造业的风向变了。

笔者问深圳嘉业精密公司总经理邱军勇，你们如何获得大企业的订单？邱军勇说，以前是靠性价比，同样的性能比德国和日本便宜；现在比专业、理解力和响应速度。特别是针对进口替代的产品，要更加深刻理解中国市场的设计思维、工艺方法，以协同到产品设计师的理念中，讲究的也是快。科技产品的设计，是心念电转地快。供应链是从设计开始，环环相扣，无缝对接。

杭州黑白调公司的创始人是"90后"，业绩在两三年间增长翻倍，如今已是销售30亿元的企业了。如何没有"大公司病"，继续快速迭代？创始人说只能"打怪升级"，每年找一家竞品公司来"攻击"，战胜它。

王芸曾出差江门参加促进会的两场活动，分别是"专精特新企业融资上市培育班"的招生推广和春社雅集"茶花令"。当晚，她就对我们的活动做复盘，令人惊讶。反应速度、复盘和迭代速度，关系组织活力和生命力。

还有一种快，是"慢慢地快"。前面提到的奔朗公司，耗时两三年时间才建立起数据分析模型，最开始用的还是Excel表格。数字化的关键是决策逻辑，企业要耐得住寂寞，花时间去建立数字基础信息库。逻辑清晰、分析到位、对策准确，没有投入一分钱，销售没有增加多少的企业，效益也可以实现倍增。

快是一种在快速运动中形成强大打击的力量。快是一种新格局，互联网乃至移动互联是一种新格局，中国的高铁是新格局，只要以快为基础，都是新格局、新势力。

极致思维

苹果手机的盒子能自然打开、落下，要求下面部分匀速滑落，滑落的速度和距离的误差率都不能超过3%。这一个要求就淘汰了中国99%的包装厂商。

佛山的星联精密机械有限公司，是"单项冠军"产品企业，也是可口可乐、百事可乐、达能等世界品牌公司的"吹瓶模具"供应商。总经理姜晓平也曾有过疑惑，以前觉得日本企业的要求很苛刻：一个塑料瓶装饮料，高低几毫米重要吗？他们给日本可口可乐供应设备，要有特别标记："日本单"。

但他们的设备供应商、客户都是如此，都需要精细到极致。为了精密制造，他们如履薄冰、精益求精，要为精密制造一致性付出额外的成本，如因生产车间的温度、湿度控制，要给设备上空调等。

当消费者看到几瓶饮料排在一起，里面饮料水的高度是一模一样或里面的饮料高低错落、参差不齐的，会有什么感觉？有些人经常说日本产品质量过剩，这背后的逻辑不仅是产品质量，而是一种追求极致的生产态度。这种极致不单体现在质量上，还体现在品牌上。

品牌是喜爱的沉淀，是产品背后的灵魂。中国制造已经全面走向世界，中国品牌有没有真正走向世界，又缺了什么？

手表品牌"艾戈勒"（AGELOCER），集结了一群有趣的灵魂，他们对机械的复杂美学专注且沉迷，因热爱而来，没有限制、决不妥协，只希望打破中国机械腕表现状，创造一枚属于年轻人的机械腕表。

之所以说未来要做世界第一品牌，是因为 15 分钟 25 万只手表代表的不仅是销售额，还是一种认同、追求和超越。一个年轻团队为了创造新时代的机械计时，重新定义机械表，不仅从外观做创新设计，更是从机芯开始，确定针位、摆轮位和把芯位，自研自产机芯，其理念是：真心热爱从来都不计成本，严苛的品质是对专业的尊重。

极致是内心的追求。极致的严谨沉淀工艺，极致的探索发挥创新，极致的追求产生品牌。

中国主市场

中国制造从代工开始，习惯了订单模式，各种创新及管理，无不是围绕订单展开。抢订单就是打游击，创业老板就是游击队长，找市场、找机会、抢订单。时至今日，中国市场已然是主战场，很多企业家却还是习惯于客场思维、接单思维。哪怕是几千亿元销售额的家电品牌，还是价格思维，缺少品牌思维。

当一家大企业还在打价格战，把财务收益建立在应收现款基础之上，能形成真正的品牌吗？中小企业更希望大企业在产品质量、创新要求上严苛，而不是在应收账款上进行盘剥。

大企业对供应链企业不严苛，小企业就不会在质量、创新、管理上真正下功夫。而有财务积累的企业，经得起大企业的欠款，就可以稳住供应商的地位，认为可以不用迭代创新。大企业的供应链没有迭代优化，它的产品能够成为品牌吗？

笔者同意"中国制造新势力"的提法。因为这是把中国市场当成主战场，所谓的新消费就是把年轻人当成主要消费力量，满足他们对极致的追求。这部分群体不附属于父辈，不附属于过去的品牌，更不附属于所谓的主流价值观，企业只有探索，只有未来。

大疆、黑白调、艾戈勒都是中国制造新势力，要么成为中国制造新势力，要么服务于中国制造新势力。成就中国制造新势力，不要期待用钱就能一蹴而就。如果传统优秀的企业家是卫青，新势力的企业家就必须是霍去病。无牵无挂，无有恐惧。

能够成为中国制造新势力的企业，一定有解决中国市场痛点的能力。

欧佩德伺服电机节能系统有限公司（以下简称欧佩德）发明了

中国的大功率伺服电机，可以替代进口，大大提高行业效率，能否成为中国制造新势力？很难。笔者跟企业家说，他们给行业提供了技术和服务，但该行业较传统、效率低、节奏慢，创新企业在行业中不得不适应行业的节奏，节奏慢下来就很难成为制造新势力。

欧佩德有没有办法成为中国制造新势力？笔者认为新势力必须重起炉灶，或跟着新势力重起炉灶。所谓传统制造，并非指制造本身，而是观念固化。市场教育成本高、效率低，耗不起。

新制造要交给年轻人。中国新制造应给年轻人机会，哪怕是失败的机会，否则他们永远不会成长。而传统制造的企业家不是不行，而是如今做生意的逻辑变了，未来会变得更加彻底，原来的企业家们如已心有所执，观念转变并不容易。

欧佩德能否形成新的维度，实现对造纸、钢铁、化工等行业的"降维攻击"？犹如腾讯对电信企业，阿里对传统零售企业，新能源汽车对传统汽车。"致虚极，守静笃"，必须以"无间入有隙"，找到关键，直捣黄龙。

中国新制造的基本思维，就是中国主场思维，主场不在，根基不再。中国制造新势力，应是基于中国本土市场的主场作战方式，正面进攻，构建全新的供应链关系，做到极致的追求和体验，有谦卑的客户态度与睥睨天下市场的雄霸之心。

在逆全球化的当下，世界经济结构正发生重大调整。中国制造体系是全球产业分工所塑造的体系，随着中国经济的崛起与世界地缘政治的博弈，原有的中国制造体系一定会受到前所未有的挑战，这是过去改革开放几十年的发展中不曾出现过的。

这种背景之下，国家提出"以内循环为主的双循环战略""建设中国统一大市场"来对冲逆全球化的风险。从另一个角度而言，中国制造必须重塑自己的体系，那也是中国制造的"无人区"。

新制造是新观念

中国大市场必须产生中国大品牌。质量是品牌的基础，但还要快速迭代创新、理解新生代消费者、使用消费者语言，为消费者代言，才有可能成为真正的品牌。

大品牌同样还是建立在对消费者、供应链、企业员工的尊重之上。没有对消费者的理解，没有品牌；没有良好的供应链，没有品牌；没有员工的成就，没有品牌。这些都需要有新观念。

首先是品牌新观念。品牌本身就是一个极致的生产过程，为消费者带来极致体验过程。没有以大欺小、恃强凌弱，而是平等、对话与相互成就。

中山金利宝公司给苹果公司手机做胶粘剂，从来都没有标准，只有感觉，反反复复，十几次、几十次以后，感觉研发团队都被苹果公司折磨得崩溃了。有一天，苹果公司说，差不多就过关。金利宝公司的人问，你要说就这个标准不就得了吗？苹果公司说，他们也不知道标准，他们是在代替用户感受产品。

其次是供应链新观念。大品牌要不断促进其供应链的创新、管理提升、质量提升。好品牌一定需要好生态。

笔者曾走访大疆公司的一家供应商，老板说他们经常感觉大疆公司的设计师不懂行业，提出来的要求都不切实际，要求和标准太高，每次合作都是挑战新高度。

但跟大疆公司合作多年，他们企业提升很快，优秀的团队就必须与追求卓越的企业共舞。如今这家企业已是很多世界级企业的部件供应商，并成为国家专精特新"小巨人"企业。

中国新制造再一个重要观念就是人才的培养观念。人不是工具，人是企业创新力、制造力、竞争力的关键。一个好的制造业企业就是一所好大学。

笔者接触过一家美国公司，它非常重视对人力资源的投入，并作为其打造企业竞争力的重要举措。该公司专门设立培训学院，开发并提升员工技术能力，专业课程达3000门之多。

对于员工有可能流失的评估是，培训后只要能够保留60%~70%的员工，企业的投入就可以产生实际效益。促进会开发五星智造班组长培训中，笔者发现日本企业不惧员工流失，就是因为他们有健全的培训体系，可以源源不断地供给训练合格的工人。

此外，中国制造还将面临一个千载难逢的机会，即数字化重塑制造业。

亿合门窗的数字化着力点不是装了传感器、ERP（企业资源规划）系统的数字化，不是装点门面的全景视屏，而是简单朴素的零部件标准化；继而逐步协同供应、协同制造、协同管理、协同市场，赋能小生产企业。

中国新制造还需要有资本的新观念。不是资本控制产业、产业是资本实现利润的工具等观念。而是资本为产业服务，产业为社会服务，企业为消费者服务的观念。

广发证券全球首席经济学家沈明高博士和我们讨论得最多的就是产业及服务。以前券商还是围绕投资和股票市场展开研究与投资；未来产业重构则研究产业及未来，服务企业、赋能企业，不是简单的估值买卖，而是价值投资，是"产业+资本+管理+资源"的复合服务模式。

在中国社会的语境中，中国新制造是为满足"人民对美好生活的向往"的目标服务；而在中国作用于世界经济发展的语境中，则是为"打造人类命运共同体"的目标服务。

何谓"制造业当家"？

2023年南粤早春，广东省委、省政府便在正月初七召开了全省高质量发展大会，其中"制造业当家""制造业高质量发展"成为热点话题，凸显制造业对于广东经济的重要性。

当下，中国非常重视实体经济和制造业高质量发展。广东连续34年成为中国第一经济大省，工业门类齐全，供应链完整，是全世界制造业最重要的集聚区域，有"世界工厂"之称。

广东提出"制造业当家"，迈出新步伐，笔者认为有鲜明的时代特征。

全新视角与高度

制造业是现代工业的主要构成，人类社会现代文明是工业发展、工业文明的产物。回顾人类工业文明发展历史，不难发现它的轨迹和规律。

第一次工业革命中，全球化与规模化无疑是主要推动力。英国及欧洲并不生产棉花，为何能够主导棉花帝国的游戏规则？那是因为全球化带来的产业信息对称。当棉花贸易商走遍全球，全方位了解各个国家及地区的纺织技术，就可以集大成，推动纺织技术进步，甚至是革命性的技术进步。

当然，必须有规模经济，才有源源不断的创新。当棉花经济有市场规模，才能分摊飞梭、珍妮纺纱机、水力纺纱机、水力织布机、蒸汽机的研发成本，由此产生第一次工业革命。

技术发明则成为人类第二次工业革命的原动力。其核心技术是电力及内燃机，是电气化革命，其中美国的技术发明与德国的现代工匠发挥了重要作用。英国在第一次工业革命以后，发展了基于棉花贸易的金融服务、法律服务、保险、期货等服务业，这些成为第三产业而逐步离开工业发展的主航道。

至于第三次工业革命，是科学理论出现重大突破的结果。"二战"前后，全球大量的科学家移民至美国，美国社会的兼容与开放创造了人类社会的信息化革命与美国经济发展的黄金时期。

如此看人类工业文明历史，其主航道是全球化、规模化经济、技术发明、科学理论与工匠创新，其社会文化背景是文艺复兴带来的思想解放、新教改革所带来的新社会伦理、开放社会的理论与技术创新。

回溯历史，找到发展轨迹，才能通向未来。对广东来说，就是必须寻找经济发展的规律，找到经济发展的共性逻辑，在不同年代找到推动经济发展的要素。改革开放初期"摸着石头过河"，探索发展阶段经济体量小，"船"小好调头。

如今广东经济已有了质的飞跃，其2022年GDP高达12.91万亿元（约1.9万亿美元），超过韩国，居全球前十。未来，广东如果还要在经济规模上领先全国，在高质量发展上做出表率，必须进入工业文明发展的主航道，才能行稳致远。一旦没有走进主航道，"船头"就有可能调不回来。

在此背景下，"制造业当家"可以说是中国式现代化的广东路径与经济发展主航道。必须思考在工业文明主航道中，广东以及广东制造业经济增长的方法与路径，不能仍习惯于过去40多年经济发展的经验和做法。

40多年前改革开放，广东经济处在增量发展年代，土地与低劳动力成本是主要生产要素，从代工生产开始，招商引资、加工出口、国际贸易是过去经济发展主线索。如今进入存量经济发展模式，一方面需要找到新发展动力，另一方面要通过集聚全新的关键要素，才能实现对原有产业的带动和提升。

同理，在目前的全球经济框架中，发达国家有30多个，其总人口达11亿，中国制造一加力，全世界的低端产能就会过剩，出现零和博弈局面。中国要成为发达国家，世界经济格局就要发生变化，14亿人口的庞大规模不仅要成为制造的力量，还要成为对全球经济发展有新贡献的力量、全球新的市场与全球经济发展的新动力。

正如英国贡献了人类的第一次工业革命，使英国从战争资本主义转向工业资本主义；德国贡献了现代双元制教育，将德国制造推向深化；美国贡献了绚烂的科学技术发明与信息化革命。工业文明主航道发展，代表的不仅是发展，还有突破，给人类文明发展带来全新增量与经济发展确定性。

广东"制造业当家"必须要有全新的视角与高度，全新的全球视角与生产力，而非按照原有的全球化产业分工的格局来提升自己。

广东"制造业当家"应当有三个层面：代表中国制造对未来新经济的探索，提供先进的生产力，建立新的游戏规则与生态制度。对此，广东制造创新中心专家饶展提出的是新经济与新生态、先进生产力与产业生态制度设计。

解释权与未来

对经济的解释不是着眼于过去，而是要获得未来。郑永年在《中国的知识重建》一书中提到，西方知识分子的权力，来自其解释现实的能力。英国对于世界的贡献不仅是当时提供的先进生产力，还有生产力背后对经济现象及发展的解释权力，涌现了一批像亚当·斯密、大卫·李嘉图等古典经济学家。美国经济发展过程中，也有一大批卓越的经济学家。

经济发展与解释世界的权力相辅相成、相得益彰。只有解释世界，才能获得改造世界的权力。

"制造业当家"中的一个重要内容，是如何获得对制造业发展的解释权。"制造业当家"和"工业文明发展主航道"不是简单的口号，也不仅是一个经济政策，而是要找寻它的活水源头，找回它的根本，并从源头与根本出发，这样才不会偏离主航线。中国经济发展，广东制造业发展，需要找到它的历史逻辑和规律，在微观现象的解释中获得中观发展空间。

微观观察与中观研究的意义在于，基于事实构建新认知，提炼出一系列判断，点连成线、线连成面，考量宏观、中观、微观的内在系统关系和矛盾发展，最终形成对产业全局的新认知，使产业发展出新形态、新模式。

以前，经常有跨国投行企业研究员来广州找笔者调研，2022年年底疫情防控放开后，也有一些国外的经济学家和笔者交流。几番交谈下来，大家感觉社会变量太大，西方的分析架构解释不了中国的经济现象。

而来自民间经济力量的创新，是中国经济发展的重要活力和动力。"草根创新"总在经济发展的细微之处、变化之处寻找机遇，引发原有结构变化，创造全新的商业模式。也正是广东经济的"草根创新"，为经济观察提供了肥沃土壤。虽然我们还没有能力去构建全新的经济理论构架，但总能管中窥豹去发现一些通往未来的线索。

譬如，笔者通过"希音模式"，发现广东制造有重大的产业垂直机会。一大批非常传统的服装企业，在希音公司组织与协同的产业垂直下，变成数字化企业、AI智能设计企业、现代供应链企业。成立13年的希音公司引发了产业结构性的变革和全世界商业模式的变革，而同样做快时尚的全球性服装零售公司ZARA成立于1975年。

笔者还调研了汕头高德斯精密科技有限公司。这样一家以塑料积木代工的企业，也可以从专业分工的角度提升产业集群生产效率，实现专业分工下的大规模生产，改变传统产业集群的业态。

通过观察研究，饶展分析认为，新业态产生，要围绕经济增长和创新，先重塑产业模型和寻找商业模式，再进行技术赋能与服务配套。

制造业与数字经济

近年，有很多机构找到促进会，希望可以协助其招商引资。笔者认为，曾经的招商引资大时代已经过去，存量经济时代做增量发展不容易。政府重视招商引资的积极意义，是释放促进经济发展的强烈信号。

存量经济时代，如果都招商引资，招商引资也会内卷。所以，招商引资就不能跟以前一样硬招商，必须是以存量引增量，或是引进高级要素，促进产业整合与提升。2023年，中科科创协助佛山引进两个互联网项目，就是用工业互联网的平台型企业，去整合原有的传统产业。这当中，"数字"发挥了重要作用。

数字化与数字经济是完全不同的概念。数字化前期以管理数字化、业务数字化为主，未来广东制造的数字化是产业数字化。管理数字化还属于工业化范畴，产业数字化才是数字经济范畴，它已经开始改变业态，塑造全新的商业模式。

大幅度提升产业效率以改变原有业态、发展模式与结构，这才是真正的制造业高质量发展，才是属于广东乃至中国的真正竞争力。

中科科创的负责人告诉笔者，数字经济就是中国人的国运。他说，如果没有数字经济，广东的很多制造业都有可能变成落后产能，可能会失去国际竞争力。有了数字经济，它们会大大提升效率，会被激活成为全新产业业态的"枝叶"。

饶展也是数字经济的专家，他认为数字经济企业是在市场拼杀出来的，是企业家通过业务场景构建出来的，是通过市场资源配置走出来的。政府的作用是配合他们引导产业、梳理关系、做好后勤；协会与其他投资机构则要做好跨区域的资源配置与关键要素引进。

数字经济就是广东工业文明发展的主航道，还可能是中国制造业发展对于人类文明的新贡献。

当然，不要简单理解数字经济是拼经济、发展经济的概念，狭隘的理解会将数字经济发展局限在工业化的范畴。真正理解数字经济对于"制造业当家"的意义，有可能是塑造全球新的产业格局、全球化格局，这才是"制造业当家"的题中应有之义。

在全世界范围内，能够同时深刻理解消费互联网与具备制造业丰富场景的只有中国，只有广东制造。如果不能把握其中意义、竞争力与话语权，还带着原有制造业思维、原有全球化产业分工思维去定义数字经济，广东制造恐会错失良机，中国制造怕是会错过一次全面崛起的机会。

因此，我们必须认真解释数字经济世界，建立基于数字经济发展的制造业竞争力，获得对数字经济发展的话语权，带动数字经济向更加广泛的全社会与全人类数字化世界迈进。

文化内涵与精神引领

广东经济的本质是草根经济、市场经济。只有市场力量起主导作用，才会激发全社会的创新与活力，激发企业家的创新精神。"制造业当家"应让企业家当家，让企业家精神当家，让创新精神当家，让市场经济当家。

16世纪，马丁·路德的新教改革释放了商业经营的道德驱动力与精神引领力，把对于商业的理性解释权给回社会。没有了神学的禁锢，才有了对世俗世界知识的追求。马克斯·韦伯在其著作《新教改革与资本主义伦理》中，解释了西方近代资本主义的产生及其本质，社会伦理与经济行为的关系，肯定了精神与文化因素对经济社会发展具有巨大推动力。

今天，我们发展中国特色社会主义市场经济，发展中国制造，如果没有构建属于中国话语体系的商业伦理，不是按照西方的伦理价值观解释中国经济行为，就是容易用中国农业文明的价值体系来衡量商业的作用。

"制造业当家"应当拓展中国新时代文化内涵，必须解释在现代商业社会、社会主义市场经济中，怎么发挥企业家和工匠的作用，如何发挥他们的创新精神，体现精神与文化对中国经济发展的作用。

如果没有新教改革对于商业经营行为的解释，西方商人的任何经营行为都是有罪的。如果没有对现代意义的商业经营行为的解释，中国商人还处在社会价值判断体系"士农工商"的底层，社会对企业家的经营行为仍存在价值歧视，所以探究如何体现企业家创新、创业精神在发展经济、推动社会进步中的作用，有重要意义。

"制造业当家"，就必须认可企业家、工匠在现代商业社会的地位，释放他们的道德驱动力与精神引领力。

如果按照中国儒家文化伦理与时俱进的观念，现代商业社会的"士"就应该包含企业家群体，只要是有实业报国、服务社会理想和情操的企业家都是"士"，是修齐治平的"社会精英"。中国企业家的天下观，不是中国天下，而是世界天下，是人类命运共同体。

没有制造业的物质支撑，就没有中国的现代化基础。没有现代化的社会理念与价值观，就没有中国式现代化的文化根基。

现代化，首先是人的观念的现代化，其次才是物质条件的现代化。"制造业当家"应该在建设"中国式现代化"的语境下，发展现代社会文化建设的新内涵。现代社会的商业伦理应该体现企业家精神、工匠精神与科学理性、精益求精的工业精神。

"制造业当家"，不仅要保护好企业家的创新积极性，还要增强企业家的社会责任感。保护企业家的积极性，就是要保证政策的连续性、社会的稳定性与市场的确定性。

工匠精神是"泛制造业"概念，是现代工业社会的一种公民素养与品质。由制造业的工匠精神到社会文化一丝不苟、精益求精的精神追求，它应当成为现代社会的精神内涵与价值取向。劳动光荣，值得尊敬。

制造业、工业是现代国民经济的重要支撑，工业经济是现代化社会的重要组织支撑，工业文明也是人类现代文明的基础。制造业当家也是制造业文化、价值观拓展到全社会，在全社会形成重视实体经济发展、坚持长期主义的价值取向。

"制造业当家"是一种价值主张，是基于发展中国式现代化的中国新商业文明建设，是中国制造的软实力，是中国现代化发展的全新探索。

寻找制造新场景

2022年11月，广东省中小企业发展促进会专精特新企业融资上市培育班同学交流日活动组织学员去了广东葆德科技有限公司（以下简称"葆德"），交流企业数字化转型经验之余，还体验了企业的数字化饭堂。我们取菜时，把餐盘放在菜盘底下，显示器就会根据重量自动结算价钱，然后在手机里面扣除餐费。被同学们亲切称为"发哥"的葆德董事长郭振发说，现在饭堂刚刚开张，数据还没积累，3个月后就知道哪道菜卖得好，可以进行供应链管理，不会浪费。大家问，你投入这些装备费用也不少，能省回来吗？发哥说，省是一回事，减少粮食浪费是一回事，公司还可以实施差异化的员工饭堂补贴。比如原来都是每人每月补贴600元，未来可以按每个员工的实际饭量进行补贴，体力劳动者可能补贴到每个月800元。更为关键的是，通过餐厅，让员工理解什么是大数据、数字化。

葆德主业是节能空气压缩机，基于对数字化及工厂场景的理解，发哥经常有用数字化思维重塑原有管理系统的新发现。这次，他又给学员们介绍了一个新的数字化项目——工厂一体化节能项目。项目在新工厂投入100多万元做楼顶光伏及整体能源系统改造，向员工们集资，省下来的电费大家都可以分享。

无处不在的数字化打开了葆德的制造新场景，推动着企业加速发展。在迈向新型工业化的进程中，找对应用场景，直接关系制造企业的未来。

走进产业找场景

广州鲁邦通物联网科技股份有限公司（以下简称"鲁邦通"）成立于2010年，如今已是国家专精特新重点"小巨人"企业。

公司业务一开始是为全球的电梯头部企业提供无线通信和边缘计算服务，基于其对软硬件结合的能力，逐步建立针对工厂设备管理的5G通信、边缘计算、智能传感和低代码平台核心能力，实现感知、物联、云计算等技术的融合并赋能场景数字化。鲁邦通创始人陶洋是位80后，少年老成。他认为，随着5G、云计算、AI、边缘计算等技术快速迭代升级，物联网技术变革与业务逻辑都发生着深刻变化。

早期的物联网主要聚焦连接与远程监测，随着越来越多设备上云，产生的数据越来越多，物联网就可以通过云平台建构更加高效的场景应用。大数据累积及算力的不断提升，会大大降低企业设备运行的管理成本，云计算与低代码的边缘计算、边缘AI结合，会驱动装备制造业跃升。

陶洋参加专精特新企业融资上市培育班的其中一个目的就是通过上市班，走进制造业。他希望用其对物联网技术的理解，协助更多企业重构制造场景。他说："希望发现的领域是现在或许不受关注，但未来十分广阔的细分行业。"最近鲁邦通正在紧密对接同为上市班学员企业的辛格林电梯、磊蒙机械设备的物联网服务。鲁邦通还有一家子公司，是为国内视觉感知设备头部企业生产机器人服务的集成商，主要业务是设备通信集成服务。他也希望对接促进会的会员企业嘉腾机器人，探讨agv（自动导引车）设备和物联网结合的解决方案，实现机器人呼叫电梯和乘坐电梯。

在陶洋看来，风口不是这么简单就会来的，互联网大厂也很愿意进入工业互联网，关键是它们是自上而下，或是从基础开始，很多场景都是大场景，要软硬融合、业务重建不容易，并且项目实现周期长，都是大工程、大投入。

鲁邦通是创新创业企业，还需要"深挖洞""广积粮"。"深挖洞"就是打通制造应用场景，"广积粮"就是积淀制造业的底层思维与数据。陶洋希望鲁邦通在大厂还没反应过来的时候，已经成为一个有行业影响力的物联网数据中台。

在产业中再造场景

位于东莞的广东德尔智慧工厂科技有限公司（以下简称"德尔"）是一家专业提供一站式智慧工厂解决方案的企业。其主要业务是智慧厂房规划与建设、智能装备与非标设备提供、智能工厂管理业务。

若是 20 多年前，德尔相当于计算机系统集成服务企业。记得在 20 世纪 90 年代末，信息化与电子政务服务等概念，就是用计算机、数据库重塑政府业务流程。后来大楼也开始系统集成，变成智能楼宇；工厂也开始系统集成，变成智能工厂；还有了智能小区、智能园区、智能学校，等等。

如今已成标配的智能化概念当时很潮流，但那时主机是 IBM、惠普等公司的，数据库是甲骨文公司的。当时的系统集成公司投标时争得"头破血流"，但背后的技术支撑都是要获得这些国际公司的技术授权。不管谁中标，技术和产品都是"IBM 们"的。系统集成公司所提供的便是国际公司的市场场景。

从智能工厂到智慧工厂虽然仅一字之差，但其对产业发展的意义却大不同。按传统理解，智能工厂就是企业需要信息化，智慧工厂则是要解决问题的，要大幅提高企业管理效率、设备运行效率，服务商对工厂的理解要更加深刻。

以德尔为例，其三大系统涵盖智能装备研发、智能管理系统研发及智慧工厂规划与建设，包括：高速在线机器视觉检测、工业机器人及应用、自动化设备、智能物流与仓储系统、新型非标设备的设计与制造等领域的优化升级；制造执行系统（MES）、设备管理系统、能源管理系统、环境管理系统、计算机信息集成系统等的研发；车间布局及工艺规划、工艺配套工程设施、机电工程、装修装饰工程，等等，都是企业的业务。

业务复杂，个性化程度高就是"专精特新"企业的"护城河"。大公司一般提供标准化产品，以前是主机、操作系统、数据库，后来是控制系统、管理系统、设计软件。

如果由大公司提供整体解决方案，大多是天价。当然，在成熟的行业，欧美大公司成功案例多，有其优势。但在中国制造的业务场景中，第一要求是性价比，第二是响应速度，第三是满足因技术迭代不断出现的新需求。

德尔的成长就是在大量智慧工厂实践中找到了新的业务场景：锂电池制造工厂的智慧实现。首先，锂电制造是新兴行业，具有独特的生产工艺及专项系统，大品牌还没有针对新兴行业的成熟的解决方案及案例。其次是大品牌没有价格优势。再次是小企业愿意投入研发试点，伴随客户一道成长。最后是接近客户，提供 7×24 小时全天候服务。

德尔的成长与华为伴随中国通信行业的崛起有相似的一面，体现在技术迭代所产生的需求，性价比与服务。所不同的是赛道规模。当这些企业在某个领域抓住进入机会时，获得了资本的原始积累与行业经验，就可以用它的积累去迭代业务或打造新的业务场景。

德尔现在提出来的新业务是制造业资产健康管理平台，内容涵盖工厂互联网平台、厂务监控系统等多个平台内容。过去设备资产管理过程中，一直采用文档软件、大量表格、纸质表单和人为记录统计的方式，占用了大量工作时间。

未来企业管理一定是基于数字化的分析做管理，如备件管理、维修管理、知识库管理等，企业必须采用更加先进的管理手段和技术方法来提高设备管理能力和保障能力。

新场景的产品经理

葆德 IT 主管说，葆德的产品经理就是郭振发，说他虽然不懂 IT，但他懂企业制造与销售的全过程。当发哥理解 IT 如何去重构企业业务时，他就发现了一个全新的世界，万事皆有可能。

德尔创始人张文化最近也计划走访上市班同学的企业，并拜访我们的会员企业。他说，互联网的业务场景不是一个大概念，大概念是大公司的事情，小企业就是要走进现场，贴近服务。

小企业的产品经理就是老板，张文化说发哥是制造业出身的，没有 IT 基础，但可以做产品经理；陶洋是 IT 技术出身，熟悉制造业场景，也可以成为产品经理。而介于两者之间的张文化，也是企业的产品经理。

笔者问张文化德尔与鲁邦通各自的优势，他说：鲁邦通的优势是硬件研发、生产能力和工业互联网研发及应用能力。德尔的优势是熟悉厂务、物业及机电系统的优化设计、自动控制及智能管理，有资产健康管理平台。他说在工业互联网的世界里，小企业要紧密协作，才能构造更加完美的智能制造世界。

实际上，像阿里、华为、腾讯、百度投入的工业互联网平台，也需要寻找更多的应用场景。笔者之前参加了百度公司关于人工智能发展的一个论坛，做主题分享时就提到中国制造场景是全世界最丰富的，打开一个场景，就会进入全新的应用。大公司、大平台需要寻找更多的技术中台，在底层支持它们的应用。互联网大厂是构建平台，支持产品经理的应用实现。而小企业的产品经理应该就是老板本人。

企业数字化必须有自上而下和自下而上两个场景的贯通。自上而下的企业家们经常听不懂专业词汇，如果听不明白就投入，会变成成本。企业很少像葆德的发哥一样，在多年前就开始投入数字化尝试，交了很多学费。

笔者早前也学习了工信部工业互联网研究院发布的《中小企业"链式"数字化转型典型案例集》，非常好。但如果把这个报告发给中小企业老板们看，由于技术语言过多，相对还是抽象。

促进会组织企业去葆德，很多老板觉得好，就是有应用场景，百闻不如一见，学习与交流可以让优秀老板们构造自己企业的数字化场景。

快时尚公司希音，就是在跨境互联网电商中找到了快时尚消费场景，为了支持这个业务场景，不断优化其算法、人工智能、辅助设计及供应链系统。暂且不论它是平台公司还是供应链公司，又或是生态公司，那是学术语言，用来总结规律的，而不是用在实践中的。

工业互联网的场景就是业务。业务场景是驱动企业发展的根本，不是管理、不是技术，更不是数字化。老板之所以就是最好的产品经理，是因为所有的老板头脑中都有业务经营场景，任何的经营行为，包括研发、数字化，都必须从业务开始。

假如希音没有数字化、人工智能、供应链系统，但有业务需求在，一年销售 8~10 亿元也没问题。规模多少，除了看业务赛道，就是看支持系统。数字化、人工智能都是支持系统。产品经理就是用数字化技术、人工智能技术去重构业务场景，形成新的商业模式及竞争力，迭代原来的业务场景。

大的赛道，强悍的抽象思维与具体的场景构建产生了"巨无霸"企业。当小企业发现了一个非常有意思的场景，大企业也做不进来，小企业持续深耕就可以成为"专精特新"企业。

新场景重塑未来

寻找制造新场景，需要想象力，更需要抽象思维与形象思维的结合。制造业体系复杂，节点多，制造业的互联网进程，远比消费互联网复杂。

2014 年 3 月，廖文剑博士创办的蓝源资本携手"小南国""向阳渔港"，在上海发起打造了中国餐饮行业最大的 B2B+O2O 全球集采平台"众美联"，引发了协同供应链变革的产业互联网探索，但其随后在广东发起的"众陶联""众家联"并没有成功。

据了解，廖文剑在中国发起建立的产业互联网平台有十几个，"众陶联"曾经估值达 20 亿元，当时让笔者甚为震撼，觉得制造业集采的逻辑是成立的。

但制造业产业系统的复杂性在于关系、标准等，当"众陶联"最大的集采项目还是煤电时，说明它在制造业中还是没找到真正的切入点。不过集采的概念在很多大国企中还是得到了推广和应用，为此还出现过供应链金融的发展方向。

制造业互联网、数字化、人工智能等的场景不是钱"砸"出来的，而是需要积累和场景洞察，是内心发现。用全新的思维方式去颠覆传统模式，一旦形成，令人耳目一新，石破天惊，就是再造制造业。

最近笔者看了很多专家感叹苹果公司供应链流失到印度，加上富士康也搬迁后，中国会损失多少就业岗位，河南郑州会有多少损失。

这是事实，但不是绝对的事实。中国企业有代工企业，但在这过程中也产生了希音公司。河南郑州富士康是过去经济全球化产业业态下的制造场景，希音公司就是中国制造的新场景。

笔者相信，中国制造会在打破原有全球产业分工体系后，用数字化、标准化重新建构的中国制造，描绘更加宏大的未来。

在全球化与逆全球化同时存在的大时代背景下，能够塑造未来的，不是变化，而是变革。中国制造，也有可能失之东隅，收之桑榆。但得失之间，探索中的等待，十分煎熬。

极致制造

2023年9月，笔者应邀参加了在上海举办的第二十三届中国国际工业博览会（以下简称"工博会"），与部分智能制造企业家及专家就中国制造的未来进行了深入交流与探讨。

从硬件到软件的极致

上海万工控制系统有限公司（以下简称"上海万工"）总经理夏小虎深有感触地说，由于中国工业制造软能力全方位提升，本届工博会展现了中国制造全新的国际竞争力，中国制造真的可以全面出击了。

上海万工是一家专注于工业控制系统，致力于制造业企业数字化系统建设与生产线优化的企业，曾参与过很多智能制造数字化"灯塔工厂"的建设项目，在工业生产数字化和智能制造转型升级业务方面具有优势，特别是将设备从传统的人工操作转变为自动化操作，使生产线能够自主运行。

夏小虎早期在广州工作，担任一家德国"隐形冠军"企业的工程师。长期的智能制造工作使他对工业控制技术有很深刻的理解，拥有丰富的关于工业设备、软件系统和自动化系统的从业经验。可以说，他对制造业的发展有敏锐的技术洞察力。

他认为，软件并不能凭空得来，而是要通过对工业知识的总结和提炼构建而成。中国制造场景非常丰富，确实需要积累制造业的知识和经验，逐步发展出适用于中国工厂的控制系统，期待中国能够发展出众多的智能制造解决方案服务供应商。

诚然，中国制造业的软件能力，特别是系统性还是严重不足。夏小虎说，跨国工业企业，比如西门子，其软件系统是从制造业中脱离出来的，因此工业知识丰富且系统能力强。

据他介绍，西门子有两个非常高效的开发平台，Workflow Canvas（工易魔方）与SIMATIC AX，能够把海量知识与工具放在系统里，大幅度缩短工程师的成长周期。中国的工程师很多都是问题导向的，在解决问题中得到锻炼和成长，很多知识是碎片化的。但西门子这款产品可以把多年的经验变成产品架构，进行更系统的梳理。

来自广东佛山的广东仕诚塑料机械有限公司（以下简称"仕诚"）是国内首家生产高端宽幅流延膜生产线的专业厂家，总经理秦志红第一次参加工博会。一见面，她就跟笔者讲述了参加工博会的两个目的：一是与行业人士交流，二是延续企业与西门子的合作。

秦志红提到，仕诚早在2018年就已经开始与西门子联手开发数字化智能化膜材包装机器人，这是仕诚在自动化、数字化解决方案上的重大创新。与西门子的合作，使仕诚从世界级高端薄膜成套设备服务商"变身"为数字化转型服务提供商，现在相关产品已经做到第四代，相比第三代有100多项改进。这次来工博会参展，就是与西门子合作开发仕诚薄膜设备的第五代立式包装机器人以及新工厂的数字化规划。

对于与西门子的合作，秦志红的评价是专业且系统。在她看来，一家做设备制造的企业，对数字化与智能化的理解是不充分的，缺乏完整概念，但与西门子合作，给他们带来了踏实感。企业发展过程中，一直存在需要不断改进和解决的问题，因此需要借助专业机构的服务，企业的知识体系才能更加系统与全面。

秦志红认为，国际公司所规划的、所看到的东西都在自己所有的积累之上，其能够俯视产业，知道在哪个时候会用到什么，而中国很多企业更多的是仰视产业，犹如1楼的人理解不了20楼的风景，但是到20楼的时候，下面十几楼的风景都可以看得清清楚楚。借助行业领袖的视角，可以一览行业发展全貌。

夏小虎说，对于制造业真正有形的东西，中国已经完全超越很多原有的制造业大国。而在无形领域里，中国跟传统制造业大国还有差距，主要是基础工业软件标准，甚至整个制造的知识系统，包括一些可编码的知识，一些行业里面的习惯与知识，而这些才是制造业真正的控制力。

像西门子这样的跨国企业，其系统里面的某个性能或某个技术参数，可能平时没什么用处或用不到，但有时在复杂、独特、极端的情况下，却发挥了重大作用，这就是系统能力强的体现。中国企业需要学习的可能就是制造业知识的系统性。

来自广州盛原成科技有限公司（下称"盛原成"）的总经理姚鹏介绍，盛原成是广东省装备产业集群工业互联数字化试点企业，在他们的企业实践中，数字化被广泛认为是非常重要的趋势。但其中一个关键点是将信息技术（IT）和操作技术（OT）融合在一起。然而，目前数字化融合进展并不理想，IT和OT之间存在着断裂或弱连接的问题。举例来说，当一个订单进入企业的ERP系统后，很难直接传递给设备进行生产，导致柔性化生产困难。要实现柔性化生产，订单信息需要直接传递给设备。

但IT人员很难理解OT方面的问题，对他们来说OT仍然是一个"黑盒子"。因此，需要从下到上推动数字化进程，即从 OT 工程师的角度出发。给 OT 工程师提供好的工具，让他们熟悉 IT 工具，并利用他们的行为习惯来实现信息化，这才是企业真正的数字化。

正如夏小虎所认为的那样，企业数字化不是企业展厅的一块大屏，数字化要解决真问题，企业要把预算花在刀刃上。

姚鹏认为，数字化智能终端也是一个重要方向。未来的工厂可能只有一名工程师，而其他人员将被取代。这意味着设备工厂的生产线必须实现高度柔性化，并且系统上下能够完全打通。因此，设备的数字化转型非常关键。企业需要关注两个方面：运营的数字化和设备的数字化。当企业将设备销售给用户时，是否能够满足其数字化需求是非常重要的。

对此，西门子（中国）有限公司数字化工业集团数字化企业总监顾欣回应说，SIMATIC AX 是西门子推出的一个面向 IT 化用户的全新的编程平台，将 IT 化的使用习惯以及编程思维应用到自动化的世界中，比如单元测试、开发包管理和持续集成等，进一步扩展 SIMATIC PLC 工程解决方案。

从单一到系统的极致

左孝顺是上海热处理厂有限公司的总经理。在他看来，2023 年最大的挑战不是市场，而是研发，忙碌的并不是生产任务，而是研发任务。

他说，客户的要求变了。过去，他们主要提供成熟产品的热处理加工工艺服务。例如，对于齿轮、轴承等零部件，通常习惯性地采取相应的处理方法，企业将 80% 的精力放在提高一次合格率、生产效率和降低成本等方面。而现在在解决"卡脖子"问题的背景下，由于某个供应商停产，客户无法购买到所需的设备与服务，提出要求热处理厂提供整体配套服务，为其寻找解决方案。

这对于一家产品公司来说可能是一个机会，从产品到应用场景的配套服务，企业所要关注与研发的是用户需求，新的出口市场、军工领域、机电行业、汽车行业等的热处理市场被打开。

左孝顺反复强调，和世界一流企业合作是企业学习的最佳途径，主要是学习他们系统的思维方式。上海热处理厂有限公司的许多重大战略转型是受到西门子、通用电气、ABB、振华港机等世界级企业的影响，每一次合作都给其带来更加系统的思考。

目前，上海热处理厂有限公司已经成为国内非标产品领域最大的热处理综合服务商，部分热处理工艺技术已经赶超世界一流水平，其在热处理领域的知识和技艺积累，已经成为企业新的竞争力。

对于制造企业的新系统与新架构，顾欣说，制造业新的生产环境提供了新的思考模式和经济模式，而数字化则提供了新的架构。中国制造的未来，不仅仅是简单地增加要素投入来生产更多产品，而是需要进行架构上的变革。

顾欣说，制造业智能化、数字化的未来，涉及知识的整理、系统的构建、人才的培养、数字孪生的构建、产业的生态搭建、过程的控制、绿色低碳的创新、人工智能的应用，等等，跟过去几十年的中国制造完全不同，需要对制造业有全新的理解。

机械工业信息研究院的陈琛认为，今天中国已经具备世界级的产业竞争力，规模化、体系化、生态化的优势。在体系优势方面，中国的供应商网络超过日本的五倍，制造业已经形成高水平的集聚效应。尤其是在产业链和创新链上，中国的产业集群已经展现出良好的凝聚效果。

中国正在制造更加复杂的产品。机械工业信息研究院对全球近万种产品进行了梳理，发现中国出口产品的复杂度已经超越了众多发达国家。过去，中国主要出口的是轻工产品，现在大量出口机电设备和其他复杂产品，使得中国出口份额在全球排名第一的产品数量达 800 余种，仅次于德国。这些复杂产品主要涵盖机电设备和有机化学品等领域，制造业复杂指数也持续提升。

因而可以观察到，中国经济正在从传统的价值链向更加完善的价值网络转变，特别是广东与浙江等地不同的产业集群之间形成了跨链条、跨行业和跨领域的产业融合，并产生了新的价值。

陈琛认为，以前中国主要依靠劳动分工、要素密集等条件，在供应链中取得一定优势。但基于知识分工、零部件产品知识方面仍然落后于美国和欧洲国家，进而在知识驱动型的业务方面，也仍然与欧美存在较大差距。最近可以观察到很多集群和企业的发展，通过知识流、信息流、价值流的三流融合来共创高价值产业。企业需要摒弃从单一点出发的模式，思考如何进行系统上的革新，创造价值中的价值。

从现在到未来的极致

顾欣认为，未来的制造业将面临一个全要素竞争的环境，谁能先掌握 IT 和数据能力，以及改造底层运营和生产制造能力，谁就会拥有先发优势。特别是中国现在正朝着正向驱动的方向发展，研发和制造的协同以及产业链的扩大是非常重要的。如果能够将市场需求、研发和制造过程打通，并通过数字化方式实现产业链和集群的协同，这将带来非常高的效能，并可能成为未来产业的核心竞争点。一旦企业形成了一种数字化的思维模式和管理模式，它就会沿着这个路径持续迭代和发展，效率将大幅领先其他企业。

谈及对未来产业数字化的展望，顾欣认为，未来整个农业制造的过程也会逐渐工业化和数字化。这在很多发达国家其实已经做到了，而中国还处在初步发展阶段。未来的农业生产可能不只是在一片土地上进行，而是在一个立体空间的不同层面上，有不同的种植场景。通过物联网技术、传感器技术结合植物培育，提供其相应的生长环境，甚至光线都是合成的，控制光照和湿度等，实现未来智慧农业场景的真正落地。当然，其底层肯定是通过数字化技术实现的。

除了大系统，还有更多小场景。小型自动化解决方案与小型数字化解决方案，在支持小企业成本最优的前提下，实现完整的功能性升级要求。把AI和机器人技术结合起来，用在物流和分拣上，这种新的模式不用提前建模，而是直接利用视觉技术和人工智能进行识别、学习、运算与作业。

虚拟调试解决方案，利用数字孪生建设厂房，内部布局、产线规划、物流规划，都先在虚拟世界建立好验证，选择最优方案，再在现实世界里面建立起来。产线也可以进行虚拟调试，这也是对数字孪生的一种应用。

新兴企业通过电商和直播方式销售产品，绕过贸易商直接与工厂对接。然而，这些企业需要数字化来提供更好的交付能力。亚马逊在某些品类上的增长停滞不前，而中国新兴企业开始占据市场份额。未来，中国有可能在产业链数字化方面超越美国，并提供履约能力和个性化生产。

传统的服务器是数据中心模式，未来是边缘计算，甚至有可能跟大的云技术设施供应商形成真正的边缘技术解决方案。未来就是 IT 与新技术，特别是基于云计算的计算能力而形成的对生产现场与生产制造真正的智慧赋能。

技术的变革塑造企业管理与文化的变革。企业原来是金字塔式的自上而下的管理方式，层层汇报与开会决定。未来线上所有的例会和智慧都是基于数据的，一些决策权已经由领导拍板变成了让一线员工、一线班组长来决策，所有的数据都是透明和准确的。决策流程的变化，让真正的管理层可以把更多的重心放在企业战略上。而未来的新技术工人，应该是目前比例逐渐提高的技术工程师。

西门子成都工厂在内部搭建了一个开放实验室，任何工人在现场发现某个具体问题，都可以在实验室根据自己的想象去形成新的问题解决方案，然后在实验室里面做测试，通过验证就会被授权产线做测试，最终真正在工厂推广。这种机制一旦形成，一线员工的学习能力和自主驱动能力就能被高效激发出来。

所谓制造业的数字化与系统性，就是企业知识的数字化积累、沉淀与系统响应。在中国制造远景规划的背景下，实际上就是用知识系统重构企业业务。对此，西门子发布了其开放式数字商业平台西门子 Xcelerator。它是一个开放式平台，目标是把西门子和合作伙伴在各行各业不同应用场景里所形成的硬件、软件能力和解决方案能力进行"封装"，并基于这一平台进行相应的组合，从落地的一些知识，到更高的、整体的端到端的层级，给客户提供更为灵活的模块化解决方案。

面对前所未有的变革，中国制造业应该思考在新的浪潮中扮演什么样的角色，需要怎样的数字化路径。在未来 10 到 20 年，中国产业互联网有望迎来新的发展阶段，工厂可能更愿意接受新模式，业界需要共同寻找新的答案。

关于中小制造业的数字化

上海黑湖网络科技有限公司（以下简称"黑湖"）是一家工业互联网科技公司，其产品黑湖智造是一款革新性的制造协同软件，通过云端部署，并在手机、平板、电脑端运行，覆盖采购、排程、生产、物料、质检、设备等核心制造流程，帮助工厂低成本、高效率地实现从客户下单、原料入厂到成品出厂之间的全链路数字化管理模式。该公司 CEO 周宇翔说，黑湖目前已经签约超过 3000 家客户。

小工单通过实时、准确的数据传递，帮助工厂解决生产过程中遇到的交付期拖延、物料库存积压、工人和设备效率低、次品率居高不下、生产过程不透明等问题，实现提高效率、降低成本、打通信息孤岛，实现数据驱动制造的目标。

周宇翔举了一个外贸商与一家小制造业企业工厂合作保温杯供应的例子：当保温杯订单出来后，外贸商无法找到足够的产能生产 350 万件保温杯。因此，实际只交付了 100 万件，剩下的 200 多万件则需要退款而导致损失。如果使用一个系统来通报工厂信息，就可以知道有多少工厂具备生产保温杯的能力。结果发现，在系统中有 150 家保温杯工厂，分布在金华、温州和宁波 3 个地方，其中有 30 家工厂通过物料名称和编码能够生产符合要求的保温杯。

西门子对中小企业的数字化转型生态赋能体现在：一是评估和诊断，摸摸企业自身数字化能力以及数字化现状。西门子与机工智库合作推出的星火平台，就是一个中小企业数字化评估诊断的服务平台。二是规划设计，规划设计和落地结合在一起，企业数字化转型要跟管理相配套。三是落地实践，主要是各种类型软件的应用，软件平台在未来就是一种新的业务架构，微服务架构。中小企业基于实际需求与业务系统进行快速匹配落地，实现业务快速响应。

顾欣说，现在企业对数字化转型的必要性已经形成共识。大家也提到了企业能力的提升，现在新技术已经成为提升企业核心竞争力的手段，并且这种能力提升已经得到证实。很多企业通过这种方式大幅提升了自己的竞争力，包括显性竞争力和隐性竞争力。他认为隐性竞争力可能会产生更大影响。

企业数字化转型涉及产业链的集成和重构。横向集成实际上是指产业链的集成，当整个产业链真正集中起来时，新的业务模式和重构将大幅提升整个链条的竞争力。这不仅仅关乎单个企业的投资，而是整个产业链中的瓶颈问题。因此，需要找到一个"链主"来推动整个产业链的发展。对于中小型和制造型企业来说，他们关注的是如何提高核心竞争力和实现增长。

夏小虎认为，未来中国制造业的形势会向好发展，但过程可能会比较艰难。中国制造业还要关注全球其他国家人民的需求，提供价廉物美的产品与服务，供给全世界。未来国内的工业化将随着企业本身的发展和联动性逐渐普及，中国会出现很多百亿级以上的产业垂直企业，也会在制造业基础较好的企业中出现一批能够走向世界的工业软件企业。

从硬件到软件的极致，从单一到系统的极致，从现在到未来的极致，中国制造业正在进行一场刻骨铭心、惊心动魄，又荡气回肠的跃变。

数字化与制造业的全要素竞争

在大量的企业交流、走访和调研中，很多时候笔者都会被问及"什么是数字化企业"。通常笔者都会回答，"数字化企业，就是决策要有数字支撑"。

广东顺德一家超硬材料企业，几年前分析企业产品时发现，用于抛光轮的产品每年销售量最大，但毛利率不足。该企业负责人就要求研发部门集中精力，通过技术创新提升抛光轮的产品质量，并降低其10%的制造成本。结果，2亿元规模的产品成本降低10%，一年就节约了2000万元。尽管企业当时是用计算机加手工算出来的数据，但有应用场景，有数字化逻辑，这便是中小企业数字化很好的实践。

多年前，有一家企业申请到了国家级的数字化企业重点项目。该企业将很多传感器嵌入设备，及时监控产品运行情况，通过大数据管理设备产能、预警设备故障。该企业认为自身是数字化企业，申报上市时希望在科创板上市。但有专家认为，该企业财务数据并没有因为数字化而显现出企业新的竞争力，缺乏科创属性。

佛山一家智能制造设备企业协助下游食品企业智能制造与数字化，但他们的很多生产都是人工的。老板介绍到，他们企业规模不大，设备都是个性化定制，尽管有数字化追求与探索，但就是很难实现标准化与自动化生产，企业竞争力主要来自个性化与提供解决方案。

广州黄埔区一家生产世界领先医疗器械的企业，产品可以提前几年检测糖尿病及心脑血管疾病。但笔者在该企业生产现场看到的都是人工在装配设备。该企业老板说，每年就生产几百台产品，用不上自动化与智能制造。但该公司属于大数据企业，拥有很多用户参数，有利于企业未来的研发与运营。

若从宏大叙事或电影经典的战前动员演讲视角来看，可以讲未来只有一种企业，即数字化企业。但中小企业数字化并非一个命题作文，而是如人饮水、冷暖自知的一段历程。

尽管希音公司、美的公司数字化的宏大叙事众所周知，这些企业号称是"链式改造"的典型，但它们的数字化逻辑并非中小企业数字化的逻辑。如果我们不能够真正理解企业数字化的逻辑，数字化就是一个陷阱。

建立企业数字化经营逻辑

大约 15 年前，广东江门的汉宇集团股份有限公司（以下简称"汉宇集团"）还是一家小企业，生产一款小产品——洗衣机排水泵。当时还没有数字化、智能制造的概念，企业要提升竞争力，就必须在产品的性价比上下功夫。

该企业每天必做的功课是创新与管理，汉宇集团当时规定了一种制度，员工有创新，就可以分享因创新所得到利润的提成。如此过去了 10 年，企业形成了一个创新的小生态，拥有几百项以企业员工为主体的技术创新专利。其实，让员工提出合理化建议是企业精益管理的要求。

有企业员工的参与，精益管理成为企业的管理文化，企业犹如一列高铁，由各个车厢推动着列车前行，企业可以享受高速发展的红利。汉宇集团也因此成为一家上市公司。而今，汉宇集团每年的利润都保持在 20% 左右，并成为全世界洗衣机排水泵制造的"隐形冠军"企业，市场占有率达 40%~50%。

当年，笔者几乎每隔两三个月就会去一趟汉宇集团的工厂，每次看现场都会发现变化。工作流在创新、自动化设备在更新、生产线在改善，企业每时每刻都在算小账、盯效益。

一个小企业，每天都在改善，每年可以降低 5%~15% 的制造成本，日复一日、年复一年，这个企业就会跟其他企业拉开很大的距离。等竞争对手发现时，它已经形成单品制造的规模效应，一骑绝尘，遥不可及。竞争企业如果订单太小，就不能实现自动化生产、智能制造，其生产成本必然高企。反之，如果竞争企业采用智能制造，生产规模又分摊不了投入成本。

汉宇集团的竞争力逻辑尽管是精益管理的逻辑，但今天看也可以是数字化的逻辑，数字与效益目标都是企业创新的指挥棒。企业每天都在数人头、盯数据，测量各种设备、产品与人流的参数，提出改善方法，企业的决策基础就是数字化。

数字化经济可以分为两个层面。一是数字技术的基础，云计算、大数据、物联网（IoT）、人工智能（AI）等，以及其为数字化转型提供的技术支持和工具，帮助企业实现业务创新和管理优化。二是各行各业的数字化，每个行业都需要完成数字化变革，让业务流程全面数字化，从而提高效率、降低成本。

十几年前的汉宇集团就通过精益管理，实现生产环节的全面数字化，也因此拥有了精益管理的红利、生产流程数字化的管理红利。

广东东箭汽车科技股份有限公司（以下简称"东箭公司"）是一家从事汽车后市场改装产品的企业。公司创始人马永涛对企业引进企业资源规划系统（ERP）、实施信息化管理的三年刻骨难忘。当年企业的生产现场，用他的原话描述是：杂乱无序、晕头转向、手足无措、惨不忍睹。

每家企业的深度改造都伴随着阵痛期，有的企业在改造中走向死亡，有的企业在改造中获得新生，塑造了新的竞争力。至少，东箭公司是幸运的，企业通过信息化改造，构建起"多品种、小批量、定制化"的柔性制造运营系统，每年生产的产品有15000个SKU（库存量单位），每个月的SKU也有6000个，订单量少至几套，大至数千套。

东箭公司董事长罗军讲，如果没有信息系统的支撑，该公司不可能拥有柔性制造运营系统的能力与竞争力。汽车后市场产品种类繁多，产品平均订单数量大小不均，车型覆盖面广。适应产品品类多样化、个性化市场需求的柔性制造能力成为东箭公司独特的竞争力。企业还通过依托信息系统数字化，应用IPD模式（集成产品开发模式）建立庞大的产品及零件数据库，提升工检模治具设计和制造能力。

打造信息化平台的目的是与原材料供应商保持良好的信息交流，同时在物流供应商之间实现有效的信息流动。东箭公司获得了数字化转型的红利，成为诸多外国汽车改装品牌商信任的企业，订单不断增加，成为行业信息化标杆企业并挂牌上市。

广东长兴半导体科技有限公司（以下简称"长兴半导体公司"）是一家专注半导体集成电路封装测试、提供芯片集成封装一站式解决方案的企业。

该公司负责人张治强如此总结自身的数字化实践：一是数字化提升企业运营效率，通过数字化管理系统，如ERP（企业资源规划）、WMS（仓库管理系统）、CRM（客户关系管理）和OA

（办公自动化）等系统，实现各工艺环节的信息集成和自动化流程，减少人工干预和错误，提高生产、物流和管理效率。二是优化资源配置，数字化工具可以实时监控生产资源的使用情况，包括设备、人力和原材料，从而实现更合理的资源分配，降低成本。三是提高产品质量，包括晶圆测试、半导体封装和芯片测试等环节，可以利用数字化技术进行更精确的检测和分析，确保产品质量稳定，减少次品率。四是增强决策支持，数字化系统收集大量数据，通过数据分析提供准确的业务洞察，帮助企业管理层做出更明智的决策，制定更有效的战略，最终提升企业竞争力。在半导体行业中，数字化程度高的企业能够更快地响应市场变化，提供更好的客户服务，可以在激烈的竞争中脱颖而出。

中小企业数字化难点多

据笔者观察，业务数据化是中小企业数字化发展的第一阶段，即将生产经营过程中产生的业务信息进行记录、储存和管理，并通过电子终端呈现，便于信息的传输与沟通。

第二阶段是数据业务化。企业在完成信息化建设后，开始关注数据的整合与利用，以解决数据孤岛问题，使数据能够指导经营决策，具体表现为信息技术基础逐步健全，OA 和 ERP 系统等 IT 基础设施建设完成。企业可以开始打破数据孤岛，实现数据在部门或系统间的共享和交流。决策过程也从依赖经验向基于数据的精确分析转变。目标是让数据真正用起来，落实到能够帮助企业降本增效上，提升企业的全面竞争力。

数据业务化阶段之后是企业数字化的智能化阶段，即"数据+业务"。企业在数字与智能技术（大数据、AI、云计算、区块链、物联网、5G等）支持下，建立决策机制的自优化模型，实现状态感知、实时分析、科学决策、智能化分析与管理、精准执行的能力；通过运用先进技术和工具实现业务流程的智能化，如自动化决策、个性化推荐、智能客服等；聚焦典型业务场景进行定制化的智能化实践，如数智化设计研发、供应链搭建、销售营销等；构建以客户为中心的能力体系，设计满足客户体验的互动方式，从而全面提升企业的运营效率和市场竞争力。

《中国中小企业数字化转型报告2024》则将中小企业数字化转型分为五个阶段：一是单点尝试阶段，开展基础信息化建设、被动数字化尝试；二是局部建设阶段，部分业务开始探索数字化；三是开始建设数字底座，全面规划建设公司级的数字底座；四是全价值链推进智能化运营；五是以新IT科技驱动业务创新发展，探索对外赋能。

与过去企业数字化仅能够实现一些场景运用不同的是，现在企业更加关注通过数据的整体开发与运用，打通企业信息孤岛，实现企业决策从人治到基于数字精准决策的转变。

但由于很多中小企业数字化仍然处于初期阶段，企业的数字化发展仍然存在诸多痛点。张治强董事长在分析长兴半导体公司的数字化难点时，首先提到数据整合与兼容性问题，不同的数字化系统来自不同的供应商，数据格式和接口不一致，导致数据整合困难。其次就是成本投入与效益评估问题，企业需要评估数字化项目的投资回报率，确保数字化投资能够带来实际的业务效益。

东莞市数转资讯科技有限公司的数字化项目负责人陈吉荣也提到，企业数字化的技术和基础设施投资成本高昂，数字化转型需要投入大量资金用于购买硬件、软件、网络设备以及进行系统集成和维护。同时，企业员工的数字素养和技能不足，缺乏必要的数字技能和知识，难以适应新的数字化工作环境和流程。而传统的企业文化和组织结构可能不利于数字化创新，部门之间的壁垒可能导致信息流通不畅和协作困难。

南京达链信息技术有限公司董事长沈鹰尔从企业的经营架构分析企业数字化的问题，他认为企业目前所应用的功能软件，如ERP、MES、APS、WMS、PLM等都是基于"管理2.0"所建，即基于以部门为中心的分科层级管理（科层制）开发出来的软件系统。虽然这些软件在企业信息化、数字化初期有其作用，但最大的缺陷是造成管理与软件"两张皮"，软件是科层制的附属物，部门之间、功能软件之间存在"部门墙"和"信息孤岛"。

数字化与制造业的全要素竞争

陈吉荣希望中小企业数字化发展的新阶段，能够实现数据驱动决策。他提到，过去使用Excel进行销售报表整理，销售数据分散在各个线上系统或线下文件中，数据信息不透明，统计数据过程漫长复杂，数据无法有效支撑企业实际业务决策。未来，企业需要通过系统对客户数据、销售数据、财务数据进行深入分析，并自动生成各类可视化报表。通过查看数据分析结果，销售人员可找到销售过程中的问题症结和瓶颈所在，从而调整销售策略，企业就可以直观洞察经营现状，及时调整经营策略。

陈吉荣认为，需要进一步打破"信息孤岛"，对接ERP系统，实现客户、销售、财务等数据的互通，实现业务端数据高效对接以及"端到端"业务闭环，打通前后端数据，打破跨系统数据壁垒，构建新型数字化营销平台，让数据为业务经营服务，提升企业的整体运营效率。

沈鹰尔认为，必须建立企业的全数字化工厂平台（FDFP），用以交付为中心的链程制管理代替科层制的企业管理架构，用管理大模型做顶层设计，用系统大平台来固化执行，实现管理与软件一体化的平台化管理软件系统。在他看来，制造业中的项目制造、装备制造、批量制造、零件制造、材料制造、小商品制造、精细化工制造都可以采用全数字化工厂平台，该平台几乎可以涵盖传统制造业80%的领域，覆盖营销、设计、生产计划、采购、仓储、生产、物流、售后服务等产品全生命周期的管理。管理层面的人、机、料、法、环均可被数字化定义，业务、研发、生产、采购、设备、财务、人资、行政融为一体，集中于一个平台，没有孤岛，实现管理与软件一体化。管理即平台，平台即管理。

西门子（中国）数字化工业集团副总裁顾欣提出，未来的制造业将面临全要素竞争的环境，谁先掌握IT和数据能力以及改造底层运营和生产制造的能力，谁就会拥有先发优势。

顾欣讲，企业要利用数字化和数据的能力去打通互联互通的业务流程，哪家企业能够最先利用数字化的技术打通研发到制造再到交付过程的链条，哪家企业就可以赢得市场先机，进而推动商业模式和数字化商业生态的进一步重构。

笔者参加了西门子工业边缘生态大会，了解到西门子正在努力构建更加开放的数字化商业平台，整合数字化生态，通过工业边缘数据驱动企业数字化运营。

日趋成熟的数字化应用方案，开放的技术架构，融合中的工业人工智能，挖掘数据最大价值，构建开放、多元的工业边缘生态，正引领着中国千行百业的数字化转型。

2024年5月，笔者还访问了被世界经济论坛评为全球首批9家"灯塔工厂"之一的西门子成都工厂。该工厂日产量超过8万件，产品种类多达 2300 多种。值得一提的是，工厂在数字化技术的支持下，通过持续优化和改进，制造成本实现双位数下降，质量每百万次采样数的缺陷率（DPMO）达到 6。同时，由于企业数字化能力提升，员工与管理层得到大大解放，可以将能力和时间用在新的价值创造上；由于数字化支撑的决策下沉，企业决策与运营效率也得到全面提升。

笔者认为，企业数字化理念、技术、边缘生态日益成熟，将造就制造业企业全新的竞争力，并促成产业垂直，引发产业变革。

广东的希音、智布互联等企业正是通过数字化垂直产业的方式，以订单吸引与诱发中小企业的数字化改造，成为产业链数字化改造的供给方，带动产业变革。

产业集群中的企业可以通过数字化建立协作平台。广东的汕头市高德斯精密科技有限公司通过建立数字化、标准化、智能化的生产制造协作平台，实现产业上下游企业的信息共享、设计协同和生产共享。未来，该公司如果能以这种能力打造开放式的积木玩具创意、设计、生产平台，赋能更多的积木玩具 IP 企业，将有可能成为积木玩具产业的独角兽企业。

西门子成都工厂是规模化与柔性制造结合的典范。该工厂产品品种繁多，生产线有 18 条切片线，这是电子制造前端最典型的工艺。它开发一个排产软件，就可以帮助企业提高 1% 的生产效率。它的数字孪生仿真物流系统前 3 期投入超过 2 亿元，第 4 期单独投入也超过 2 亿元。数字化与规模化的结合使企业拥有了竞争生态位。

不管是汉宇集团的一个小小排水泵，还是东箭公司的大规模定制与柔性制造能力，规模制造一直是中国制造的优势。企业通过打造数字化能力，进一步强化中国规模制造的优势与新的竞争力。随着数字化与 AI 技术的提升，产业的边界也逐步模糊，让跨界竞争成为可能。

与商业体系在数字化上关注客户体验、市场响应速度、渠道拓展和品牌建设不同，制造业的数字化更关注生产效率、产品质量、成本控制和创新能力等方面。制造业的数字化相对复杂和困难，因为涉及生产流程、供应链管理、产品质量控制等多个环节。

规模制造是一个非常复杂的系统，但在数字化背景下，通过仿真工具可以进一步发现系统的瓶颈、亮点和提升空间，持续帮助企业进一步改善系统性能。数字化真正产生价值的部分是决策质量，虽然是人做决策，但需要有足够的数据支撑。随着数字产生价值的上升，决策不断下沉，数字化的价值会越来越多。通过数字化重塑制造业，是产生新的制造业规模经济的机会与窗口期。

广东的辛格林电梯有限公司的总裁刘辉认为，目前他们企业数字化运用的难点与痛点，就是懂电梯专业又懂代码开发的技术人员太少。

而像西门子、美的等企业的软件系统正是从制造业中脱离出来的，软件系统的工业知识丰富且系统能力强。随着边缘技术生态的发展，海量的工业边缘知识与工具集成在系统里，可以大幅缩短工程师的成长周期。

今天中国制造业的数字化，已经拥有了很多成功的模式、技术、路径、生态与方案。但无论多么成熟的方案与技术，每家企业的数字化实践，都必须经历一场不大不小的升级渡劫。

当前，制造业还是全要素竞争的行业，企业数字化提供了每个经营细节的总体组合，既要是贯通制造全过程的工业工程，也必须是一项经济工程。

AI 时代的终极战场：中小企业的生态优化

2025 年春节前，笔者为从事机器绣花业务的萧总和从事 AI 研究的广州易玖信息科技有限公司的方总拉了一个微信群，探讨 AI 设计与绣花的结合。但因节前匆忙，双方没能见面深聊。大年初九，笔者与萧总一起去到方总办公室，交流探讨 AI 如何赋能绣花业务。

方总详细地向萧总了解绣花行业的情况和需求，调用大模型的图像处理能力，不断生成服装、服饰的绣花设计，制作出令人惊叹的绣花作品，欧洲风、印度风、阿拉伯风、日本风、中国风等各种风格层出不穷。最后，他还生成了一组基于绣花作品的时装，精美绝伦。

萧总十分感慨，认为 AI 与制造业深度融合已不是设想，而是现实。30 年前，萧总创办了广东海帝隽绣东方实业股份有限公司，从事机绣绣花业务，产品常用于时装、床上用品、家居服的装饰等。如今，该公司已成为行业的隐形冠军。

萧总认为，传统中国工艺美术偏重工艺，缺乏对于艺术审美的提炼，缺少艺术作品的想象力与时代表现力。同时，传统工艺也面临受工业化挤压和传承的问题。他一直希望将传统绣花工艺与现代数字化生产技术相结合，创作出更立体、均匀、生动、具有艺术表现力的当代绣画作品。

这几年，他一直思考企业的转型，本来计划将机绣与艺术创作结合，实现从制造到艺术创造的跃升。接触 AI 设计后，他的整个思路都被打开了。他觉得，对企业而言，AI 可以助力数字化转型与全面升级，促成企业商业模式转变，促成企业形成新的战略并解决工艺传承等问题。

AI 与制造业场景的真实融合

过去两年，围绕 ChatGPT 及其对人类未来影响的探讨层出不穷，产业界也在思考 AI 与产业融合的未来。促进会组织过多场研讨会与培训班，希望联合专业队伍打造 AI 与制造业的融合场景。但总体上，效果还是不尽如人意，大家还是感觉雾里看花、图个新鲜。

国人之所以对 DeepSeek 的横空出世兴奋不已，就在于迅速崛起的中国大模型基本解决了 AI 从可用到好用的问题，接下来将解决如何实用的问题，这也是产业界翘首以盼的真实需求。

在参加促进会组织的几场 AI 研磨会后，方总感觉虽然广东错失了 DeepSeek，但广东真正的机会是 DeepSeek 与制造业的深度融合，或者说，广东要实现大模型在制造业场景的广泛应用。

据促进会首席顾问郝聚民推算，DeepSeek 若在广东制造业渗透率达 30%，2027 年前可带来 3000 亿~4500 亿元的价值增量。郝聚民认为，广东若错失 DeepSeek 在制造业的广泛应用，不但会流失经济增量，还会导致制造业的技术主权旁落：算力—算法—数据链断裂。

一是算力基建空心化，而浙江省和上海市的智算中心可能垄断模型训练节点。

二是数据资产外流，工业数据经由外部平台处理，将削弱本地的数据主权。

三是制造业效率差距扩大风险。郝聚民分析，虽然广东制造业规模现居全国首位（2024年增加值为4.2万亿元），但全要素生产率（TFP）仅为美国的68%。广东若未能规模化应用DeepSeek，江浙地区通过AI赋能的制造企业将快速拉开效率差距。

四是人才虹吸效应逆转。当前深圳的AI人才密度为每万人12.7人，低于杭州的15.3人。若DeepSeek应用滞后，广深的人才可能向长三角迁移，形成"创新者迁徙"。

笔者认为，广东作为制造业大省，中小企业数量超过700万家，覆盖电子、家电、服装等30余个细分领域。这种高度分散的产业格局使AI技术的应用场景呈现"长尾分布"特征——每个细分领域的需求看似微小，但总量叠加后能够形成巨大的价值洼地。

中小企业的生产场景往往兼具"碎片化"与"高复杂度"的特点，如佛山陶瓷企业的窑炉温控、东莞的电子厂、中山灯具厂的柔性装配线等。这些场景的AI化改造需要技术供应商深入理解工业细节，倒逼算法模型从"通用型"向"专用型"进化，实现数字工程与工业工程的真实融合。

中小企业是产业AI化的关键

AI将引发新一轮颠覆性的产业革命，中小企业的AI布局正是核心战场。

首先，中小企业是产业生态的重要构成。在AI技术重构制造业的进程中，中小企业的竞争力看似取决于单点的技术突破，实则高度依赖产业生态的系统性优化。这种优化通过成本控制能力与效率提升机制的双轮驱动，重塑区域乃至国家产业的全球地位。

西门子成都数字化工厂的案例印证了这一逻辑：其全球竞争力和"灯塔工厂"的地位，不仅源于自身的技术实力，更深植于中国供应链网络的创新迭代与成本管控能力，很大程度上是与中国本土供应链深度协同的结果。

该工厂日生产 2300 种产品，背后依赖的是由长三角的精密零部件、珠三角的电子元器件、成渝地区的物流网络构成的供应链体系。这种生态使西门子能够快速响应订单变化，将交付周期压缩至行业平均水平的 60%。

东莞一家为西门子供应连接器的中小企业，通过 AI 驱动的动态排产系统，将产能波动容忍度从 ±15% 提升至 ±35%，成为西门子供应链弹性的关键支点。

西门子成都工厂的单位人工成本是德国安贝格工厂的 1/4，但产品缺陷率反而更低。这个反差的根源在于供应链的响应速度与技术的扩散效率。西门子成都工厂供应商的平均交货周期为 48 小时，德国为 120 小时。中国中小企业 3 个月内可完成 AI 工艺的适配，德国需 12 个月以上。中国制造业的竞争力，已从"低成本制造"转向"高弹性生态"。

与此同时，技术协同的共生效应也在陆续显现。在广东企业数字化链式改造的模式中，龙头企业（如美的）向中小企业开放 AI 质检算法、能耗优化模型等技术模块，中小企业则反馈产线数据反哺算法迭代。这种双向赋能使美的供应链整体缺陷率下降 40%，中小企业的平均获客成本能降低 28%。广东省工信厅数据显示，参与链式改造的中小企业，其 AI 技术应用效率比孤立改造的企业高 3 至 5 倍。

中小企业汇聚成的产业生态也是产业竞争力的重要构成。中小企业的效率在很大程度上决定了产业的效率。

其次，中国制造的成本控制开始从"规模红利"转向"智能红利"。中国供应链的成本优势已从"劳动力价差"转向"智能化协同降本"。例如，某地区产业集群通过AI物料调度平台，将区域级库存周转率从8次/年提升至14次/年，相当于释放流动资金120亿元。

这种成本优化无法由单一企业实现，必须依赖生态级的数据共享与算法协同。在中山灯具产业带，30家中小企业共用AI设计平台，使模具开发成本从单品12万元降至3万元，产品迭代周期也从6个月缩短至45天。

AI技术的独特之处在于其边际成本趋近于零。佛山陶瓷产业带AI窑炉控温模型的初期研发投入为200万元。一旦在100家企业铺开，单家企业的分摊成本仅为2万元，却能够降低15%~20%的能耗费。这种越用越便宜的特性，使中小企业集群成为AI红利的最大受益者。

最后，制造业效率提升机制也从"经验驱动"转向"数据驱动"。温州一家从事纸杯智能制造的企业实现数字化管理后，精准提升了物料的库存管理，缩短20%的交付周期，消除非增值作业超50%，实现管理减员增效10%，主要是中层管理干部。

浙江义乌小商品市场通过AI设计平台，日均上新的SKU（库存单位）超10万种，其背后是3000家中小企业的协同创新。每家企业的设计数据实时进入共享池，通过AI进行趋势预测与组合优化，整个生态的爆款产出率提升了3倍。这种创新效率是任何单体企业无法企及的。

在长三角与珠三角的竞争中，江苏的化工、浙江的轻工与广东的电子制造形成差异化生态。哪个地区的中小企业一旦建立了对AI技术的快速消化能力，就能形成快速响应的速度优势，进而形成区域竞争力。例如，东莞手机产业链通过500家中型EMS企业（电子制造服务商）的AI化改造，将新品试产周期从45天压缩至7天，这是深圳华为、OPPO等品牌商敢与苹果公司比拼发布节奏的底气。

中小企业的生态优化将是AI时代的终极战场。中国产业的竞争力，本质上取决于中国制造业的生态，中小企业不是巨头身后的追随者，而是生态活力的源泉。未来，区域竞争还将是"AI技术深度×生态协同密度"的复合函数，技术深度决定单点高度（如算法精度、算力规模），而生态协同密度决定应用广度（如数据流动性、技术扩散速度）。

广东乃至中国的制造业若想保持优势，必须将中小企业的AI布局视为生态优化的核心工程：通过链式改造降低技术门槛，更要构建数据共享、标准互通、利益共生的新型产业关系。唯有如此，中国供应链才能进化为中国智能生态，在全球竞争中掌握定义权而非适配权。

中小企业实现AI赋能制造的障碍

在与方总交流后，萧总首先考虑的是成本问题。方总讲，DeepSeek出现后，企业本地化部署的成本将大大降低。但萧总仍有很多担心，如AI发展迭代快速，DeepSeek能否一直领先，企业如何跟进？导入AI后，企业内部管理出现变化，如何基于AI调整组织，如何建立基于AI的新战略？

事实上，在笔者组织的一次座谈会中，众多企业也表现出希望拥抱AI，却陷入不知如何入手的焦虑状态。

虽然，企业的数字化和智能化是大势所趋，但中小制造企业大多来自传统业态，企业有因原有结构、文化或行为模式难以适应技术变革的阻力。这种阻力并非源于技术本身，而是根植于组织的深层运行逻辑。

一是组织问题。实现数字化与智能化是老板动员的，但落地执行的都是团队。很多企业管理层都认为这是"伤筋动骨"、上下折腾的麻烦事。很多高管会觉得就领一份工资，多一事不如少一事。

促进会推动企业研发降本项目就遇到了类似情况。很多企业高管的第一反应是觉得不可能，一方面这是惯性认知使然，另一方面还有一亩三分地容不得别人进来的考量。推动企业数字化，企业效率高了；用数据做决策，中间传递信息做决策的人的作用就没了；将管理知识封装进系统，管理人员的重要性就会降低。这些都会挫伤管理团队参与企业数字化及智能化改造的积极性。而一线员工对 AI 系统操作存在畏难情绪，普遍缺乏基础的数字技能，如数据录入、参数调整等，导致设备利用率低下甚至弃用。

有位企业老板回忆 10 年前进行的信息化改造，当时觉得天都塌下来了，至今仍心有余悸。但他仍说信息化是他当时的信念，如果没有坚定信念，企业打不赢"信息战"，也打不赢"数字战"与"智能战"。

组织惯性问题的本质是"人脑的操作系统"与 AI 的算法逻辑不兼容。企业若想突破，需要同步推进认知升级、技能再造、流程重构与文化重塑，将 AI 从"外来技术"转化为"组织基因"。唯有如此，才能避免"用工业时代的组织，驾驶智能时代的战车"。

二是观念认知问题。很多人认为企业 AI 是"成本中心"而非"战略投资"，倾向于维持传统生产模式，认为"机器换人"或

"数据驱动"是虚概念，不如购置设备或扩大产能实在。有的企业拒绝引入 AI 工艺优化系统，认为老师傅的经验比算法靠谱。结果，竞争对手通过 AI 动态调参将良品率提升了 12%，该厂订单份额在两年内流失 35%。

企业管理层缺乏对 AI 技术长期价值的理解，过度依赖历史的成功路径，如规模扩张、低成本竞争等，导致战略决策与技术创新脱节。

三是企业传统的管理体系遏制创新。企业管理传统的流程设计以控制风险为核心，而 AI 应用需要快速试错、敏捷响应的组织机制，两者存在根本冲突。

在传统科层制的组织架构下，各部门的绩效指标割裂，如生产部考核产能、采购部考核成本，缺乏数据共享激励机制。此外，绩效考核仍以产量、成本等传统指标为主，员工使用 AI 优化流程将无法获得实质奖励，缺乏参与动力。传统的管理模式容易扼杀新技术的灵活性，线性的管理流程也无法适应 AI 驱动的实时决策需求。

企业内部的生产、采购、销售等部门各自为政，数据标准不统一，AI 模型因无法获取跨部门数据而失效。某企业研发 AI 排产系统时，生产部拒绝共享实时状态数据，采购部的 Excel 表格与 MES 系统数据格式冲突，最终系统预测准确率不足 50%。

四是企业 AI 服务赋能供给与企业的人才问题。一般而言，新技术的扩散依赖于专业团队提供的专业服务，而专业团队会将主要精力放在各个行业的龙头企业上，中小企业等待他们为自己提供方案，往往已错失先机。

由于脱离业务场景和实际，小创业团队提供的垂直解决方案和应用，很难真正适配实际的工作场景，这同样是低效的模式。

企业自建 AI 团队突围，又面临 AI 人才匮乏与成本问题。

五是技术适配性问题。多数 AI 解决方案是基于大企业场景开发的，难以匹配中小企业的碎片化需求。广东省工信厅调研显示，72% 的中小企业认为市面上的 AI 产品"功能冗余"，仅 18% 的功能被实际使用。

AI 模型训练需要深度的工艺知识，但中小企业缺乏数据标注与模型调优能力。而目前市场上的服务产品以 AI 与人力资源、市场营销、广告设计结合的模块为主。很难有数字化团队能够通晓企业管理的所有模块，并将其全部贯通。召开经营分析会议时，企业还是需要人工对数字进行再分析，数字化的效率大打折扣。如果企业内部的数据不齐全或者数字不连贯，这又影响企业的 AI 化。

六是成本问题。AI 改造单项目成本通常在 50 万 ~200 万元之间，加上数据清洗、系统维护、员工培训、转型探索等各种隐性成本，这些都会限制中小企业使用 AI 的积极性。

构建中小企业的 AI 赋能生态

纵然障碍重重，但笔者认为还是可以从多个方面入手，打好产业 AI 化的核心战。

一是开展专项培育。如企业 CEO 的数字化培训，用同行业案例改变决策者认知；基于 AI 知识的人力资源、研发降本、企业营销培训；推行"数字工匠"认证体系，将 AI 技能纳入技工职称评定标准。

二是企业内部建设。企业要将数字化与 AI 建设视作发展的战略方向：需要建立适合 AI 发展的组织与文化，推动企业从"管控型组织"转为"敏捷型生态";可以在企业设立"数字化决策委员会",赋予一线员工基于 AI 建议的微决策权;推行"AI 技能认证+绩效奖金"绑定政策,将 AI 操作熟练度与工资等级挂钩;设立"知识工程师"岗位,负责 AI 模型与工艺经验的对接;重建商业协作文化,通过"数据共享积分制",奖励跨部门数据调用行为;推行"知识贡献积分制",将员工经验上传量纳入绩效考核;鼓励员工共同建设企业智能体。

三是培育 AI 产业服务中间体,特别是培育垂直领域的 AI 集成商,如专注家具行业、服装行业、家电行业、灯饰行业、环保行业等的数智化服务商,或是基于具有专业服务能力的平台服务商,如工业设计、创新研发、数字化工厂等,建立具有产业特色的 AI 平台与智能体。

推动行业龙头企业开放数据接口,制定产业级 API 标准,如零部件数据与标准,推动企业间的交互规范标准。

此外,特别需要发挥行业协会与产业垂直媒体的作用。如促进会就正筹划联合各方生态伙伴,打造 20 个 AI 研发降本赋能制造共创中心,旨在整合资源形成合力,推动 AI 技术在广东制造业的首发大规模落地。

共创中心将作为 AI 技术与制造业深度融合的桥梁,为企业提供技术支持、人才培养、项目孵化等全方位服务,助力广东制造业转型升级。通过建设共创中心,实现 AI 技术在制造业的大规模应用,打造一批具有示范效应的 AI 赋能制造项目,形成众多的企业 AI 智能体。

四是推广低代码 AI 平台,如华为的 ModelArtsLite。允许工程师通过拖拽方式定制模型,部署边缘知识节点,实现本地化实时推理;建立工业知识库,将细分领域工艺参数标准化,封装工业知识，降低算法开发门槛。

选择高价值场景，构建细分知识库。建立行业级知识共享平台，将分散的工艺经验、设备参数、故障案例等隐性知识，转化为可存储、可复用、可迭代的数字化资产，让 AI 技术扮演"知识挖掘者""结构化工程师""智能应用者"三重角色。

工业知识库的构建不仅是技术工程，更是生产关系的重构。通过 AI 将"老师傅大脑中的火花"转化为"可复制的数字火种"，中小企业可突破经验传承的时空限制，实现从"人口红利"到"智能红利"的跃迁。

广东若能率先完成这一转化，将奠定其"全球智造知识枢纽"的地位。未来，这里生产的不仅是商品，更是定义未来制造的规则与标准。

中小企业的 AI 转型绝非单纯的技术问题，而是涉及全要素的系统工程。广东若能以"场景化技术供给 + 阶梯式成本分摊 + 生态级数据治理"组合拳破解障碍，将激活百万中小企业成为 AI 落地的"毛细血管"。

当每个车间都能以最低成本调用 AI 能力时，区域制造业竞争力将从"单体强"迈向"系统强"，最终实现"蚂蚁雄兵"式的智能跃迁。这场变革没有退路：要么用 AI 重构产业根基，要么被重构。大模型是将 AI 应用推上高空的推进剂，全 AI 驱动才是那绚丽无比的烟花。

在制造业的 AI 时代，广东在制造业时代积累的工程化基因，将变成数字时代的数据与场景红利。当美国在技术理想主义的道路上一骑绝尘时，中国正通过技术实用主义开辟新战场：不是追求绝对技术领先，而是用成本重构、场景深耕和生态协同，重新定义全球的创新规则。

制造业大省的后工业化演进

在全球经济结构调整浪潮中,作为中国制造业大省的广东,正站在一个关键的十字路口。一方面,随着全球化结构调整,广东作为"世界工厂"的地位面临制造业企业"出海"的挑战;另一方面,中国制造业全面升级也为广东制造带来了前所未有的机遇。

与此同时,广东正如火如荼地进行一场前所未有的社会动员——百县千镇万村高质量发展工程(以下简称"百千万工程")。广东全省有122个县(市、区)、1609个乡镇(街道)和2.65万个行政村(社区),在全省领域全方位推动该项工作可谓集一个经济大省之力的大工程。

"百千万工程"于2022年12月8日启动,是广东省推动高质量发展的"头号工程"。它以高质量发展为主题,以乡村振兴战略、区域协调发展战略、主体功能区战略、新型城镇化战略为牵引,以城乡融合发展为主要途径,以构建城乡区域协调发展新格局为目标,壮大县域综合实力,全面推进乡村振兴。

广东的"百千万工程"旨在拓展发展空间、畅通经济循环,实现惠民富民,满足人民对美好生活的期待,推进广东农业农村发展现代化,整体提升新型工业化、信息化、城镇化、农业现代化水平。

在经济转型的窗口期,"百千万工程"加速广东在经济与社会两个层面转型的探索和社会实践，是经济规律使然，还是有更深刻的社会意义与时代发展逻辑，笔者就此做一番梳理。

后工业时代经济与广东制造的新趋势

当前，广东制造业正沿着高端制造、智能制造、绿色制造和数字化方向全面发展，与全世界工业发达国家的发展路径大致相同。这个路径是全世界工业化国家的后工业化发展方向，除了制造业的高端制造，服务业和高新技术主导了经济的发展，其特点表现为产业结构优化、创新驱动和可持续发展。

在工业化的经济结构中，第二产业（尤其是制造业）在GDP中占据显著比重。在就业结构方面，大量劳动力从事工业生产，工业就业人数占总就业人数的比例较高。在技术水平方面，随着工业化进程，工业技术水平逐渐提高。

在后工业化的经济结构中，从商品生产经济转向服务型经济，第三产业（服务业）比重超过第二产业，成为主导。大多数劳动力从事服务业，技术阶层崛起。技术逻辑是高新技术产业与信息技术成为主要推动力，创新能力成为核心竞争力。

后工业化是工业化发展到一定阶段后的产物。而在数字经济时代，数据成为新的生产要素，随着大数据、云计算、人工智能等技术的应用，传统产业也因数字化逐步向高端化、智能化方向发展。数字产业成为主导产业，数字经济也成为后工业化时代发展的新趋势，并将推动人类社会从工业化时代向后工业化时代，再到数字经济时代的转向。

约从2015年起，广东的第三产业就开始超越第二产业。2023年，广东GDP三产比为4.1∶40.1∶55.8，意味着第三产业成为推动广东经济增长的主要动力。而在广东经济中领先的广州与深圳两市，其第三产业的 GDP 占比分别达 73.3% 与 62.3%。2022 年广东高技术制造业增加值比上年增长 3.2%，占规模以上工业增加值比重达 29.9%，反映出高端制造业在广东经济中的重要地位。2022 年广东数字经济增加值达 6.4 万亿元，占地区生产总值的比重达 49.7%。这一比重在近年来持续上升，表明数字经济已成为推动广东经济增长的新动力。

高端制造业逐渐取代传统制造业成为主导产业，提高了广东经济的整体竞争力。无论是地区生产总值中第三产业的比例，还是高技术与数字经济在经济中的主导作用，都显示出广东正处于从工业化到后工业化的发展阶段。

后工业时代的社会发展逻辑

后工业化社会有几个显著特征：首先，后工业化社会更加注重人的全面发展和生活质量的提升，强调个人价值和社会责任；其次，人才成为社会核心要素，社会尊重创新和创造价值的个体，为科技创新和产业升级提供人才保障；最后是社会文明的进步，社会更加注重社会公平、教育公平、医疗保障等，以提高人民的生活水平和幸福感。

促使工业化向后工业化转变的物质条件主要包括经济结构转型、科技创新和可持续发展等方面。文化条件则包括价值观念、社会因素和文化创新等。这些条件相互作用、相互促进，共同推动工业化向后工业化转变。

技术发展推动了生产效率的提升、商业模式的变革以及管理模式的创新，为后工业文明的发展提供了强大动力。文化创新有助于打破陈旧的封建文化传统，释放人们的创新精神，为推动工业化向后工业化转变提供新的思路和动力。

与后工业化发展相伴相随的是后工业文明的发展。后工业文明被视为对工业文明的反思，它关注并试图解决工业文明带来的环境污染、资源枯竭、社会不公、人的异化等问题。

工业文明的发展加剧了社会不公现象，资本的集中、对劳动力的剥削使得社会阶层分化加剧，贫富差距不断扩大。劳动者在追求效率的过程中，逐渐失去了人性尊严，成为生产线上的螺丝钉。人类与自然的关系被异化，人类过度开发和利用自然资源，导致生态系统失衡，人与自然的关系日益紧张。

后工业文明强调经济结构、职业分布以及理论知识与创新的重要性，这些都是对工业文明的一种反思和超越。

后工业时代，由于大多数劳动力不再从事农业和制造业，而是从事服务业，社会对服务业需求增加、对制造业依赖减少。佛山市艾乐博机器人股份有限公司有一个车间叫"163车间"：1个人干6个人的活拿3个人的工资，员工都是90后，甚至00后，工作状态非常积极活跃，人均工资是普通工厂的2到3倍；企业优化供应链与排单系统，实现敏捷制造，竞争力全方位提升。

后工业社会中，职业分布以技术阶层的崛起为特征。随着服务型经济发展，工作重心转向办公室、教育机构和行政部门，制造业也出现"白领职员"，科学家和工程师等科技人员成为后工业社会的重要支撑。东莞一家做除尘设备的企业，超500名员工中工程师占比接近60%。后工业时代企业的竞争，不再是工厂，而是工厂背后的办公室。企业老板讲，管理工人简单，但工程师怎么管理？这也是后工业时代企业管理的新挑战。

这种经济结构的变化导致大量制造业生产转移到了准工业国

家或地区，原有工业化体系内部的城市居民拥有了更多的就业和生活选择，就业机会结构发生变化，产业通常不需要大量的劳动力聚集，因此人们开始寻求更为宜居的地区来生活。

从生产逻辑到社会逻辑、生活逻辑，从物质生活到精神生活。在中国现代的语境里面，这就是人民对美好生活向往需求的体现。

广东"百千万工程"的历史契机

实际上，在20世纪70年代，西方发达国家就开始了后工业文明发展与"逆城市化"发展。

逆城市化，也被称为郊区化或反城市化，是指城市中心区人口过度密集、居住环境较差，导致人口向郊区或乡村地区迁移的现象。这种趋势不仅涉及人口迁移，还涉及产业、资本、技术等生产要素的转移。

在德国，逆城市化是城市化发展到较为成熟阶段后的一种现象。在城市化率超过一定水平（如70%）后，城市人口增长开始放缓，甚至一些大城市的人口出现减少。人口从大城市和主要的大都市区，向小都市区、小城镇甚至非城市区迁移。这一流动趋势表现为城市中心人口减少，而郊区和小城市人口增加。

逆城市化是一个复杂的社会经济现象，它更深到地反映了社会经济和城市发展的变化。随着全球化和信息化的发展，城市经济结构和产业结构发生了深刻变化，一些传统产业逐渐衰退，新兴产业则蓬勃发展。这种变化导致城市中心区的就业机会减少，而郊区或乡村地区则成为新兴产业发展的重要区域。

同时，随着交通和通信技术发展，人们可以更加便捷地往返于城市和郊区之间，这也为逆城市化提供了物质基础。

以德国为例，现如今人口超百万的大型城市（如柏林、慕尼黑）已寥寥无几，而郊区和小城市的人口占比已超过70%，并且每年还有大量人口流向郊区及乡村。

尽管英国的城市化起步较早，但在近年也出现了逆城市化的趋势。城市居民为了追求更好的居住环境和更高的生活质量，也开始迁往郊区或乡村地区。主要原因便是城市中心的环境问题日益严重，如交通拥堵、空气污染等，郊区或乡村地区则提供了更为宜居的环境。

美国是逆城市化现象最为明显的国家之一。自20世纪50年代起，美国城市郊区化进程加快，大都市内部的郊区人口增长速度远超城市中心。据统计，1970年以后，美国大城市人口停止增长甚至减少，人口和其他资源的流动开始转向中小城市，特别是大城市周边的郊区小城镇。

当然，并非所有发达国家都存在逆城市化趋势。日本虽然也提出了逆城市化的概念，并试图通过奖励机制鼓励人口向小城镇迁移，但东京作为首都仍然吸引了大量人口。据统计，日本有1.3亿人口，其中3700万居住在东京，这显示出东京作为大城市的吸引力。

首尔作为韩国首都，人口集中度更高。韩国总人口约5000万，而首尔人口占全国的20%，约1020万。这意味着首尔不仅在经济上占据重要地位，也是韩国主要的人口聚集地。

显然，在亚洲文化圈里面，由于就业机会、城市文化生活、教育机会、社会保障等因素以及为子女提供更好未来的观念，大城市仍然显现出其魅力。

笔者曾经在德国考察，发现很多企业都愿意留在乡村，科研人员也更愿意留在美丽乡村从事研发生产。

为了配合后工业文明时代及乡村振兴发展，很多发达国家也充分利用其在工业化时代的积累，系统地支持乡村振兴。法国作为欧洲传统的农业大国，在"二战"后实现了快速的工业化进程，为农业现代化提供了有力的技术支撑和物质基础。法国通过实施"领土整治"政策，利用工业化带来的资金和技术支持，对农村地区进行整治，促进了农村基础设施的完善和农业生产的现代化，并通过发展"一体化农业"，将农业与工业、商业、运输等产业相结合，形成利益共同体，推动了农业产业链的延伸和农产品附加值的提高。荷兰通过实施"农地整理"政策，对农业用地进行合理规划和管理，提高了土地的利用效率和农业生产的规模化水平。同时，在农业科技方面投入大量资金，通过科技创新提高农产品的产量和质量，增强了其农业的国际竞争力。荷兰农产品出口额达到 1000 亿美元，居世界第二。日本提出"六次产业"的概念，以农业为基础，形成生产、加工、销售、服务一体化的完整产业链。因"1+2+3"等于 6，"1×2×3"也等于 6，故名"六次产业"。"六次产业"全方位提升了农业效率，为乡村经济发展注入新的活力。

工业基础、交通设施、资本积累、技术积累、市场化运营是乡村振兴的重要支撑，包括加强农村道路、水利、电力等基础设施建设。截至 2023 年年底，广东全省农村公路通车里程达 18.35 万公里；农村公路等级率和路面铺装率均达 100%；超过 1.6 万个建制村通双车道公路，占比达 83.5%，实现了"村村通公路"的目标。广东全省高速公路通车总里程达 11211 公里，高铁运营里程约 2764 公里，均居全国前列。

在此背景下，广东在制造业转移、产业转型、社会转型的窗口期，提出乡村振兴的"百千万工程"正符合历史的契机。

著名三农专家温铁军教授指出，乡村振兴是应对全球化挑战的"压舱石"，他认为城乡融合是推动乡村振兴的重要指导思想。

广东"百千万工程"及其历史使命

广东在基本完成工业化的同时，城乡二元结构问题依然严重，城乡差距仍在扩大，体现在城乡居民的收入差距上。国民收入分配结构上的城市偏向，也加剧了城乡收入差距的扩大。

在破局城乡二元结构问题上，"百千万工程"希望通过加强农村基础设施建设，改善农村的生产和生活条件，提高农民的生活水平；提升农村产业化水平，推动农村经济的多元化发展，提高农村经济的竞争力；促进农民就业创业，增加农民收入来源，缩小城乡收入差距。而实质上，广东实施"百千万工程"是需要完成历史赋予它的使命。

第一，就是破解城乡二元结构问题。这一问题看起来是城乡收入差距问题，广东也曾经试图通过大量的扶贫政策、对口帮扶去解决，但存在乡村振兴可持续发展的问题。农村生产关系混乱，农村管理人才、经营人才、生产人才严重不足。日本所提出的乡村振兴，首先就是人才振兴。如果单从经济入手，是解决不了乡村振兴的可持续发展问题的。广东农村需要一次重大的社会建设。韩国的"新村运动"不仅改善了农村环境和农民生活，还培育了各种农村民间组织，大力兴办文化事业，倡导一种简朴、环保的生活方式，引领了新的社会价值观，是一场成功的农村改革运动。

广东省佛山市南海区区委书记顾耀辉在谈及"百千万工程"时讲，要聚焦"小落点"、着眼"小切口"、搭建"小平台"、注重"小细节"，通过这些具体行动来加快实现乡村的全面提升和发展。

乡村振兴非常重要的体现是市场机制进村、人才进村、资本进村、文化进村。顾耀辉强调乡村振兴要推进城乡融合发展，注重生态振兴和文化振兴。他认为乡村是传统文化的根脉所在，也是都市人的精神寄托。因此，他提倡在乡村振兴中挖掘和呈现乡村的美学价值，用美学将城市流量导入乡村，从而带动乡村的人才振兴和产业振兴。

广东"百千万工程"乡村振兴的重点不是资金与资源，而是农村生产关系、村民与村集体主人翁精神问题、管理机制、土地、文化等。中国农村治理，需要新的顶层设计和政策。中国乡村的治理，最终还是要从管理回归自治，需要发挥乡贤作用，用市场规律办事，才能可持续发展。而文化究竟是什么价值主张，需要沉淀和提炼。

第二，在后工业文明、逆城市化与乡村振兴的趋势递进与主观统筹中，需要引导几个趋势结合所带来的优势，也要非常注意这几个趋势背后的社会发展逻辑、文化逻辑。

从工业化的支配式劳动，到后工业时代人的全面发展，是一种新的价值观，重视个体的不同选择与取向，最终体现在对个体价值的尊重和如何发挥个体在技术创新、管理创新、产业创新中的作用上。后工业时代，个体不是被管理的，而是被激发、激励的。

后工业化与逆城市化都是一种时代观念，它们绝对不是一种简单的经济行为。如果政策制定者不能在文化价值上理解潮流、理解新的生活观念与生产方式，仅是简单地将其理解为在消费行为的基础上开展民宿经营、户外露营、自驾旅游等，就很难为乡村注入可持续发展的原动力与活力。

浙江嘉兴市长兴县的养老旅居产业就是在理解了老年人的生

活方式后构建的乡村振兴模式。乡村振兴最重要的是人，要突出对人的生活方式的理解，对农村生活与生产方式的理解。每个乡村，采取的模式一定是一村一策，浙江提出来的发展模式是"智库当师爷，市场当主体，村民村集体当主人，政府当店小二"，凸显智库策划在乡村振兴中谋篇布局的作用，这本身也体现了后工业时代中人的重要性。

第三，乡村振兴与共同富裕社会的建设、与国内统一大市场的建设也有着深度的关联。首先，乡村振兴是实现共同富裕的必然要求。通过推动乡村经济发展，可以缩小城乡差距、缓解社会矛盾、促进社会和谐稳定。其次，乡村振兴是推动高质量发展的重要途径。通过加强农村基础设施建设、提升农村产业化水平等方式，可以促进经济结构的调整和升级、提高经济发展的质量和效益。比如乡村旅游与民宿产业的发展，就涉及装配式建筑产业、泛家居产业、户外产业、健康产业，可以给广东的制造业提供更加广阔的市场。

与此同时，广东有条件成为国际、国内的消费大省。广东GDP排名可以达世界第十名左右。另据笔者测算，2023年粤港澳大湾区人均GDP大约是2.3万美元。世界发达国家的标准线是人均GDP 2万美元，处于发达国家最后一名的葡萄牙的人均GDP大约是2.6万美元，可见粤港澳大湾区相当于具备了准发达国家的经济水平。如果"百千万工程"蓝图实现，广东的农村将成为更大的消费市场，广东经济立足本土，也仍然可以保持中国经济发展领头羊的位置。"百千万工程"也是广东经济发展的破局之举，可以帮助广东省从外向型为主的经济格局向以国内大循环为主体、国内国际双循环相互促进的新格局发展，促进国内区域大市场的形成和发展。

套用温铁军教授的话,广东的"百千万工程"才是广东经济全球化的"压舱石"。只有这样,广东才能同时巩固国内与国际两个市场,才能够在全球经济结构调整的浪潮中迎接挑战、抓住机会、实现可持续发展。这是制造业大省广东在工业文明主航道上的递进,也是广东后工业时代经济发展探索的题中应有之义。

中国制造如何锚定未来十年？

2024 年底、2025 年初，很多焦虑的企业家不约而同地跟笔者探讨未来的经济形势。

重构未来需要新引子

很多企业家都在探讨中提及康波周期。1926 年，俄国经济学家康德拉季耶夫提出了这个概念，用于描述经济发展中存在的一个为期 50 至 60 年的周期。一个完整的康波周期一般分为四个阶段：回升、繁荣、衰退和萧条。按照康波周期的规律，当下正处于 20 世纪 90 年代互联网信息时代发展的后期，即萧条期。虽然信息与数字化技术不断发展，但整体经济可能仍处于相对低谷的阶段。

笔者毕竟不是经济学家，很难预测未来的经济形势。但笔者觉得，技术性分析模型也不能够完全分析出当前经济形势的结果。2018 年中美贸易出现摩擦，主要原因是全球贸易结构出现失衡，根源在于作为全球经济发展领头羊的美国，在资本收益与社会分配上出现重大问题。资本的无度扩张与制造业的流失、社会创新能力的下降导致了美国中产阶级的缩减。

美国大选看似尘埃落定，但美国深层次社会问题的爆发或许才刚刚开始。美国对于自我治理体系的反思与调整，将会对全球的治理体系造成巨大冲击。而作为制造业大国的中国，一定是美国人反思的重点与参照对象。

在国家治理的问题上，一般而言，当内部矛盾难以调和时，政府会用外部矛盾来转移内部矛盾的视线。贸易战能解决问题吗？答案应该是否定的，反向控制比正向突破的系统难度更大，并且中国在工业化的发展进程中已经累积了巨大的势能。世界潮流，浩浩荡荡，无论是"美国去全球化"还是"全球去中国化"，都是在违背历史进步的规律。但无论如何，矛盾冲突会增加世界经济发展的不确定性，给产业与企业发展带来冲击。

中国社会治理的问题亦然。改革开放四十多年，经济的快速发展掩盖了很多社会问题。经济发展，土地不断增值，有了钱后，国企转制、城市化、大量基础设施投入、社会治理等问题迎刃而解。

土地不断增值还掩盖了国企经营效率的问题。笔者单位附近的一家国有企业，在2000年前后政企分离后，基本每三年进行一次企业重组，每次重组评估，资产又在升值，核心就是土地增值。如今，当国企土地失去了升值空间，其经营效率自然断崖式下降。

经济快速发展让政府部门变得无所不能，政府扩编看似是问题导向，但敲掉钉子却留下锤子，解决了问题，却留下了机构。其实，这不是中国特有的问题，这是系统自我熵增的必然结果。所以，美国新一届政府也成立了马斯克主导的政府效率部。

自行车往前走就不会倒，经济发展了，问题就能被掩盖。GDP主义最后的问题是：当经济发展，就习惯用经济去解决社会问题，这背后忽略了社会的成长才是解决社会问题的根本。很多地方的乡村振兴，村民只会跟政府谈钱，也只相信钱，政府也只能给钱。一旦没钱，社会的动员能力在哪，社会的建设能力在哪？

很多人感叹，乡村振兴就是振兴了村里的党群服务中心，每个村的党群服务中心建得最漂亮。我们并未真正理解乡村振兴的历史逻辑。

20世纪70年代，当欧美国家第三产业超过第二产业、服务业占比大于制造业时，这些国家开始出现逆城市化现象。德国的工程师愿意住在农村，德国最大的城市中，只有2个超过100万人，即慕尼黑和柏林。大量企业在农村，一个村就有一家大企业。乡村非常漂亮，大家到德国旅游，实际上也是到乡村旅游。法国、意大利也把大量资源投入到乡村，它们不追求规模经济，而是追求四季差异。

2015年前后，广东省的第三产业已经超越了第二产业。2023年，广州的第三产业占比达73.3%，深圳为62.3%。作为全世界制造重镇的广东，已迈进工业化后期。

城市为工业化提供了人口聚集、资源聚集及规模协同效应。但在后工业化时期，对人的管理需要有所不同。工业化时期强调对人的管理，后工业化时期更加尊重人性，企业的竞争力价值来自人的创新，从对物的关注转移到对人的关注。

不管如何，全世界及中国社会都处在经济文化变化的全新周期。当下，全世界秩序混乱，经济形势错综复杂，企业经营出现困难，多种周期叠加。当前正是原有全球化旧经济结构出现坍塌、新结构还没有建立的混沌时期。

而中国过去几十年治理社会的模式、工具、方法论也在慢慢失灵。重构混沌的世界，需要一个新的引子去重构未来的系统，而未来经济发展的确定性就是这个引子。

美元仍是全球经济流动性的基础

虽然经济与世界的未来充满不确定性，但笔者认为，自中美贸易摩擦以来，按中国人的视角，还是存在确定性因素，如美元所提供的流动性不可撼动、中国的技术创新似乎势不可挡、美国依然是全球最大的消费市场等。这些确定性也许能够锚定未来十年的经济发展。

美国的金融体系非常强大，美元是世界上最主要的流动性货币供给，全世界依然离不开美元。在相当长的未来，我们很难看到一个能够替代美元的全球贸易解决方案。

不管是过去的黄金、石油，还是现在的高科技，本质上是美国的制度、体系、标准在支持形成强势美元的经济体系。

美国政府诞生至今，其为商业体系服务的效率之高、迭代之快，令人惊叹。人类社会已形成基本判断，即商业是推动社会进步的主要力量，是配置社会资源最优的体系。为此，政府必须繁荣商业服务。20世纪八九十年代，西方社会兴起的政府"管理主义"，就要求政府必须具有企业效率，才能服务商业社会发展。

虽说美国的制造业只占GDP的11%，但它的现代服务业，即生产性服务业占比达到了50%。美国之所以有话语权，是因为其掌握了制造业的体系。美国工业协会对中国产业链、供应链的熟悉程度远比企业本身高，即便是在偏僻的地方，只要是美国供应链的企业，它都清清楚楚地记录在案，美国掌握了全世界工业体系的大数据。美国的专业协会拥有非常专业的智库专家，协助国家制定的产业政策远比政府部门的更有前瞻性与操作性，经常影响政府决策。

国际化将是中国制造持续发展的新趋势

2024年，笔者连续几次考察东南亚，其中一次逢特朗普遭受枪击，一次是特朗普赢得总统选举，旋即东南亚又迎来一次国内企业家的考察热潮。中国企业出海就是美元、美国市场与中国制造组合的必然选择。

2018年就把工厂从东莞转移到越南海阳的陈总，2023年开始买地建房，海阳的工业土地已经从几年前的五六十万元一亩，涨到100万元左右。美国客户亚马逊、沃尔玛要求他协助寻找中国在东南亚投资的供应链。陈总的企业原来仅做办公类电子产品，目前已逐步扩展类别，包括真空保鲜膜机、过胶机，甚至咖啡机、空气炸锅。2023年，陈总还接了保险柜的订单。但由于不熟悉保险柜所在的钣金业，企业废品率太高。后来经笔者介绍，陈总对接上一家专业制造保险柜的企业，不到一年时间，企业就形成产能，接到了订单。

陈总打算用租来的工厂打造联合工厂，协助一些小企业出海。在越南时，笔者已经看到一家做过胶机塑胶消耗品的企业，在联合工厂生产产品。

这些企业如果单独到越南投资工厂，从考察、租地、安装设备、招工到投产，至少需要一千万元左右的预算，加入联合工厂只需一两百万元，几个月就可以完成在越南的生产布局。

联合工厂还可以成为孵化器。保险柜制造事业就因有了稳定的订单，已经规划了新的用地，企业准备自建厂房。

陈总讲，联合工厂可以共享厂房、工厂管理组织、物流，甚至是客户。他希望能够联合中小企业，共同拓展海外市场，同时也可以为供应链本地化做准备，避免出现类似基于中国供应链工业成品的墨西哥销美产品，被美国新一届政府征收高额关税的情况。

在陈总看来，中国制造企业已经不是在做简单的产品外贸，而是需要布局全球市场。他在越南新投产企业的智能水平比原来国内的都要高。从市场到供应链，从物流到工厂管理，从品牌到系统解决方案，中国企业正以全新的格局融入新的全球化商业系统中。

不管主观上愿不愿意，未来的中国制造业有可能跟日本一样，形成既有本土中国制造，也有海外中国制造的格局，如果加上海外华侨，中国商业有可能形成全新的、互相补充的全球华人商业体系。

中国企业的国际化已经不是应对关税壁垒的权宜之计，而是中国企业发展的确定性选择。中国企业只有彻底融入全球，才能够摆脱传统商业的落后生态，形成中国新的商业文明。

创新生态链也是中国制造的确定性

中国制造已经形成强大势能。中国政府与企业利用这种势能，修起了"水坝"，积聚了势能，灌溉了产业。

中国制造业门类齐全，各个领域齐头并进，可以融会贯通、协同发展。中国高端制造业的发展能够在过去几十年的底部盘整、厚积薄发与触类旁通中另辟蹊径，走出自身的发展路径。

人类文明经过几千年的演进，不断筛选未来的新基因，有些民族负责夸张的神性与想象力，有些民族擅长规划与顶层设计，有些民族负责执行与落实。乔布斯需要冥想才能够构思全新的苹果手机，马斯克需要中国的执行力让想象更加完美。人类需要精诚合作才能够携手前行，良性竞争才能够促进人类社会走向新的繁荣。

当前全世界爆发的矛盾，在一定意义上揭示了自工业文明诞生以来资本主义发展所带来的矛盾。与此同时，人类社会也应该酝酿新的人类文明。这种文明的产生基于信息化、智能化、大数据所提供的基础。当下应是比康波周期更加宏大的人类文明新周期。

中国人的含蓄、内敛、勤奋、认真、踏实，是工业化所需的特质。中国人有空性，创新需要心无所住的空性。原来，中国制造业的控制系统与工业软件大多来自传统工业强国。深圳一家工业设计公司，原来也是用美国的软件。公司负责人介绍，软件虽然是美国的，但其中超过90%的设计场景是在中国制造设计过程中产生的，可以说中国制造业的创新应用大大丰富了美国工业软件的生态。其实，安卓系统、芯片架构等生态的形成都有中国企业的贡献。

一旦系统到了擅长融会贯通的中国人手上，前所未有的工业知识大迁移或将开始。研发人员拆开设备，发现十年前所用的控制系统已与当下的硬件环境不匹配，采用新的控制系统可以优化压缩设备空间与减少零部件，能够降低约20%的成本。

不同行业的知识迁移可以节约生产与制造成本。按照第一性原理与减法原则，对工业设计进行方案搜索以完成新的方案，跨行业对标学习成为我们工业服务的新需求。

广东省中小企业发展促进会有一家做空压机的会员企业。一个空压机外柜有几十个部件，该企业负责人在向协会另外一家给美的做空调外壳的钣金企业学习时看到，空调钣金外壳极其简单，三四个配件就能够组成。为什么？空调外壳生产是竞争白热化的行业，"卷"得行业只用三四个零部件就做成一个钣金件，不够"卷"的行业还需要20个。

制造业设计降本专家钟元说，研发降本设计可以解决80%的制造降本的问题。研发降本其实也属于创新，它是制造业门类齐全、创新生态活跃的一种创新溢出。原本美的制造的人工与工业产值比已是世界最优，但令人意外的是，在研发降本命题下，它还有继续降本的空间。

大企业更需要科学的方法论帮助供应链企业实现降本，而不是一刀切地提出降价要求。正所谓工业文明不是战争与掠夺、剥削与压榨，而是共生与促进，通过技术创新解决产业发展问题。

每年中国的工科大学毕业生有600万人之多，占全世界工科毕业生的一半。哪怕很多产业迁出，但只要保持创新势头，中国将通过"创新窗口"保持与全世界产业的深层次互动。只不过以前交流的窗口是产品外贸，而今是技术创新。

即便面对美国加征关税的挑战，中国企业也可以化整为零、无处不在。也正是强大的创新体系，持续为中国在全球经济中赢得一席之地并有所发展提供了重要基础。

中国制造业经过40多年发展，还沉淀了很多好的方法论，但没有及时得到总结推广，理论研究还跟不上创新的步伐。未来10年，中国制造业还可以找到大量的研发降本空间。

数字化再造企业与产业

未来几年将是通过数字化再造企业与产业的重要时间窗口。

广州的很多小服装工厂，毛利率低，管理水平也低。很多老板说，"一年赚下来就是库存"。为什么是库存？因为每次备料，他都不知道纽扣在哪里、面料在哪里、棉线在哪里，是否匹配订单需求。来了新订单，企业又要到供应商那里备货，但很可能一个纽扣就在仓库里"睡"了10年。

各行各业的小型制造企业，何曾不是这样的状况。但跨境电商希音通过数字化，帮助这些企业管理物流，将库存变成了现金流。管理到位，一家产值两千万元的企业可以将产值变成两个亿。原来要做成百亿元规模的企业，需要规模庞大的管理团队，现在通过拆单软件，直接把订单分散到众多小企业。大企业垂直到产业，可以做成产值超千亿的企业。

未来，制造业企业的数字化，首先要打通经营环节，需要建立全数字化的工厂平台，通过管理大模型、系统大平台、管理和软件一体化的全数字化工厂解决方案，获得全数字化经营的竞争优势。

笔者在最近一次针对数字化改造企业的调研中发现，该企业实现数字化管理以后，精准提升了物料库存管理水平，缩短20%的交付周期，消除非增值作业超50%，实现管理减员增效10%，提升设备产出效率超10%，显著提升企业的管理与可持续盈利能力。

如前所述，目前，大多企业数字化运用的各种功能软件，如ERP、MES等，都是基于以部门（或专业）为中心的分科层级管理（即科层制）开发出来的软件系统。这些软件最大的缺陷是管理与软件"两张皮"，软件是科层制的附属物，部门之间、功能软件之间存在信息孤岛。所以，很多企业可以看到的数字化就是有很多大屏幕。而一般软件公司的问题就在于并不熟悉制造业的经营场景，或者仅熟悉部分的管理内容。

未来，企业的数字化一定要形成企业数字管理的大模型，包含研发管理、业务管理、财务管理、人资管理等。消除信息孤岛，实现管理与软件一体化，业务与制造管理相融合，将工业工程理念融入平台，最终实现以交付为中心的全过程管理。

龙头企业在实现数字化的基础上，可以赋能更多中小企业，形成数字共生。以包装印刷行业为例，企业实现数字化后，不但能够平衡企业内部的业务、人资、财务与制造系统，同时可以吸纳小型印刷包装企业的生产能力，将一定规格与有空间服务半径的订单，通过拆单的方式交给小企业制造。小企业因此能够实现规模化、标准化，大企业在能够实现规模化的同时，也能够实现个性化，实现产业的垂直发展。

通过数字化与数字化赋能，每一个垂直产业未来都将产生"独角兽"，超百亿甚至超千亿元的企业。数字化平台经济将会结束中国产业竞争无序的状态，实现产业间的非资本链接方式。

消费大市场是中国经济发展最大的确定性

中央经济工作会议提出，2025年要大力提振消费、提高投资效益，全方位扩大国内需求。笔者认为，围绕统一大市场的建设及消费型社会的打造，应是中国未来经济管理体制改革的重要内容与方向。

美国恢复经济主要靠降低税收、解决就业与刺激消费，其政策体系在消费拉动方面效率高。当前，中国老百姓收入还是太少，也不稳定，消费能力自然不足。

此外，中国要把原来的投资拉动型经济变成消费型经济，没有政府的改革，制度成本是不能承受之重。中国政府改革任重道远，但势在必行。如果没有中国政府的改革，国内统一大市场很难真正建立。对应地，国内统一大市场建设背后的法律、信用、系统等支撑也应同步完善。

美国是社会共同治理模式，由商协会等各种智库机构与社会组织形成整体的治理体系。社会共治是社会治理与社会服务中性价比更高、效率更高的解决方案，也是中国式现代化发展的必然选项。从经济改革到体制改革，我国仍需要通过体制改革来释放社会的活力、经济的活力，空间巨大。

假如中国人均消费与人均 GDP 一样，能达到美国人均的六分之一，中国市场规模还可以增加 300%，中国无疑将成为全球最大的消费市场，这值得中国企业期待。但资本与制造能力都需要更高效率的市场。

中国的市场改革将是一场影响深刻的社会改革。中美竞争的本质，不是贸易战、科技战，而是整体社会发展的效率问题，包括经济的效率、社会的效率、资本的效率以及政府的效率。

创新、市场与效率不仅是制造业发展的锚，也是一个国家经济发展的锚。制造业要创新，社会要创新，政府也需要锐意革新。

第二章 新业态:产业互联网是一波蓬勃兴起的革命浪潮

产业互联网是何物种？

互联网、物联网及工业互联网、产业互联网、数字化、数智化概念，蜂拥而至、扑面而来。对于新的经济形态，我们千呼万唤，初见端倪，却始终"不识庐山真面目"。以至于我们对于新经济的模式，始终没有确切的定义。这或许表明我们企业的新形态开始超越西方对于现有经济模式的定义，抑或表明我们确实需要用新理论去解释新实践的种种探索，以利于我们有力量去打开全新的经济发展画卷，迎接新经济的未来。而在这股力量中，产业互联网不可或缺。

带来颠覆的产业互联网

20世纪90年代以来，随着工业革命进入信息化的高潮时期，信息"高速公路"喷薄而出，推动着互联网新经济的出现，也带动了中国全新消费互联网经济的全面发展。中国经济进入人类工业文明的主航道，勇立潮头。

而关于"工业4.0""中国制造2025"等对于新工业的全新定义，作为另外一条工业文明的叙事线也逐步展开。相关工业发展计划大胆拥抱其产业未来，以至于"友邦惊诧"。

实事求是地讲，中国"工业4.0"的程度还落后于德、日、美的大企业。中国表现最佳的制造业智能制造水平也不及博世、西门子、电装、爱信精机、江森自控、伟世通、大陆集团等世界制造巨头企业。中国的中小制造业企业，与其差距更大。虽然总体智能制造水平不高，总体段位还处于全球价值链的中低端，但中国制造发展势头迅猛，还是引起了一些发达国家的担忧而倍受挤压。

目前，中国制造的规模仍在，经济总量仍在，既然存在效率低下的地方，就有其改进空间，有价值提升区间。中国产业的自我优化与中美贸易摩擦没有关系，这是一个国家、地区产业结构优化、自我调整的必然选择。于是，中国产业的智能制造与互联网经济终于迎来一次深刻的交汇，那就是产业互联网。它既不是互联网的物种，也不是"工业4.0"的物种。"工业4.0"效应的边际是企业，是一家企业及其产业链效率的提升。产业互联网效应的边际是产业，是整个产业效率的提升。前者具有明显的企业内部性特征，为企业自身服务；后者具有核心企业外部性特征，为整个产业服务。

产业互联网是将互联网经济的系统、数字化与智能化的服务垂直于一个产业中，并催生产业内部巨大边际效应的经济发展新范式。

一般而言，产业互联网的发展必须有颠覆性的创新意义，从这个角度讲，它必须有互联网经济般指数增长的特点。这也就意味着，一个产业互联网所提供的产业新效率，并不是单个企业智能制造、管理数字化所输出的降本增效，而是倍数增长的效率，否则不足以撬动原来产业的运行结构。

在消费互联网时代，阿里与京东的模式提供了更高的效率，大大降低了中小企业的交易成本。比如，腾讯的出现大大降低了社会的通信成本。总体而言，互联网创新企业，必须提供一种全新的工作与生产方式，极大地提升社会整体生产效率。

希音公司是产业互联网公司，它所提供的效率，不是传统的"制造—品牌商—渠道商—零售店—用户"模式，而是"制造—品牌商—用户"模式，价值传递产生了颠覆性的变化。有倍速效率的提升，才有足够的空间与力量去应对行业格局变化带来的巨大不确定性，有动力去塑造全新的行业格局。

中国产业互联网是一个国家产业自我优化的必然结果，由于中国制造的规模足够大，它一旦完成产业结构调整与产业重塑，势必又引起全世界产业效率与其所塑造的全球贸易结构的变化。

结果可能出现一个比较尴尬的局面：去拥抱它，拥抱一个新生事物，就必须去拥抱中国制造的新格局；去排挤它，排挤一个新生事物的发展，可能就会成为一个旧事物，一个落后生产力的代表。美国究竟禁不禁止TikTok（抖音短视频国际版），是否禁止得了TikTok所代表的新业态、新势力、新经济？

其实以抖音为代表的中国新经济的很多企业创始人不会经常出现在大众视野中。尽管他们的企业估值很多都超1000亿美元，但他们仍然犹抱琵琶，不为人知，低调前行。他们不为人知不是因为财富不足，而是商业模式非中国传统商业价值观的主流。

一家企业的产业互联网实践

中国经济发展最幸运的地方,就是中国社会还没有出现比较恒定的家族企业势力,经济发展远远没有到达天花板,社会结构没有达到固化的程度。中国不断涌现出一代又一代的新生企业家群体,长江后浪推前浪。

新生代的企业家们接受新观念与新事物、拥抱互联网,理想远大但脚踏实地。这是从事产业互联网创业企业家必要的特质。

笔者曾探访一家位于广州黄埔区的智能物流企业——广州一链通互联网科技有限公司(以下简称"一链通")。这是一家利用互联网及新一代信息技术,将物流产品交易环节、交易过程全部线上化、透明化,并通过平台来实现精准运营的内贸集装箱海运物流互联网企业。该公司创始人陈鑫睿在交流中提到,全国约有三四万家物流企业,但产业集中度非常低,难以形成规模效应,产业效率不高,业态非常传统。

业态传统的行业普遍有几个特点:一是仍然依赖人力与手工操作,包括拿单、订舱、订车和报关;二是信息不透明,中间环节复杂;三是信息不对称,行业信用不足,履约缺乏保障,交易成本高;四是行业毛利率低下;五是碳排放高。

陈鑫睿认为目前物流行业所利用的信息技术也不算前沿科技,但推动物流行业平台化、数字化、智能化发展,对行业整体效率的提升与资源优化至关重要。他希望将企业打造成"物流航运版的携程"。

在陈鑫睿看来,当下的企业数字化,其意义不仅是建立全新技术、商业模式的企业,更重要的是对传统行业的重塑,以专业化的手段、创新的思维方式提高对产业资源的利用效率，对传统产业的资源进行优化配置。"在工业互联网时代，信息化、数字化能够为生产提供额外价值，能为生产节能增效！"陈鑫睿如是判断。数字化已经成为行业的发展大势，陈鑫睿所创建的一链通的使命是让航运物流交易效率更高、更便捷。他说："事实上在传统航运的全过程都存在信息不对称的现象，都需要通过技术手段进行改造。"

针对这个问题，一链通利用互联网对交易流程进行改造，实现航运产品信息的共享化、实时化。现在做内贸航运的公司，只要上一链通的一站式综合物流服务平台，就可以查阅到当前市场上各个船公司的舱位信息和价格。"就像携程查机票一样，平台报价。"陈鑫睿补充说。

其实，在一链通成立之前，国际上已经有了产业互联网的概念，许多互联网公司都认为互联网的下半场应该集中在产业方面。当时开始从事货运代理业务的陈鑫睿也这么认为。2002年毕业于中山大学的陈鑫睿进入中国远洋集团工作，在深入了解到行业发展瓶颈后，于2011年开始创业发展货代业务，2016年成立一链通，已在航运物流业工作了近20个年头。

"这么多年里，我见证了整个行业的发展，也一直在思考这个行业未来的发展方向，"陈鑫睿说，"货运代理行业存在多个中间环节，价格也不透明。比如船公司拿了舱位，可能会加价报给船代货代，最后到达货主客户时已经进行了好几次加价，而这些中间环节并没有创造多少价值，只是利用信息优势买卖赚取差价。"

他始终认为，中间商赚差价这种传统模式很难给供应商、客户及行业创造价值。这样的商业模式未来一定会随着互联网技术的发展而被取代。

现在的一链通核心管理团队拥有 15 年以上的航运物流、互联网平台运营、大数据分析应用、信息技术研发、物流系统规划等丰富经验。他们对物流行业发展及面临的问题、痛点有着非常深刻的认知，能够比较准确超前把握行业发展趋势。

与此同时，公司已经攻克了物流数字平台的关键核心技术，实现了云计算与大数据实时分析处理、电子围栏与物流地图、智能订单处理、多式联运整合、区块链与物流供应链金融创新等多项关键技术的系统整合。

现在的一链通平台，已经可以实现解决传统航运模式中间环节冗长问题，解决信息不透明问题，实现降本增效；满足货主多港口出货的要求，可以实施国内快递的物流追踪系统，提升服务体验；提供物流海运、集卡、整车、铁路、驳船多式联运的数字化与智能化整体服务，成为物流产业互联网的新锐企业。一链通，正往产业互联网企业的方向深度蜕变。

产业互联网的"熬"与"成"

通往产业互联网的路，注定不平坦。

笔者曾经对话过原阿里巴巴副总裁刘松，问他怎么看产业互联网。刘松说，它们很多都是阿里云的客户。笔者继续问，有没有计划投资？他说，阿里云投资在产业互联的赛道门口等着。笔者问，等多长时间？回答说，不知道，可能 3 年，也可能很长时间。"没有找到办法之前就是没有办法的，"上海汉彬洲管理咨询公司合伙人姚阳说，"产业互联网不是一个 CVC 模式，CVC 模式可以用资本获取流量去改造 C 端的生活场景，将流量优势变成生意的入口。产业互联网在没有找到突破口前，就是没有办法，投多少钱都是消耗。"

如今已实现产能资源共享的纺织工业互联网企业——智布互联纺织科技有限公司（以下简称"智布互联"），其模式虽好，但最开始时订单也不多，中小制造业凭什么要加入？品牌大企业不了解加盟中小制造业的能力和管理水平，一开始也不信任智布互联。产业互联网公司都需要长时间地熬，熬到制造与品牌 B2B 供需两端因为产业互联网平台建立了信任，才开始有了其商业模式。

那一链通的陈鑫睿是怎么熬的？他告诉笔者，用传统货代业务养着。笔者问，传统业务也有很多大公司，资金实力更加雄厚怎么办？陈鑫睿说，产业互联网跟资本有关系，也没有多大的关系。就是前面讲的，在找到场景缺口前，很多投资都可能无效。越大的资本投资越有可能打成消耗战。

笔者讲，有一家做空气压缩机的企业，技术创新做得很好，节能效果好，企业现在不卖机器，而是卖气体，卖 3 年的气体，就能把机器的本钱给收回来。这家企业的估值是原来的 10 倍左右，也就是六七亿的估值。而同样做气体买卖的蘑菇互联，自己不做空压机，而是将技术跟很多空压机厂共享，虽然生意规模远不如实体企业大，但客户数量大，它的估值有十几个亿。该如何看待这个现象？

陈鑫睿说，这个案例对他有启发。不管是消费互联网，还是产业互联网，它们都需要用户数量、流量，否则没有较大的估值。消费互联网的流量是可以用资本砸出一个缺口，产业互联网的流量必须等待拐点出现，需要用户理解你的业务模式。

笔者追问陈鑫睿，一链通熬得过来吗？他说，熬得住！就目前的业态而言，一链通还属于传统企业，但作为国家专精特新"小巨人"企业，业绩与利润都有增长，亮点与价值点还是数字化与产业互联网。他自己就是产品经理，非常熟悉业务与数字化、互联网的关联性，知道传统业务与流量间的切换，需要用传统业务的窗口与未来产业互联网业务窗口来做转换。

笔者讲，前段时间，有一位基金经理去投资一家类产业互联网企业，企业估值4亿元，基金公司觉得这个产业垂直下来将有1000亿元的规模，感觉赚大了。对此，陈鑫睿认为，产业互联网可能有不同的估值模式，一是以现有的规模与利润来做估值，二是用互联网的用户价值模式。

关键还不在于估值，而在基因，要看是传统商业模式假装成为产业互联网模式的企业呢，还是产业互联网模式假装成为传统企业。哪怕是后者，也要完成两个业务模式的切换，即从传统业务到用户数量的指数增长，才有互联网公司的发展模式与估值体系。

这个案例也触发了陈鑫睿的思考：产业互联网业务需要客户数量，只不过它的客户数量、流量来得比较艰难，但也是门槛。一旦业务和模式得到验证，出现拐点以后，它的速度也会加快，甚至一马平川。

一链通也要学习消费互联网公司，把用户界面做得更加简单与友好，让用户直接了解产品价值。有时候企业做着做着，不小心就变成了技术公司，用户界面和用户思维就少了。产业互联网的基因，就是两种基因的结合，但统合点还是产业与用户的痛点。数字化、智能化支撑的系统之所以要复杂，目标还是使用户界面简单，简单才能触发到达。

陈鑫睿说，产业互联网的创始人有一种特质，就是用数字化的逻辑去重构业务。首先必须具备互联网数字化的思维方式，其次必须熟悉业务场景，并适时介入两种不同业务场景的切换。切换早了"烧钱"，晚了可能没有机会。他说，从事产业互联网的人，必须有一定阅历,有产业工作的经历。智商不能太低,否则很难具备互联网数字化思维。做人还必须低调,必须上善若水,否则行业大佬们连机会都不会给你。经历、智商、情商都必须同时在线,工作及创业加起来需要十几二十年沉淀,一般在40岁左右。

笔者问陈鑫睿,希音在广东,智布互联在广东,一链通也在广东,广东是不是有产业互联网的发展空间?陈鑫睿说,是的。产业互联网重塑产业,就是广东产业的机会与窗口。广东制造业场景丰富,当下产能过剩,内卷严重,它确实需要一次深刻的产业再造。

陈鑫睿说,就物流产业而言,香港机场都把国际物流服务做到了东莞,广州是有机会成为国际航运物流的中心,建成集水、陆、铁为一体的运输网络体系。广州也确实需要规划建设现代的航运物流产业集聚区,吸引国内外航运物流产业链条的优质企业及金融、保险、经纪、人才、培训、咨询等配套企业共同进驻,促进航运物流产业深度融合发展,打造具备国际先进水平的航运物流产业集聚区。产业环境越好,配套越齐全,产业效率越高,这也将为一链通发展创造更为优沃的环境。

笔者是存量经济提升的主张者。特别是广东甚至中国制造进入存量发展阶段,它必须完成一次深刻的产业提升改造,大大提升其产业效率,以塑造新的全球竞争力与竞争格局。其中,它的主力,便是产业互联网、产业数字化,这是中国制造最后的版图。如果还是以招商引资为主的增量发展思维为引领,我们会错失这个产业变革的窗口期。

存量提升比增量发展系统性更强、专业性更强、探索周期更长,它需要投入更长的时间,需要更大的耐心、更强的信心。切勿一味想着把成绩留在今天,而忽略明天的残酷。

产业垂直互联将重构产业格局

前国际货币基金组织（IMF）第一副总裁大卫·利普顿在2018年出席第十一届亚洲金融论坛时曾表示："中国已成为全球供应链的中心，同时也成为世界重要的需求来源地。"成为全世界制造中心、供应链中心后，中国经济规模深刻塑造着世界经济格局。

或许在今天，我们需要开始发现一些中国的经济现象，找到它们的规律，解释其中的逻辑。或许，我们可以拥有自己话语体系的经济学与管理学。

质变始于量变，几十年的沉淀会改变一切。产业或许需要一场革命来颠覆原有的体系与格局。这种颠覆不是来自规模本身，而是产业垂直互联下规模产生的边际效应。

产业垂直企业的业态

一位从事基金投资业务的朋友，协助广东某地政府引进一个互联网项目。该项目是为城市休闲餐饮提供一站式服务的供应链平台，其核心竞争力是流量、算法以及在国内的二三十万家客户，其在珠三角的客户也有十万家。但该平台的主要客户在华东，珠三角客户只占30%。

那为何项目考虑落地广东？主要出于四方面考虑：其一，珠三角客户集中在珠三角城市群，物流配送成本较低；其二，珠三角地方政府以服务型政府为主，政策沟通成本较低；其三，广东是国内市场经济发育成熟度最好的地区，市场配置资源起主导作用，企业运作成本较低；其四，人口与市场规模有优势。

第七次全国人口普查数据显示，广东人口总量继续位居全国首位。其中，广州、深圳、东莞三市人口均超千万，人才加速向珠三角集聚，珠三角核心区常住人口占比达61.9%。

庞大的人口基数为广东制造发展提供了丰富的劳动力资源，人口消费也成为红利推动广东经济增长。而广东制造也成为前述互联网项目重要的供应链，食品、家具、厨电、智能设备等都是广东制造的强项。

在引进该项目的时候，有些地方政府看不懂，以为是电商项目，认为电商行业不属于制造业，不符合当前"制造业当家"的语境。那实际情况是怎样呢？

还是以希音公司为例，它究竟是电商企业还是制造业企业？笔者认为单以两者之一概括，都是不全面的。希音公司是一家融合了电商、制造的数字化企业。数字化企业是全新业态的企业，既是制造业新业态，也是互联网新业态。但恰是因为希音的存在，广东许多非常传统的服装制造企业变成了数字化企业，变成了AI设计企业和现代供应链公司。应该称希音公司是一家服装行业的产业垂直企业，通过互联网、AI设计与算法、现代供应链、数字化等手段，实现了行业垂直互联，实现了对产业效率与企业竞争力的提升，从而形成全新商业模式。

而前文所述的城市休闲餐饮配送企业引导产业上下游每个环节升级创新，其核心竞争力也正是互联网流量、算法及供应链体系。下游通过大数据中台，实现对于中期需求的趋势和规模预测，并围绕需求构建上游的生产组织,极大提升生鲜产品生产环节与销售市场匹配和运作效率。上游通过引进国内外先进的育种、智能农业管理、信息化以销定采以及高端保鲜控熟加工技术,实现水果标准化流通,将原先行业30%的损耗控制在2%。引进该项目的投资人认为,如果希音公司没有进驻珠三角,它顶多就是一家跨境电商公司,能够销售百八十亿已经不错,怎么有可能成为一家世界级的企业?

笔者认为,未来互联网的机会,是垂直到行业的产业互联网,通过与产业结合,形成具有全新业态与商业模式的企业。上述提供城市休闲餐饮一站式供应链服务的互联网公司,有可能垂直成为一家水果、咖啡、牛奶、食品的产业互联网企业。这是中国制造业发展的全新生态。

深圳两家互联网企业与佛山制造业产业的垂直融合,就是通过互联网的流量数据与算法,统筹制造业企业的产能,将大量有个性化需求的订单化整为零,切换到各个小厂里面去,从而提升原有制造企业的产能。

以用于纺布的染缸为例,由于行业产能过剩,企业开工率不足,企业毛利率极低。如果能够通过互联网统筹接单配给,开工率可以提升到80%~90%,甚至100%,企业利润率将大大提升。原来企业开工率低,企业接到什么单就染什么布,需要经常更换药水,造成成本增加、染布色泽不稳定和环保等诸多问题。类似的互联网与产业结合案例,一旦找到结合点,都能够大大提升产业效能、压缩行业成本空间,产业效率可以提高30%以上,并由此创造全新的产业生态与企业商业模式。笔者一直在思考中国建设统一大市场的市场配置模式,以前是消费互联网,现在发现了产业互联网的市场模式。值得期待!

产业垂直互联的基础

吸引前述城市休闲餐饮一站式供应链服务平台落户广州的，是规模经济效应，包括珠三角的城镇化率、产业密集程度、人口规模、人口结构、消费能力等。

成立于2010年的小米科技应用互联网模式开发产品，做极致产品，去掉中间环节，让用户能使用来自中国的优质科技产品，以此成为全球化移动互联网企业。它能够做产业垂直的基础是珠三角以及中国强大的电子产品制造、生产能力及供应链体系。

希音公司的广州业务从广州沙河顶服装批发市场的买手业务开始，其背后的支撑是广东规模庞大的服装产业集群以及供应链体系、技能人才与设计人才群体。

我们尝试去引进一些互联网企业进入广东，就是希望它们能像希音一样，成为产业垂直企业。广东制造业有规模基础，但相对零散，产业集中度低，产业效率低，因此也存在非常大的产业垂直整合空间。曾经，10家每年平均有2亿元销售规模的空压机企业联合到东莞建设了一家工厂。通过协同供应链、统一生产，成本可以降低30%。如果没有20亿元的规模效应，投资就回收不了。其中一位合伙人表示，有了规模效应，投入研发，也能分担研发成本。

中国制造的规模效应不仅仅是供应链，也有基础设施的规模效应。广东高速公路、铁路、码头、航运、通信网络等，都是多年发展累积形成的基础。中国的原材料产业，炼油、化工、钢铁产业等也是制造业的基础。中国的基础设施、原材料工业支撑着中国制造业，不是印度、东南亚国家用几年时间就可以形成的。

但它们以前支撑的制造业是代工制造工业。

随着小米与希音这类公司的出现，广东强大的制造能力就可以发挥规模效应，开启塑造中国品牌、新的价值体系的新渠道。规模效应还体现在创新生态。佛山市的耀龙公司原本是一家从事旗杆生产的企业，得益于珠三角强大的供应链体系，其各种体育赛事专用服务系统、场地、灯光、设施，都能得到新的设计、整合及开发，如今已逐步发展成为一家体育专业赛事服务系统公司。耀龙公司负责人说，以前很多系统都是零件零散出口国外，在国外形成系统以后再进口国内，价格就是几倍。中国现在应用技术创新快，主要原因是有很好的产业生态、产业配套做支撑。在东南亚或欧洲的一个创新组合，需要几个国家配合；在珠三角，几个专业镇就可以形成创新组合。

促成产业垂直的关键要素

前面讲述的产业垂直案例中，有互联网流量、AI 智能、数字化、工业设计、品牌及系统集成等要素。除了这些，还有一个关键要素可以促成产业垂直。笔者单位广东省中小企业发展促进会联合广发证券产业研究院，对广东电机产业的发展做研究，发现中国是全球电机第一大国，有 15000 家电机企业，电机产量占全球 35%，2021 年电机企业营收达 11224.3 亿元。

研究同时发现广东是全国最大的电机生产基地，电机企业总营收在 2000 亿元左右，占全国近 20%。但中国的 19 家电机上市公司主要集中在江浙一带。

中国电机产业发展是过去全球化产业分工体系所塑造的业态，处于产业链低端，产业链上游均被日本企业占据。

中国主要生产一些技术水平偏低的电机，高端电机生产必须依赖高精度设备来提高电机性能，而高精度电机制造设备、高速冲床、漆包线、模具、硅钢片等上游供应链均被日本把持，占据产业价值链高端。

研究也发现，经过产业梳理，发现产业规模，就可以发挥规模效应，集中力量攻关产业技术痛点，全方位提升产业竞争力及价值链。

具体涉及"三化"：一是采用制造标准化，将电机转子和定子拆解为最小标准单元，实现定制化产品的标准化制造，极大缩短生产周期、提高人均年产值。如 900 千瓦电机的生产周期可缩短近 70%，人均产值可以提高 6 倍。

二是实现产业链国产化。制造标准化可以降低电机对高精度设备的依赖，实现供应链全部国产化。采用全新工艺后，电机内部结构也可以充分优化，如绕组两端的铜线厚度大幅降低，槽满率可达 90% 以上等，对设备、材料的要求大幅下降，供应链国产化可以满足。如果配件全部实现国产化，如电机的硅钢片可由宝钢供应，铜线、漆包线本地中小企业便可生产。

三是电机控制系统、工业软件的自主化。电机是装备的"心脏"，是制造业产业基础之一，是工业基础零部件中的关键，自主的控制系统、工业软件能为产业带来的发展空间是巨大的。

未来，随着新能源汽车产业迅速发展，新能源汽车系统中驱动电机需求猛增，新的大规模应用场景使中国电机产业拥有更加广泛的市场。如果能够依据产业规模，梳理产业价值链、引进新的产业要素、重构产业，或许可以让产业获得全新价值，打造一个超千亿级的行业平台及若干百亿级企业。

水涨船高，梳理产业价值链以后，很多企业的效益将会大大提升。据研究估计，单佛山就可以多培育出十家电机上市企业。这当中，标准化成为促进产业垂直发展的关键要素，且标准还可以在未来的产业整合中扮演更加重要的角色。特别是离散型制造业，标准化可以是全新规模化的基础。标准也可以创造新的金融工具及产业服务模式。标准化，可以说是制造业话语权的最终体现。

产业垂直对于广东制造的意义

促进会跟意大利米兰的公司接触很多，有一段时间主要探讨的是意大利的服装、家具企业并没有被新兴国家制造业所替代，而是发展了品牌、设计、时尚等新的要素，使产业生态更加丰满。一旦制造业生态与新要素结合，就会产生新的产业竞争力。如果再加上互联网与数字化，就会产生全新的模式与业态。因此，整理、梳理存量产业，发现与解决产业痛点，重塑价值链，再造产业，对广东制造未来高质量发展很重要。

广东有全国最为齐全的工业门类，产业链集中，产业集群规模超大，通过互联网、数字化、标准化、品牌设计、智能制造、金融、管理等手段，重新梳理及整合产业，有巨大的产业发展新空间。存量经济时代，产业整理与提升更重要。这需要借助智库的力量，先研究后梳理，再做新资源与要素的投入，最后激发原有产业的活力。

过去全球化的产业分工体系，欧美主要是主导价值链高端的系统、标准，德日主要是高端与基础制造，中国是低端的设备制造，并因此形成固定的产业结构，很难超越。中国产业"卡脖子"的问题，其实是全世界产业分工的结果，就是一个结构问题。芯片跟标准、基础研究有关系，工业软件、控制系统与生态形成的积累有关系，不是完全靠投资就能够解决的，需要时间与应用的积淀。

今天，我们重新梳理产业，发现规模，发现空间与价值链，就有机会使产业往价值链高端走。原来产业格局是自上而下，中国由于制造业规模经济的存在，自下往上走，可以分摊研发成本和平台建设成本。工业软件、控制系统的发展，最难的就是一开始的应用场景，我们有了产业规模基础，就有了投入的动力与应用的空间。

笔者曾考察位于佛山南海的广东中海万泰技术有限公司。该公司主要是由特大型国企中海油田服务股份有限公司，联合南海民企佛山市南海中南机械有限公司共同发起的。国企负责软件与控制系统，民企负责精密部件的生产与加工，完成了自主研发的旋转导向钻井装备"璇玑"100万米钻井总进尺，关键作业指标达到世界一流水平。由于应用需求的强大牵引，佛山的精密制造产业基础与高端的工业控制系统结合，实现了对于全新生产系统的再造与突破。一旦解决中国技术"卡脖子"问题，再发挥规模效应，高科技又有可能卖成"白菜价"，在国际市场上就有了全新的竞争力。

自下而上、自成体系，才是中国制造最后的版图。高质量发展就是存量经济时代经济发展的必由之路。

增量靠招商，存量靠提升，以存量引高端增量，中国制造的规模、产业门类的完整度、配套程度，在全世界而言都具有无与伦比的优势，充分发挥这个优势，才是广东制造高质量发展的题中应有之义。

"星星之火"中的产业大变局

改革开放,大潮起珠江,珠江两岸涌现出一大批的"三来一补"企业、外资企业、乡镇企业。随着国家经济改革的深化与开放格局的扩大,中国已经成为世界主要的经济体。广东也成为世界最重要的制造业聚集区域之一,涌现出一大批中小民营企业,一大批创业企业家,成为中小民营企业生长的沃土。

而今,世界经济格局正在发生巨大变化,中国产业发展也面临重大调整,产业重构,市场重建,珠三角的企业也面临一次重大挑战与考验。部分企业为未来的不确定性感到忧虑,陷入一时的迷惘。然而,有"危"就有"机",有挑战就有机遇。一批优秀的"专精特新"企业,正在用它们的高质量发展轨迹,书写时代产业的新篇章。

一家传统企业的再造

坐落于广东中山翠亨新区的新盛世机电制品(中山)有限公司(以下简称"新盛世")是一家非常传统的制造业企业,其主要产品是吊扇,主要市场是欧美。前些年,该企业董事长卢齐荣曾一度感觉制造业企业如"鸡肋",食之无味,弃之可惜,于是转而开发房地产,甚至把房地产事业发展到了马来西亚。

卢齐荣爱学习、爱思考,有很强的思辨能力,以前进修

MBA，现在进修DBA（工商管理博士）。近年，他越来越感觉到房地产泡沫的存在，于是把手头上的房地产、投资项目处理掉，集中精力回归制造业。

当坐回制造业工厂的办公室，卢齐荣感慨地说："心踏实了。"回归新盛世，他有三把火。第一把火是精益管理——引进精益管理人才，在企业内部全面推行精益管理。作为贴牌生产企业，新盛世议价能力不高，如果没有精益管理，这几年美国关税上升、运费上涨、原材料价格上涨所增加的成本，新盛世是扛不住的。

卢齐荣的第二把火是智能制造。通过精益管理，新盛世活了下来，竞争力得到提升，订单就保存下来了，且因为成本上涨太快，很多规模小的企业生存不下来，新盛世反而有了做大的空间。传统制造需要有规模优势，卢齐荣不退反进，加大对企业智能制造的改造和投入，3年投入1亿元。卢齐荣说，改造后每年节省600人的用人成本，3年就可以回收投入的成本。

卢齐荣的第三把火还没开始，但已心中有数。他接下来的想法是做电机产业。风扇的核心是电机，卢齐荣觉得电机有新空间。他所在的翠亨新区在中山南朗镇（今南朗街道）拓展成立的开发区，是建设中的深中通道的接合部。深中通道建成后，从这里去深圳前海仅需20多分钟车程。卢齐荣进一步琢磨，深圳的软件与中山的硬件该如何结合，如何打造产业新生态，能否创造制造业新的发展空间。

卢齐荣的想法是做产业研究，发展基于电机研发应用的产业生态，形成新的产业竞争力。他在2022年"专精特新企业融资上市培育班"的同学刘军是从事应用芯片设计的，刘军建议新盛世可以用芯片把交流电机换成直流电机。卢齐荣说，用芯片要增加成本，刘军的回答是如果有规模，芯片公司就愿意投入研发，把成本降下来。

卢齐荣说，以前扩大规模、扩大产能需要增加新的投入，现在把企业做好、做到极致，很多想象不到的东西就会显现。有了规模效应，新盛世的不锈钢，是上游企业根据他们的需求定制的，就连他们的机器人手的采购价格都比市场价格低。

以前，新盛世想上市，但毛利率低，产业传统。现在不一样了，通过管理提升、智能制造改造，产业拓展空间极大，卢齐荣又看到了上市的机会。

中国制造业很多行业产能过剩。产业集中度提高，有利于产业长远健康发展。但靠什么来引发产业格局的变化？以前，格兰仕的做法是规模加"价格屠夫"，现在的做法是由管理提升、智能制造引发产业变化。如果企业能够上市，产业生态能够重新打造，加上资本要素，企业发展就会有很多新的空间。

中国制造业从贴牌制造、规模效应、自成体系到产业生态逐步形成，中国新制造正在慢慢展开全貌。孙中山说过："凡百事业，收效愈速，利益愈小；收效愈迟，利益愈大。"

一家科技企业的逆袭

位于广州黄埔区的广州汉源新材料股份有限公司（以下简称"汉源"），是一家从事焊接材料生产的企业。钎焊，是人类最早使用的材料连接方法，在四大文明古国的古埃及和中国早期均有使用，是用低于焊件熔点的钎料和焊件同时加热到钎料熔化温度后，利用液态钎料填充固态工件的缝隙使金属连接的焊接方法。钎焊所用的填充金属称为钎料，即常说的焊料。

焊接钎料的锡基合金是电子组装不可或缺的材料，随着中国电子行业迅速发展，焊接材料有了发展空间。汉源董事长陈明汉曾是广州有色金属研究院的科研人员，他正是抓住这个机会，研发 PCBA（印制电路板）焊料，迅速占领市场，带领公司成为中国电子行业焊接材料的领先企业。然而，尽管汉源的生产规模不断扩大，拥有行业内很多头部客户，但随着技术的扩散及行业竞争加剧，企业毛利率逐年下降。于是汉源选择了一条非常艰难的科研道路，研究用于功率半导体模组、高端通信设备、LED 产品、SMT（表面组装技术）组装等场合的焊接新材料、涂覆型焊料。这是一种表面涂覆助焊剂的预成型焊片，所涂覆的助焊剂可选不同类型、不同活性等级、不同含量，可用于不同的金属化表面及焊接工艺。

但实际上的困难并非仅是技术攻关。新品研发出来后，包括华为在内的很多企业，仅是把汉源列为"备胎"企业。哪怕中美贸易摩擦后，汉源的"备胎"地位也没有及时得到"转正"，只是从第二"备胎"提升为第一"备胎"。

陈明汉说，华为的逻辑很简单，焊接材料成本对于一个通信设备而言微乎其微，企业犯不着为了省一丁点的成本而冒风险。而且，通信行业发展迅速，技术变化快，客户会经常性地碰到很多技术场景。汉源可能有一些产品不错，但毕竟技术积淀不够，对于新的技术要求，研发响应速度就会慢。这是大公司不愿意跟小企业合作的原因之一。

陈明汉常说，没有中美贸易摩擦，就没有今天的汉源。华为都不愿意冒替代进口的风险，国企其实也不愿意。但在中美技术博弈的背景下，很多大企业所承担的制造业创新中心给汉源提供了机会。

现在，汉源的焊接新材料已广泛应用于高铁、5G 通信基站、新能源汽车、芯片封装、航天军工等领域。企业如今是诸多国际通信设备制造商的全球合格供应商，是中车集团的供应商，成为第三代半导体的新材料公司。

在陈明汉看来，技术是一回事，而国家的政策、鼓励方向与采购支持，是高技术企业获得生存与发展空间的基础。他认为，中国制造业产业体系非常完善，但越到高精尖的技术，越是为美日所垄断。没有客观上的中美贸易摩擦，没有主观上中国人自力更生的精神与政策支持，突破很难。

对于未来，陈明汉信心满满。他趁着企业有新的发展空间，加速企业的股权激励政策，现在员工也有了新状态。同时，既然已经靠一个产品进入大企业的供应链，在技术产品的多元化方面也可以下力气。陈明汉说，公司现在正准备成立产业研究院。如果企业能够上市，有资本加持，企业的技术板凳会更加深厚，汉源对第三代半导体材料的技术储备会更加丰富。在中国市场崛起的背景下，汉源希望成为世界级的隐形冠军企业。

企业发展既要厚积薄发，也需要机遇。但愿中国的大企业，能给中小企业们更多机会。

一家创业公司的突破

广州大象超薄路面技术开发有限公司（以下简称"大象路面"）规模不大，是一家技术型企业，只有几十位员工。但这家公司想做"天大"的生意——薄层沥青路面技术及材料的研发和生产。

20世纪90年代末，中国陆续引进了道路建设的改性沥青技术。因其抗高温、降低噪声、延长公路使用寿命、降低路面维护

第二章　新业态：产业互联网是一波蓬勃兴起的革命浪潮　　　123

费用、提高道路施工速度以及提高行车安全等方面的优势，该技术迅速占领国内的道路系统。当时，大部分改性沥青品牌是外国品牌。由于沥青属于石油业的副产品，很多沥青品牌公司也都是巨无霸的石化企业。

大象路面的创始人李大为，研究生毕业后就来到广州，一开始在体制内的公路系统从事技术工作。他发明了一种可以改变沥青行业格局的新技术，就是在沥青中加一种添加剂，使现场作业的沥青可以改性，不用专门建设沥青搅拌站，从而省去大量的基站建设费用和运输费用，大大提高了改性沥青施工的效率。2012年，李大为辞去公职，注册公司，组建队伍，投入研发。2015年，他抓住广州市环城高速公路的水泥桥面实施"白改黑"工程，将水泥桥面改为沥青桥面的契机，带领大象路面迅速崛起。

水泥路"白改黑"工程当时有三个选择。一是在水泥公路上刷一种特殊材料制成的黑色油漆。这种方式简单、便捷，成本低，但存在质量问题。二是在路面开挖后重铺。这种方式简单明了、整齐划一，但刨掉、重建费用巨大，施工周期长。三是大象路面的方案，在原有路面上直接铺设高性能沥青，形成薄层罩面。薄层罩面的核心技术就是改性沥青新材料，这是国际巨头、大公司尚未涉及的一个领域。

大象路面的科研成果主要是软化点高于100℃的高黏特种改性沥青，属行业领先技术。当时，项目甲方要大象路面承诺公路质量维持在3年以上，而公司承诺的是5年，实际上其使用寿命远远超过5年。项目的成功实施，让大象路面在行业内一炮而红，随之而来的广东省内的项目络绎不绝。更重要的是，经此一战，大象路面开始走出广东，走向全国。但在走向全国市场的同时，大象路面也碰到了前所未有的挑战：一个技术公司的市场思维。

上海大学的刘寅斌教授在《商业评论》发表案例时就提出，大象路面可以成为一家类似于华为的技术公司。中国市场规模够大，技术领先，应该可以容纳一家巨无霸的企业。

但我们跟李大为探讨发现，大象路面很难有这样的机会。华为的本质还是经营，而非技术，一切围绕经营是华为的出发点与归宿点。任正非作为一位优秀的企业家，对企业的很多思考都是非常本质的。抓不住经营本质的企业家，就会走偏。

大象路面还真是一家技术公司。它不仅在薄层罩面的技术发展上独树一帜，并且还在扩展研发现在的施工设备，逐步改进配方。同时，它还在储备更多技术：一是路面废旧石料的重复利用；二是沥青的冷拌冷铺技术，因传统沥青作业需要加热，容易污染空气，对施工作业人员造成劳动伤害；三是研发取代传统石料的新型材料，在废料利用的基础上研发环保新型材料。

李大为觉得，大象路面拥有一个好赛道。他认为高速公路在今后 10 年内会逐步发展为"非开挖式"路面，功能以恢复为主。预防性养护方式，其中超薄罩面方式约占 80%。按照养护里程 8% 计算，每年约 22 亿平方米，薄层约 17 亿平方米，经济总量约 1000 亿元。加上城市道路、国省县乡道的改造需要，每年估计有 3000 亿元的市场规模，未来 15 年总值约 40000 亿元的需求。

一家制造业企业的嬗变

葆德公司董事长郭振发是一位非常有创新精神，喜欢喝"头啖汤"的企业家。有一次他网购空调，在与上门安装的师傅交流中突然得到启示：获得用户体验，体现客户价值将是企业重要的竞争力。他一直希望，有一天，把自己的企业变成制造服务业，给客户带来全新体验。

于是，他开始了他的工业互联网梦、企业数字化梦。2015年提到互联网，大家可能会想到消费互联网，工业互联网和工业大数据更多地只是些概念。哪怕愿意为这个概念买单，实际上，郭振发也找不到花钱的团队。当时的三水甚至整个佛山都找不到这种人才，他便跑到深圳成立了一家工业互联网公司。

郭振发创办的企业葆德公司，是一家从事工业空气压缩机生产的制造业企业。他发现葆德空气压缩机的售后服务资源非常浪费，工作量不多，但要养很多人。同时他还发现，工厂里面常用的叉车、变频器的安装、保养、维修也存在同样的问题。为此，他开发了一款叫"工业帮手"的App软件，号称"工业滴滴"。该软件其实就是一个工厂设备安装工人的共享平台，高峰时注册的维修工有1万多人。

互联网企业烧钱多是烧投资人的钱，但郭振发在互联网烧的可是自己的真金白银。2015年葆德的销售额也就几千万元，但在深圳成立的互联网公司一年就花了1千万元，几年下来就是几千万元。但郭振发一直坚持他的观点，没有互联网的"工业帮手"，他就没有互联网的思维，紧跟时代、紧跟趋势的学习与投入都是值得的。

早年，葆德推出了首个空压机行业的线上工厂"葆德云"，后迭代为"星云销"。"星云销"主要是围绕销售以及售后服务端去解决产品的用户使用场景问题。用户可在线上购买，VR远程实时查看产品的生产进度。当空压机到达用户工厂，用户可在手机端呼叫附近门店进行安装。同时，客户发现设备出现故障，手机扫码或者在微信"葆德云"上点击"服务报修"，录入信息、拍照发送，维修需求会被推荐到负责这道工序的维修人员手机上。维保师傅会提前准备好物料后再去现场。

同时，葆德还开发了数字化智能空压站，基于物联网和 AI 的智慧气站解决方案，通过对空压站现场进行数据采集，准确无误地计算分析出空压站及各台机组情况。通过其气电比、耗电量等运营关键数据，可实现中控 PC 大屏及手机端实时能耗监管、自动抄表、远程管理等操作。这大大降低了管理成本，大幅提升数据的准确性和报表实时性，减少耗电量，延长空压机的设备寿命，为企业实现安全生产、科学节能提供保障。

如今，数字化已经成为葆德新的竞争力。从总体效果看，其节能率可以达 30% 左右。而从业绩看，2022 年还未结束时，企业当年单互联网服务产品销售已增加两倍，达 4000 多万元，增长远比实体产品快。

郭振发认为，中国制造以前跟外国产品比价格，后来是性价比。数字化时代，企业必须全力打造以客户为中心的全价值链营销、制造及服务体系。企业必须从关注技术产品向关注用户价值转型，需要建立新的服务能力，从卖产品到卖服务，卖基于互联网、数字化的整体解决方案。优质的服务会为企业带来更好的信誉和口碑，使产品更具竞争力。因此，企业的服务业务可以逐渐从成本中心转为利润中心，在为客户提供快速优质服务的同时，可根据客户问题和痛点，充分挖掘客户新的需求，引导二次或多次复购。

今天的葆德工业互联网，已成为佛山制造业企业的一张名片，2021 年被评为佛山市数字化智能化示范工厂，获政府奖励 1000 万元。

一家传统制造业企业的再造，一家老科技企业的逆袭，一家新型技术企业的突破，一家制造业企业数字化发展的探索。笔者最近在走访"2022年专精特新企业融资上市培育班"（笔者所在单位广东省中小企业发展促进会开展的培育服务）学员的企业时，对新盛世、汉源、大象路面、葆德这四家企业所展现出来的潜能感到特别震撼。它们的蜕变与创新，正是广东中小企业高质量发展的缩影。

"周虽旧邦，其命维新。"广东的中小制造业企业，生生不息，不断创新、不断前进，体现了广东制造业和经济发展巨大的韧性与底蕴。笔者作为一个微观经济的观察者，看到了风起青萍之末的变化，正在这些珠三角的中小企业的星星之火中，酝酿着一场产业的大变局。

规模经济或将重塑制造新业态

笔者带着一位企业家朋友张总拜访了位于佛山三水的葆德公司，希望促成双方合作。葆德这几年制造能力提升快速，数字化水平是行业翘楚，其竞争对象已是国际同行企业。如果张总把空压机制造交给葆德，然后发挥自己学者型企业家的优势，找行业新分赛道，做产学研、做行业孵化器，未来发展的空间会更大。张总跟笔者交流认为，如果此事能成，将会开启人生下半场。倘若可行，他可以多介绍几家国外的企业，以及世界顶尖的研发机构，一同进入三水，整合成为一个新型的空压机产业集群。

实际上，几年前，张总的公司就联合了十家空压机企业，在保留各自品牌的同时，合作打造了一个联合工厂。因为规模效应，成本可以下降20%~30%。如果能够进一步合作，还能引进更先进的加工平台，制造能力还可以再上新台阶，完全可以与大企业竞争。如果联合生产再叠加整合供应链、联合研发会怎样？可惜最终因股权设计不合理，合作半途而废。

尽管很可惜，但这仍是一次非常有意义的探索，制造业通过联合制造，协同供应链及生产，实现扩大规模、降低成本，过程中所展现的规模效应，也是规模经济的体现。

关于规模经济理论

英国及其他欧洲国家都不是棉花的原产地和棉纱的生产地，为何能够主导棉花的全球贸易，进而推动人类的第一次工业革命？其主要原因是地理大发现以后的全球贸易导致了棉花生产、技术信息的对称，形成了棉花生产的规模经济。这时候，资本投入技术研究，就能够产生巨大利润。

所谓的规模经济也指规模经济效益，即通过一定的经济规模形成产业链的完整性、资源配置的有效性以提高企业边际效益。当企业的产量规模达到一定水平后，由于各生产要素的有机结合产生了"一加一大于二"的效应，平均成本呈下降趋势。流水作业、自动化生产等都是规模经济的体现。

亚当·斯密在《国民财富的性质和原因的研究》(《国富论》)中对规模经济有最早的论述："劳动生产上最大的增进，以及运用劳动时所表现的更大的熟练、技巧和判断力，似乎都是分工的结果。"

亚当·斯密以制针工场为例，从劳动分工和专业化的角度揭示了制针工序细化之所以能提高生产率的原因：分工提高了每个工人的劳动技巧和熟练程度，节约了由变换工作而浪费的时间，并且有利于机器的发明和应用，劳动分工的基础是一定规模的批量生产。

真正意义上的规模经济理论来自马歇尔的《经济学原理》："大工厂的利益在于：专门机构的使用与改革、采购与销售、专门技术和经营管理工作的进一步划分。"马歇尔还概述了规模经济形成的两种路径：一是基于企业对资源的充分有效利用、组织和经营形成的"内部规模经济";二是基于多个企业之间的合作而形成的"外部规模经济"。

马克思在《资本论》中认为,大规模生产是提高劳动生产率的有效途径,是近代工业发展的必由之路,认为"组织劳动的分工和结合,才能使生产资料由于大规模积聚而得到节约,才能产生那些按其物质属性来说适于共同使用的劳动资料,如机器体系等,才能使巨大的自然力为生产服务,才能使生产过程变为科学在工艺上的应用"。

中小制造业企业因规模限定容易变成"小而全",在生产效率及生产效益方面水平不高。但过去因为中国的制造与全世界的零售价格间存在较大差价空间,制造业对成本不是特别敏感,哪怕没有精益管理,企业也可以生存。

而当中国劳动力及土地等要素成本大规模上涨,低成本就是企业的竞争力。大企业可以通过兼并收购来完成规模生产,小企业则可以通过联合生产来形成规模经济效应。有了规模生产,才有专业分工的可能,才能够更好地提高企业效益。

代工制造的规模经济

笔者去过位于广东肇庆的中杰鞋业调研,从而对代工企业有了新的理解。中杰鞋业是台资企业,据其董事长刘总介绍,全球前几名的运动鞋代工企业宝成、华利都是台资企业。

刘总说,代工企业一定需要规模优势,特别是现在的代工不是简单的生产,还要设计和研发,主要的利润被品牌商拿走,制造环节就需要有规模效应,才能迭代技术进步、生产进步,规模也是企业竞争力。华利在深交所上市,估值远比行业第一、在台湾上市的宝成高。

刘总说，台湾有代工文化，对品牌商有承诺，定位制造就不僭越。台积电、富士康等高科技企业都是台湾代工企业。

代工制造有了规模，哪怕核定毛利相对较低，但总能通过优化生产，实现利润。富士康就有"红单进，蓝单出"之说，就是接订单核算成本的时候，看起来是亏本的订单，但通过优化生产，实现规模效应，实现盈利是可以的。

小米虽不是代工企业，但小米手机的定价方式是从规模效应入手的。在日本，一款手机，是按照市场预测销量组织生产核算成本。小米的算法则是：目前市场手机价格是3000元，销量是3000部，如果市场价格能降到1000元，能否卖出1亿部？如果可以，按1亿部手机的生产规模成本定价。小米定价方式之所以跟日本手机不一样，除了思维方式不同外，其底气来自中国的市场规模及生产规模基础。

中国成为工业化大国，一般而言，随着劳动力价格提升，产业转移的周期也就十几二十年。而中国承接国际产业转移已数十年，从轻工业到重工业，再到工业互联网等，中国拥有巨大的规模效应：一是人口规模效应；二是就业规模效应；三是超大经济体规模效应；四是开放的市场、贸易规模效应。

现在，中国制造业的竞争力已经不是昔日的拼劳动力价格，而是具有其他的规模经济优势。首先是基础设施。十几年前，中国就基本完成了港口码头、公路铁路航空运输、电力资源的基础设施建设。其次是中国通信及互联网基础设施建设。对于制造业而言，中国的基础设施建设居全世界领先地位。大湾区经济也是基础设施规模经济的体现，如大港口、大交通、大工业。中国制造对于全世界而言，在可见的8到10年间是不可能完全被替代的。

位于汕头澄海的高德斯公司是产业分工、规模化与专业化生产的范例。公司大量引进先进生产设备及自动化生产模式，采取标准化生产模式，为当地的玩具行业龙头代工。这是广东产业集群发展的模式探索，主动通过规模制造促成产业分工，促成专业化生产。这种方式，会成为广东产业集群提升的一个重要路径。江门的汉宇集团，生产的洗衣机排水泵世界第一，税后利润多达20%以上。笔者建议有技术优势的企业，不要满足于利润，而是要将技术优势转化为规模优势。

在中国，企业追求"小而美"是不够的，不能孤芳自赏。笔者建议汉宇集团可以向富士康学习，做世界最大的水泵研发、生产企业。毕竟技术领先所带来的竞争力周期较短，而规模效应带来的成本领先战略使得"防火墙"更高。

数字经济本质也是规模经济

前些年，广东家具行业的变革源于尚品宅配所引发的"家居定制"革命。表面是定制化，实际就是生产规模化。通过大规模定制，使得分散于市场各个角落的订单能够集中起来，在生产环节进行集结形成规模生产。

东箭公司是一家从事汽车后市场改装产品生产的企业，公司业绩是行业前十名其他公司的总和。东箭公司每月生产产品的类型多达6000多种，交给任何一家企业生产都是非常有挑战的事情。东箭的核心竞争力就是数字化柔性制造能力，大规模与个性化制造的融合。

希音公司崛起一个很关键的因素就是用数字化整合供应链，

让众多中小制造业企业形成一个整体。据了解，希音的供应链协同已经扩展到纱布，将来会不会是棉花，会不会是生产设备？

工业互联网、数字经济愈发受关注，相关政策支持力度也在加大，但更多企业都是默默无闻地在耕耘。没有出现破局者时，大家都很迷茫，当出现破局者时，大家又觉得理所当然。实现数字化布局的企业一旦"釜底抽薪"，可能成为行业的"巨无霸"，而不是简单的"独角兽"。数字化不是数字本身，关键落点是规模经济。回到马歇尔所讲的，这是"内部规模效应"还是"外部规模效应"？当然，马歇尔的理论基于大规模生产的工业年代。互联网时代的企业强调开放性，内部与外部的边界变得模糊。希音是"内部规模"，还是"外部规模"？当然，希音还是可以分的：应该是"内部规模效应"为主，引导"外部规模效应"。

社会对于工业互联网、数字化经济的关注在于，在全球互联网经济发展下半场中能否出现类似于消费互联网中阿里巴巴这样的巨头，开放第三方数字化制造平台，这样千载难逢的机遇对中国制造来说最有可能把握。

毕竟，中国制造占有联合国所划定的全部制造业门类，制造业门类齐全，形成了具有巨大优势的供应链体系，这是规模经济优势的另一种体现。

中国制造演绎规模经济新优势

从朴素的亚当·斯密经济规模理论到马歇尔的"内部经济规模"与"外部经济规模"，规模经济的理论及其实践形态在不断演变。

时至今日，互联网数字经济所展现的新边际，已让规模经济理论从内部到外部被重新定义。未来中国的规模经济，已经不限于生产制造的规模，基础设施的规模，中国接下来还有人才规模、市场规模，还有数字经济带来的新的规模经济。

中国教育每年培养的工科本科毕业生超过 500 万人，几乎是美国的 10 倍。中国制造业发展的红利由此从人口红利变成工程师红利，科技研发人才的规模效应逐渐显现。同时，据中国社会科学院报告，2019 年，中国社会消费品零售总额达 41.2 万亿元，已成为世界第一大实体商品消费市场。中国中产阶级人口数量 4 亿，毫无疑问地成为全世界最大的中等消费市场。市场红利，也会成为中国制造的又一红利。

在互联网、物联网的背景下，中国各行业的中小企业会采取横向协作的方式、产业分工与专业生产的模式，通过标准化协同生产、协同供应链，协同制造业人才供给，深度挖掘制造能力，形成产业深度垂直互联。这也将是广东制造可以培育的制造新优势。

工业互联网的发展也应借助这一趋势，借助数字化快速集结生产规模，产生边际效应，这是新时代规模经济本质的具体实践。已有不少企业从不同切入点探索借助数字化对细分行业、产业内部生态进行新的排列组合，哪种路径能够提供更佳效率？我们拭目以待。

关注规模经济所衍生的经济话语权

当英国获得"棉花帝国"的主导权以后，各种代理、期货、金融、标准等衍生服务鱼贯而出。制造规模会改变原有产业的形态，"形而上"的服务贸易业既脱胎于制造业，服务于制造业，又在很大程度上控制制造业，从而获得国际经济的话语权。中国制造因联合生产、专业代工、数字化形成规模经济的同时，一定会塑造新的产业格局，生成新的业态，供应链金融、工业交易金融也将出现。但愿，因为制造业而衍生的服务业，特别是金融服务业，不要异化制造业本身。中国要获得未来制造业的主导权，一定不是基于制造，而是因制造所产生的新边际而获得的话语权，这可能会重新定义全世界的制造业，定义制造新文化。

制造不是为资本服务，而是为社会服务。有了规模经济和巨大市场，中国制造、高科技才可以更好地体现企业为社会、为消费者服务的本质。社会第一性，企业或商业第二性，或许可以颠覆"棉花帝国"所产生的资本主义的价值观。

"工业上楼"热之下的冷思考

高质量发展，提质增效是关键。在高质量发展的命题下，"亩产论英雄"一说风行。在制造业高质量发展背景下，经济发达地区纷纷选择通过"工业上楼"提高产出效益，推动制造业发展。大批城市出台政策与各种配套措施，大力推动制造业"上楼"，且有愈演愈烈的趋势。

向天要空间的"工业上楼"

几年前，笔者在东莞松山湖的松湖智谷产业园（以下简称"松湖智谷"）参观过"工业上楼"项目。这应该是东莞首个真正意义上的"工业上楼"项目，提出要打造"您的上下游，就在我的上下楼"的全产业生态链。

松湖智谷所在的地方，原来是东莞寮步镇一个简陋的旧厂房片区。如今，经过土地更新及改造，松湖智谷已经成为一个入驻企业超过 500 家、年产值超 100 亿元的现代产业园区。

珠三角是我国制造业发展密集区域，城市多存在土地资源供给不足的问题，其中，以深圳为最。深圳全市面积仅有 1997.47 平方公里，仅为北京的 12.17%、上海的 31.50%、广州的 26.76%。且深圳基本生态控制线范围内的土地面积仅为 974.5 平方公里。现时，深圳城市建设开发率已经超过 90%。

早在2012年，深圳存量土地供应就首次超过新增土地供应，土地利用模式出现拐点。为此，深圳于2014年通过探索"工改工"城市更新的做法，将普通工业用地改变为新型产业用地，建设新型产业园，在珠三角地区开始率先探索"工业上楼"发展模式。

"工业上楼"发展模式的探索起源于美国的工业化时期，称"垂直城市"（vertical city）或"工业摩天楼"（industrial skyscraper）。美国的做法是将工业生产和商业办公区域安排在大楼的下层和中层，住宅区则在高层。但当时的探索并未成功，主要是环境污染问题。

最早实现"工业上楼"的国家是日本。20世纪60年代，日本将工业厂房转移到城市中心区域，将生产线安置在高层建筑物内。这种模式被称为"立体城市化工业"。东京的"工业上楼"主要集中在丰岛区和江东区等交通便利、基础设施完善且人力资源丰富的区域。

在东京的"工业上楼"项目中，有些厂房的楼层可以达30层或以上。这些厂房通常采用先进的生产设备和技术，以提高生产效率和品质。同时，这些高层厂房也具备很高的防火和防灾能力，以确保工人的安全和生产设备的完好。

随着时间推移，"工业上楼"这种产业空间模式，也在其他工业化国家与地区得到推广和应用。韩国、新加坡、德国等国家和中国香港等地区也有类似的产业空间模式出现。

中国是世界最大的制造业国家，制造业主要集中在东南区域，以长三角及珠三角的上海、江苏、浙江、广东为主。2021年7月，国家发展改革委发布了《关于推广借鉴深圳经济特区创新举措和经验做法的通知》，明确提出要推广"工业上楼"模式。在中央强调大力发展实体经济及制造业高质量发展的背景下，向有限土地要产业空间、要经济贡献自然会推广"工业上楼"的发展模式。

在珠三角，除了深圳，广州、东莞、佛山、中山、珠海等主要工业城市也积极推动"工业上楼"。2022 年 11 月，深圳推出新的"工业上楼"计划，明确提出要连续 5 年每年建设 2000 万平方米优质、经济、定制化厂房空间。深圳 5 年建设 1 亿平方米的高层工业楼房，按容积率 4.0 测算，至少需要 25 万平方公里的土地面积供应，按 1 平方米造价 1 万元计算，需要投资 1 万亿元。截至目前，共有 72 个"工业上楼"项目，用地面积 854.8 万平方米，平均容积率 4.2，厂房面积 2306.5 万平方米。对深圳而言，在工业用地资源供给紧张与产业发展双重压力下，似乎"工业上楼"成为促进经济发展必选项。

"工业上楼"的地基

在西方发达国家，经济发展的主体是企业，企业发展的核心能力是建立企业发展战略。而到目前为止，中国经济发展主要由政府宏观调控，政策环境、公共设施环境、服务环境由政府搭建与供给。我们的政府一方面兼顾着效率与公平，但在"GDP 主义"发展观所主导的理念中，各个地方的经济发展还是存在巨大博弈。当然，中国有一个非常好的做法，就是榜样的树立与经验的模仿，这是经济发展中探索成本最低、最有效的做法。

中国哪个地方经济发展与社会建设取得成效，就会引起其他地方的学习与模仿，再形成中央或各个地方的政策与文件，并得到推广。但这也会带来负面效果，即各地方政府不顾实际情况争先效法，从而违背经济规律，造成产能过剩等诸多问题。

深圳发展"工业上楼"最根本的核心动力不是土地供给，而是深圳的政务服务能力。笔者一位刚入户深圳的朋友去护照办理服务大厅，持原来老家的护照去更新。他对"深圳速度"很感慨：从进入服务大厅到办完手续离开，仅需 8 分钟时间。

有专家认为，深圳"工业上楼"的根本原因在于营商环境好，包括市场观念、创新氛围、政府服务、城市功能等，使得大量创新创业的科技型企业源源不断涌入，而深圳的发展空间又极为有限，所以采取这种"没有办法"的"办法"。

其中的因果关系不能颠倒。可以说，吸引企业的根本动因是深圳的营商环境而非工业大楼，这就是根本。没有学到这种根本，建设再多的工业大楼，也只能成为空中楼阁。

美国哈佛商学院的战略管理学家迈克尔·波特曾提出钻石模型，用于分析一个国家某种产业为什么会在国际上有较强的竞争力。他认为四个因素决定了一个国家某种产业的竞争力：一是生产要素，主要是人力资源、天然资源、知识资源、资本资源、基础设施；二是需求条件，主要是本国市场的需求；三是相关产业和支持产业的表现，即产业和相关上游产业是否有国际竞争力；四是企业的战略、结构，竞争对手的表现。

迈克尔·波特还将生产要素划分为初级生产要素和高级生产要素，初级生产要素指天然资源、气候、地理位置、非技术工人、资金等，高级生产要素则是指现代通信、信息、交通等基础设施，受过高等教育的人力、研究机构等。土地属天然资源，并非高级要素。当然，土地是基础要素。

为了提升其产业竞争力，深圳"无中生有"，引进国内及世界很多高校，包括香港中文大学（深圳）、南方科技大学、深圳北理莫斯科大学、哈尔滨工业大学（深圳）、清华大学深圳国际研究生院等，还有筹建中的中国科学院深圳理工大学、香港大学（深圳）等。

为引进各种创新人才及资源，深圳实施"引进海外高层次人才项目"等，提供高薪和优厚的福利待遇、优惠的税收、免费的餐饮和住房来吸引人才。提供各类科技创新平台，包括孵化器、加速器等。笔者所在单位广东省中小企业发展促进会此前承办的"创客广东"大赛，就有几个海外回来的创业项目获深圳千万元以上的支持。

深圳对于职业技术教育的投入连续多年居国内首位。2023年，深圳职业技术学院经费预算达32.99亿元，居国内双高院校投入首位。深圳信息职业技术学院预算16.75亿元，居第二位。

深圳通过自身创新体系的打造，赋予了珠三角制造业创新的活力。这几年，"专精特新"成为热点，东莞与惠州就涌现出一大批国家级"小巨人"企业，其中不乏来自深圳的创新溢出。东莞华为、前文提到的松湖智谷的先进制造业企业，很多都来自深圳的产业溢出。

同时，迈克尔·波特的钻石模型也强调政府的作用。在中国，政府的作用更加明显。但在经济发展中，政府究竟扮演什么样的角色更为合理？迈克尔·波特认为，政府对需求的影响主要是政府采购，并扮演挑剔型的顾客，形成独特的市场标准，协助本地企业获得基于新标准的竞争力。政府可以介入产业集群方面发展的服务，保证市场处于活泼的竞争状态，并制定竞争规范。总而言之，政府扮演的应是产业发展与市场的催化剂和挑战者的角色。

迈克尔·波特指出，无论如何从事产业竞争的是企业，而非政府，竞争优势的创造最终必然要反映到企业上。即使拥有最优秀的公务员，也无从决定应该发展哪项产业，以及如何达到最适当的竞争优势。政府能做的只是提供企业所需要的资源，创造产业发展的环境。

作为中国市场经济及改革开放先行者的深圳政府，一直发挥对市场"有意无意、有为无为"的作用，建设良好的营商环境、市场环境、服务环境，不断降低市场交易成本，让市场与企业发挥作用，而不是成为干预市场、主导市场的角色。

在数字化时代，作为美国著名的"竞争战略之父"迈克尔·波特所定义的高级要素内容与组合，可能也会有新的变化，有为政府可以发挥更大作用，以使市场与产业转型拥有更大确定性，降低产业探索成本，提高产业边际效用。如产业引导、产业梳理、产业撮合，让各种要素充分流动，形成新的组合，深圳政府一直在其中扮演积极的角色。

在中国，有为政府与有效市场的组合是经济发展的基础，是"工业上楼"的地基。

产业创新更需要生态空间

深圳是中国最早、发展最成功的经济特区，不仅在政府作用与市场发展的建设中表现积极，还是中国最优秀的创新城市。超出深圳看深圳，才能够真正看明白深圳在中国改革开放、在探索中国经济发展中所扮演的角色、作用与地位。

而今的深圳，已经不是深圳的深圳，也不仅是广东与粤港澳大湾区的深圳，更是中国的深圳。深圳的所有探索与发展路径，都有可能是中国经济发展的先行者与探路者。因此，"工业上楼"必须被放在更大更宏观的经济视角，去看待其给广东、粤港澳大湾区乃至中国经济发展带来的影响。

约在2002年年底,深圳有一位网民在人民网的强国论坛上发表了一篇《深圳,你被谁抛弃》的文章。当时的深圳,腾讯还在苦熬等待"天使",任正非则写了《华为的冬天》。任正非说:"IT泡沫的破灭,公司内外矛盾的交集,我却无能为力控制这个公司,有半年时间都是噩梦,梦醒时常常哭。"被深圳引以为豪的华为公司的金融地位也受到挑战,深圳人忧心忡忡。

与此同时,时任广州市市长林树森在广州推出雄心勃勃的"广州南拓"计划,希望在南沙再造一个广州,打造一个包括石化、钢铁、造船等原材料工业和装备工业为主的现代化临港工业区,有些类似于当年上海的浦东新区。

时至2012年,深圳的GDP开始超越广州。深圳的布局是从产业结构调整开始的,它不能像广州一样发展临港大工业体系,便着力打造以高科技、高附加值为主的产业体系。核心便是创新与人才,以及为创新人才提供税收和资金等方面的优惠政策。

深圳聚集一批具有创新能力的企业和高素质人才,尤其在电子、通信、信息技术等领域,以及后期发展的智能制造、人工智能、5G通信新领域。深圳的重点是在优化营商环境,减少行政审批环节、简化手续、提高服务效率、降低企业的运营成本和风险。

"文武之政,布在方策。其人存,则其政举;其人亡,则其政息。"一个政策体系需要10年、20年的布局及持续发展,才能够逐步显现成效。

前人栽树,后人乘凉。如果今天的深圳为后人栽树,应该栽种什么种子?笔者认为应当还是创新。创新为粤港澳大湾区赋能,为中国制造赋能。深圳通过不断的创新溢出,为粤港澳大湾区带来全新的产业生态,带来全新的竞争力,这应该是深圳新的历史使命。深圳"工业上楼"的目的，应该是创新孵化，而不是留住制造业、留下 GDP。

古典经济学家大卫·李嘉图的比较优势理论认为，不同经济区域在生产某些商品上，可能存在不同的比较优势。因此，每个国家都应集中生产并出口具有比较优势的产品，进口具有比较劣势的产品。也有学者将该理论发展为国内经济分工理论，即在一个国家内部，不同经济区域应该发展自己的优势产业，并通过国内贸易来促进经济发展。

"两利相权取其重，两弊相权取其轻"，深圳作为创新城市，其创新效率高，特别是深圳的电子信息技术、通信技术、人工智能技术的效率高，附加值也高，可以"工业上楼"。其他产业则可以逐步溢出，全力推动粤港澳大湾区经济提速，促进广东省经济均衡发展。

而与原来的技术创新不同，如今的产业创新需要更大的空间与布局。深圳原来的技术创新是基于电子信息、通信与人工智能产业的技术创新，这是现代产业的基础。广东省有大大小小几百个产业集群，随着人工与土地成本的增加，原有产业供应链的优势被削减，必须通过技术创新及数智化提升，才能够提升产业价值链。

深圳的华为就通过在东莞松山湖的投资，带动东莞智能终端设备产业的发展。深圳的智布互联对佛山的投资，带动了佛山纺织行业的发展。反之，珠三角众多创新型企业的发展，也大大丰富了华为等企业的创新生态，优化了更多互联网大数据企业的生态。

没有制造业场景，就不可能有产业互联网。在产业重度垂直的今天，技术体系必须与制造体系深度融合，才有可能推陈出新，塑造粤港澳大湾区全新的制造业体系。深圳切莫因"工业上楼"自成体系，而忽略了粤港澳大湾区制造业创新生态体系的打造。

从本质上看，"工业上楼"还是"土地+资本"的经济驱动模式，是原来房地产经济驱动模式的新演绎，其核心仍是以土地与资本为杠杆。但现代化的经济体系必须以知识经济为核心，人才是关键。

未来产业的发展、现代经济体系的打造、制造业的高质量发展，都必须依托以人才为核心的创新体系的打造。深圳本身就具备这方面的优势，切不能因大量"工业上楼"，而忽略对于创新人才体系的强化。

试想，一大批产业工人与创新人才，挤在一个城市争抢各种城市公共资源——医院、学校、公共交通，它还能成为吸引人才的城市吗？一个城市没有了空间就没有了想象，就会没有未来。

一个城市的发展，必须有所为、有所不为，鱼和熊掌不可兼得。深圳还可以向美国硅谷学习，不断强化独特优势，不断打造复杂的创新生态系统，吸引全球顶尖的科技人才，吸引全球最顶尖的科技企业，建设发达的风险投资市场，建设更具开放体系及创新精神的大学和科研机构，建立崇尚创新、敢于尝试、容忍失败的创新文化。

深圳的产业垂直不能局限于深圳，不能把创新局限在其所认定的多少个产业体系中，而是要垂直到整个粤港澳大湾区产业，垂直到广东产业集群中去。一旦某个产业完成了数字化、智能化的跨越，就可以成就一批百亿、千亿产业级的企业，这才是真正的高质量发展，这才是深圳对于"制造业当家"的不同定义。

深圳的创新不能因"工业上楼"形成自己的产业闭环。一座真正的创新城市，连天空都不是极限，何况未来。

地方产业集群：退化与再造

经济结构、产业结构调整的大周期下，原来通过出口与投资拉动的经济发展方式边际效应递减，而新的经济结构与发展模式没有形成，政府与产业界还是习惯通过投资拉动经济的模式推动经济发展。

于是乎，招商引资与加大投资力度仍成为当下有为政府拉动经济的不二选择。疫情之后的经济大省广东，经济持续发展压力增大，各地政府也就加大了招商引资力度。珠三角地区政府财政有一定积累，用于招商的各种补贴的力度大，于是其招商效果显然又比粤东西北效果更好。

在过去相当长的几十年，广东珠三角地区与粤东西北的经济发展差距越来越大。虽然省里出台了一系列振兴粤东西北经济发展的政策，并通过建设产业转移园区的做法支持珠三角向粤东西北进行产业转移，收到一定效果，但事实却如前所述，差距不是缩小，而是增大。

再好的政策也比不上真金白银的招商补贴，可想而知，经济落后地区更难通过招商引资方式实现经济发展。这就是经济发展的虹吸现象，经济发达地区对经济发展的各种资源要素吸引力更大。

那么，落后地区经济发展该怎么办？

一个地方产业集群的挑战

落后地区经济发展，必须与经济发达地区错位，发展地方特色产业。地方特色产业含有一定自然、历史、文化禀赋，具有很强的产业根植性、稳定性与贯通性，能够形成较为稳定的地方产业结构。

地处广东东部的汕头市澄海区，是全国闻名的玩具产业集群所在地。澄海产业集群的兴起源于20世纪90年代末期福建安海外贸玩具的产业迁移。由于潮汕地区有精耕细作及家庭作坊的生产传统，加上地理位置更接近广州和香港，更便于产品出口，于是逐步代替了生产低端外贸玩具的福建安海。

据统计，汕头有超过16000多家玩具生产企业及作坊，近40000家配套企业，超过70%的产品出口海外，涵盖幼教、婴童用品、积木、电玩、遥控等全品类，玩具品牌拥有量居全国第一，玩具企业获得的IP授权和专利授权也是全国第一，玩具产业年产值460亿元。

随着澄海玩具产业的不断发展，相关企业不断聚集，形成了造型设计、原料供应、模具加工、零件制造、装配成型、动漫产品、展览贸易和销售运输等专业分工协作的产业群落。产业的集聚效应进一步推动了澄海玩具产业的发展。

但低端制造的路径依赖深深嵌入澄海传统玩具产业及供应链的基因中。低端生产和配套无法匹配品牌化运营所需的高品质要求，以超低成本、超低价格接单成为澄海玩具产业发展的重要路径。虽然低端"山寨"性价比的模式帮助澄海抢占了海外低端市场，但也给澄海贴上了低端制造的标签。

跟很多出现退化现象的产业集群一样，澄海玩具产业集群的供应链优势逐渐覆盖不了土地与劳动力上涨的成本，如果不能在品牌、创新、创意、设计、数字化等方面提高产品附加值，反而在"山寨"、家庭作坊、用料等方面降低成本下功夫，澄海玩具产业集群的持续发展就会出现严重问题。

一个产业集群退化会引发诸多问题：增长率开始下降，产品市场份额开始降低，产业总体规模缩小，开工率下降，企业创新能力下降，利润率水平下降，集群内企业开始迁移或关闭，新增企业数量减少，人力资源流失，人才不再聚集于该集群，产业集群内部的恶性竞争超过通过合作获利，等等。

随着外贸出口减缓、国内消费市场疲软，国内产业间竞争日趋激烈，澄海玩具产业集群持续发展也面临空前压力。

如何才能"突围"？

产业集群持续发展的动力与要素

一般而言，产业集群的兴起需要借助一些条件。一是因生产要素、技术积累和市场需求集聚而逐步形成的完整的产业链。二是具备创业意识、开拓市场的企业家及具有企业家精神的群体涌现。三是产业集群内部资本能够快速集中，劳动力及产业技术能够充分自由流动并实现其中的自由组合。根据这些条件，也可以判断产业集群究竟处于上升还是退化的状态。

国际上对于产业集群持续发展有很多理论，比如创新价值链理论：产业集群内的企业可以通过协同创新、技术转移、知识溢出等机制，形成创新价值链，从而提高企业创新能力和竞争力，推动产业持续发展。动态能力理论：产业集群企业要有不断适应市场变化、创新和发展的能力。通过不断的技术创新、组织创新和管理创新，企业可以保持竞争优势，推动产业持续发展。此外，还有生态系统理论：产业集群是一个复杂的生态系统，包括企业、政府、研究机构、中介机构等成员。这个生态系统需要保持平衡和稳定，从而为企业提供良好的发展环境。政府可以通过政策引导、提供公共服务等方式来维护生态系统的稳定和健康发展。产业升级理论：产业集群需要不断进行产业升级，即通过技术创新、管理创新等方式提高产品的附加值和市场竞争力。同时，政府可以通过政策引导、提供公共服务等方式来推动产业升级，促进产业持续发展。

迈克尔·波特在竞争力模型中提出，提高产业集群竞争力的支持，需要发展新的生产要素，如人才、科研设施等高级要素，通过优化生产要素配置、提升生产要素质量和数量，以降低成本并提高生产效率。适应市场需求变化，提高产品和服务的质量和效率，同时刺激国内新需求，从而推动产业发展。产业集群的相关产业应建立新的产业生态，促进协同发展，形成相互依存、相互促进的良性循环。

从企业的角度，需要制订发展方向和战略，包括技术创新、品牌建设、市场拓展等。而政府所要维护的是公平竞争的市场环境、规范的法规环境，发展基础设施、协同关系等，以促进企业的良性竞争和发展。政府直接投入的是企业无法操作的领域，属于外部边际。

前工信部副部长、现海南省委书记冯飞提出的是大力发展非组织要素，包括研发、数字化、工业设计、品牌，甚至文化艺术。但不论是高级要素也好，非物质要素也好，它们的重点是人才供给，而这些恰恰是经济落后地区的又一弱项。

近年来，江苏、安徽等地区招商引资，就是要素招商。一是梳理产业链，按照产业关系、上下游招商。企业去一个新地方发展，最看重的就是产业配套与生意拓展，其次才是政府的其他政策。二是引进关键要素。笔者所在单位广东省中小企业发展促进会的一些会员企业去江苏发展，可以把知识产权落在当地。参与落地知识产权的研发人员如果在当地发工资，个人所得税即可优惠。如果个人家庭愿意迁往当地，就可以享受住房、入学等的相关人才政策。当然，还有地方产业投资资金的牵线搭桥，等等。

浙江很多地方的产业集群，通过聘请专业机构，帮助产业集群进行梳理。比如，浙江湖州市的南浔电梯，就对产业进行了梳理，梳理产业链、进行新的产业分工与专业化合作、标准化零部件生产等。通过专业的分工与协作，避免了每家生产企业小而全的状况，让每个环节的生产企业，都可以形成规模效应。

据笔者调研，通过产业分工与标准化制造达到规模效应以后，可以降低 20% 以上的成本，这无疑给整个产业集群带来竞争力。而且，通过分工协作，产业集群内部就从竞争关系变成合作关系，企业间的信用、生产效率都可以得到提升。公共货仓、工业中间品交易可以形成市场，公共园区、共享的设计空间等服务公共品会衍生，产业内部就会形成新的生态。产业有了规模，才能够吸引更多研发、品牌、数字化等现代服务业机构进驻。

澄海玩具产业集群的再整理

笔者 2023 年 9 月受邀参加澄海一个产业联盟的会议，发现澄海玩具产业集群发展的路径选择大致有三个：一是产业分工的细化与产业协作；二是玩具企业的品牌化与 IP 化；三是发展相关产业的产业新生态。

2017年，在广州创业的杜克宏回乡创办汕头市高德斯精密科技有限公司（以下简称"高德斯"）。高德斯以高端塑料积木精密生产为切入点，通过构建精密模具、公模库、配置化设计平台、大规模库存生产、自研装备等，专业为积木玩具提供生产制造。高德斯在澄海的产业集群中，发展并创建了一些新模式，包括新锐品牌的命运共同体、全面的合伙人联合机制、知识产权自查、精密制造工厂矩阵裂变等，全面提升了澄海的玩具制造能力与水平，使澄海玩具具备高端化、品牌化、规模化、数字化的基础。

正是高德斯把通用积木件供给下游玩具企业，让下游企业可以无须再把资金和精力放在注塑件上，从而专注产品设计和品牌创新。

广东森宝文化实业有限公司是与高德斯合作的第一家积木玩具企业，该企业负责人讲："我们将高精密配件的生产交给专注生产的企业，把自己的重心放在品牌研发和销售上，这是一个双赢的选择。"自2019年起，该公司在自主IP和IP共创合作方面深耕细挖，连续取得电影《流浪地球》、航母山东舰、航天文创、故宫文化等20多个"国字号"IP的正版授权，销售成绩亮眼，2022年累计营业收入比2021年增长了102%。

高德斯的出现与探索，使澄海玩具产业发展出现了新的空间与产业生态，也使澄海玩具产业有了新的生态位。产业生态位是指企业在不同行业环境中所彰显出来的价值，以及与其他企业、环境相互依存的竞争优势地位。它描述了企业在整个产业生态系统中的角色和功能，以及其在维持一定竞争力的前提下，如何抓住商机、占领市场份额、发展新的信息技术、提升产品创新能力和核心技术能力、增强企业在行业竞争中的优势地位等。

研究产业集群生态位可以发现特定区域内产业间的地位、作用和角色，以及与外部环境之间的互动关系。产业生态位不同，决定了产业竞争优势和劣势，以及未来发展的方向和潜力。

乐高公司是全球知名的积木玩具企业。它是创新玩具制造商，不断创新其设计和制造工艺，推出新系列和新产品，引领玩具市场发展潮流。它又是教育玩具提供商，提出玩中学的理念，帮助孩子们发展动手能力、创造力和思维能力。乐高通过与电影、游戏等合作，推出与热门 IP 相关的玩具，将娱乐内容与玩具相结合，提供丰富的娱乐体验。它还通过社交互动平台，鼓励玩家之间的互动和分享，形成一个具有共同兴趣的社区。乐高积木玩具在世界玩具产业中占据了重要的生态位，那是由其创新、理念与价值观形成的。

迪士尼玩具是迪士尼卡通形象、电影角色、乐园游乐设施的衍生物，其核心是文化、创意与设计，核心竞争力源于美国好莱坞电影的文化影响力与传播力，那是独一无二的产业生态位。虽然高德斯所提供的仅是基于智能制造、数字化制造的生态位，但恰是高德斯的存在，为澄海玩具的生态发展提供了可能。

汕头市澄海区区委书记王楚彬提出："要取得更多国际重量级 IP、国潮文创 IP 授权，培育具有自主知识产权、潮汕文化元素的原创品牌，努力提高产品科技含量，打响品牌知名度，提高产品附加值。探索成立 IP 授权产业基金，引进 IP 授权运营服务机构，解决中小企业研发实力不足、IP 授权申请难等问题。"

广东中山的古镇镇与小榄镇，分别拥有全世界知名的灯饰与锁具产业集群，全世界很多知名的灯饰企业与锁具企业都在集群内设立了工厂，很多专业的研发、设计公司也在当地设立服务机构。古镇镇政府支持的《古镇灯饰报》在全国 70 个批发市场派驻信息员；每年两届的中国·古镇国际灯饰博览会由古镇镇政府等单位承办，吸引来自超过 120 多个国家和地区的全球灯饰照明专业人士入场。在小榄锁具产业的起步阶段，小榄镇政府曾经为了帮助企业开发锁具样品，花了 2000 多万元从德国与日本引进了专业的生产线，提供产业所急需的公共品。

正是政府通过公共平台的建设，解决单家企业没有办法投入或无法解决的问题，提升了产业集群的生态空间。这也是当下政府招商引资的软实力、巧实力的体现。如何做到四两拨千斤，是经济落后地区发展经济需要付出更多努力的地方。

王楚彬还展现了他对澄海发展塑胶行业的新思考：澄海要真正在产业方面实现大的跃升，不能仅仅依靠玩具，必须寻找新的赛道，寻找新的产业。但是一个新的产业从定义、形成到发展，不是天上掉下来的，必须依托于现有基础。澄海在发展玩具产业过程中，形成了极其强大的塑胶精密制造产业链。他说，澄海因为玩具产业，对塑胶产业有极深的理解，珠三角精密铸造的产业规模有 3000 亿之多，其中大部分是精密金属。随着材料进步、技术进步，未来可能有更多的金属铸造、金属材料元器件可以由塑料替代。澄海是否可以思考，将礼品工艺与玩具产业，发展成为塑胶与玩具产业。

在迈克尔·波特的相关产业发展理论中，有讲述这种行业发展过程中形成关联行业集群的案例。德国的纺织和服装行业就是这样的一个关联行业集群，它包括从高质棉、羊毛、合成纤维、缝纫机针的生产、加工、制造到范围广阔的纺织机械领域的发展。

迈克尔·波特认为，关联行业和辅助行业在高级生产要素方面投资的好处将逐步扩溢到本行业中来，从而有助于该行业取得国际竞争的有利地位。瑞典在制造组装金属产品领域（如滚珠轴承、切割工具）的优势便依靠瑞典自身特种钢工业的技术力量。直到20世纪80年代中期都处于世界领先地位的美国半导体工业技术，是美国个人电脑和其他几个技术先进的电子产品取得全球性成功的基础。深圳与东莞电子行业的发展，也催生了深圳与东莞通信业、手机产业的发展，催生了深圳的芯片贴装、智能设备、控制系统产业的发展。

或许，澄海高德斯给澄海玩具产业带来的，不仅是玩具积木行业的发展，还有可能是澄海发展精密塑胶产业的开端。

产业的发展，从简单到复杂，又从复杂到简单，是产业分工的结果。从单一产业，到多个产业的并进，是产业分离的结果。从低级到高级，是产业升级的结果。这就是产业发展过程中的跃升，没有了跃升，产业就会退化、失去竞争力。相反，产业一旦有新的发展空间，就会强化产业的发展动力。产业发展，也是逆水行舟，不进则退。

产业再造的独特竞争力

当然，对于产业而言，有其不同的"管理意识形态"。这些"管理意识形态"帮助或妨碍形成一个地区的竞争优势。迈克尔·波特发现，在德国和日本企业中，工程师背景的人在最高管理层占据重要的支配地位，他将此归结为这些国家的企业注重加工制造过程和产品设计的原因。与此相对，在美国企业中，财务管理背景的人在最高管理层占据重要支配地位。

日本作为一个严重缺乏可耕地和自然矿产资源的国家，通过国民教育投资，创造了丰富的人才高级要素。日本拥有庞大的工程师队伍，其工程系毕业生所占人口的百分比大大超过美国，同德国等位于世界前列，这是日本制造成功的关键所在。

笔者认为，潮汕地区人多地少，有精耕细作的传统，精密塑胶玩具与潮绣、潮州菜，在产业上没有关联，在文化上有连接。澄海如何在玩具产业集群形成自己的"管理意识形态"，也是新的考验。

毕竟，现代产业发展不是一门简单的低买高卖的生意，而是一个制造业文化形成的过程。高德斯一开始的工人基本来自珠三角，杜克宏认为，珠三角因为制造业的发展，产业工人得到工业文明的熏陶，讲科学管理、精益求精、一丝不苟。潮汕地区受传统商业熏陶，灵活性有余而严谨性不足，不利于企业的管理与产业发展。对此，他认为职业技能教育的发展，在经济落后地区，显得更加重要，特别是产业与职业教育的衔接。

从全球范围看，接近75%的玩具都属于IP玩具。一个爆款IP，往往能带动衍生角色共同发展，进而催生更多衍生产业，撬动整个产业链条。王楚彬讲，澄海玩具品牌拥有量全国第一，获得的IP授权和专利授权也是全国第一，要立足这个优势产业，把它进一步做大做强，以此来拉动澄海区域经济高质量发展，其中人才是关键。

对此，澄海政府拟在广州、深圳地方建立创新飞地，招揽智能化、品牌、设计、IP、跨境电商、营销等方面的人才与服务机构进驻，为澄海玩具产业赋能，提升澄海玩具产业的价值空间。

广东制造创新中心的产业专家饶展非常肯定澄海玩具产业新的发展模式。他认为：产业发展的第一个层面是要想清楚蓝海生态位，第二个层面是提供先进生产力，第三个层面是生态制度的设计。他讲到，所谓蓝海生态位，是创蓝海，而不是找蓝海。创蓝海，不仅要找赛道，而且要找到有效的切入点，还能玩得转，才是蓝海。增量时代可以探索，慢慢构建护城河，而如今的存量时代，没有时间和空间去构建护城河，所以一开始要想清楚，这是一个深度多维的思考。

笔者认为，过去几十年，中国产业的形成深受欧美日国际产业分工的塑造，中国产业基本处于全球产业价值链的低端部分，并不得僭越。但随着中国技术不断进步带来了中国产业价值链的提升，中国也进入了一个经济结构重新塑造的阶段，全球可能会逐步形成美国、中国以及欧洲经济圈。

形成经济圈就必须形成新的产业结构与价值链，以往欧美日在中国产业结构中占据的价值链高端部分逐步会被中国替代，这是中国产业提升的机会。产业重新整理、梳理变得非常重要，这也是存量经济时代必备的功夫。

经济落后地区资源不多，实实在在做产业梳理，多在软实力上下功夫，戒急戒躁，坚持为地方经济服务的长期主义，因地制宜与经济发达地区交错发展，打造自身产业发展的生态位，或许能够探寻一条符合自身发展的道路。

涌动的消费大市场

很多来广东考察的外省同志经常问笔者，改革开放这么多年，对广东经济发展印象最深刻的是什么。对此，笔者通常会讲一个故事。

1998年前后，国务院开始推动农村电网改造，要在3到5年内降低农村电价，实现"两改一同价"，即改革农电体制、建设和改造农村电网，实现城乡用电同网同价。

彼时，广东作为国家改革开放的先行省份，制造业开始发力，用电缺口相当严重，拉闸限电是常态，农村一度电的价格高达3到5元。笔者记得，当时各种各样的"关系电""人情电""权力电"层出不穷。农村甚至出现过"电霸"，有些地方的黑势力也参与农村用电的利益瓜葛，垄断农村用电价格。因此，要把农村用电价格降到1元以下是非常艰难的工作。

而时任广东省省长卢瑞华等省领导还是拿出相当大的决心推动农村电力改革，投入巨资改造农村电网，降低农村电网损耗，理顺电力管理体制。在3年时间内，政府将农村用电价格降到0.79元/度，达到全省城乡同网同价。

在降电价之前，广东已经改革开放了20年，家电产业得到一定发展。但高企的电力价格使得农村家电普及率并不高（约10%），家电使用以电视机、电风扇为主，冰箱、洗衣机并不普遍。广东降电价后，城市农村居民家电市场迅速发展，家电产业获得巨大的市场机会。

降低的电价降低了制造成本,市场也有规模,广东的家电产业快速完成了原始积累。美的、格力、TCL、创维、容声等品牌就是在那时崛起的,并逐步形成广东家电产业在国内外的市场格局。时至今日,广东家电产业仍占全国市场规模40%以上。

在推动电力降价的同时,广东工业用电的价格也大幅降低。经济发展中用电难的困扰得到解决,招商环境大幅度改善。降低农村电价主要有四方面的积极意义:一是减轻农民负担,缩小城乡差别,提高农民生活水平;二是促进农村消费,开拓农村市场,扩大内需,拉动经济增长;三是改善农村投资环境,促进农村经济繁荣;四是加大农网改造投入,带动相关设备、材料生产的增长。

改革开放中的广东,总能抓住"牵一发而动全身"的事件,以改善人民生活为本,以促进经济建设为基,迅速解决社会与经济发展过程中的主要矛盾和问题,通过改革管理机制释放生产力,通过改革生产要素供给促进经济发展。

在《孔子家语·哀公问政》中,孔子对曰:"文武之政,布在方策。其人存,则其政举;其人亡,则其政息。天道敏生,人道敏政,地道敏树。夫政者,犹蒲卢也,待化以成。故为政在于得人。"尽管不同学者对蒲卢有不同解释,但不管蒲卢是动物还是植物,大意都是一旦具备天时地利人和,事物就会快速成长。在孔子此番文武之政对话中,很重要的一个字是"敏"。

"天之道"是生生不息的,"地之道"是知道哪里适合生物的快速成长,"人之道"是能够判断怎样的社会治理适合百姓发展。为政之道就是要抓住"敏",创造机遇促进经济社会发展,让百姓安居乐业。领导者并非需要亲力亲为,而是要有所为、有所不为,创造环境,然后"待化以成"。

经济发展的逻辑

总结广东作为中国改革开放第一大省的发展成就，会发现贯彻其中的"魂"就是改革。正如 20 多年前的电力管理体制改革，能够释放生产力，降低社会运行成本，提升产业竞争力。

不过，当年的改革是有方向的。广东改革的方向是开放，对标国际先进生产力的发展模式，改革现有管理机制。比如电价、土地价格、劳动力价格等生产要素在国际上都是有对标的，哪个生产要素供给价格高，哪个就会影响产业的国际竞争力，是可学而至的。

经济发展自有其规律，经济与社会发展的复杂度越高，把大事做细、做极致的难度也越高，而其中的关键就是找准经济发展的逻辑。但今天，广东经济和社会发展的规模和复杂程度都远超 20 年前，要找到其中"牵一发而动全身"的破局之路，无疑有登天之难。

2024 年 10 月，笔者邀请苏州基业生态园林股份有限公司（以下简称"苏州基业"）乡村振兴团队来广东考察，共同探讨了关于乡村振兴的多个维度。其一，乡村振兴是政府的公共产品吗？其二，政府的公共产品边界在哪里？其三，公共产品是否能够形成商业闭环？其四，乡村振兴是否可以是商品，有市场需求吗？其五，广东的"百千万工程"是一项社会工程，还是一项经济工程，抑或是文化工程？其六，广东的"百千万工程"是否是经济发展后工业化的产物，跟逆城市化发展有没有文化关联？其七，为何日韩的逆城市化发展不如欧美明显，它是制造业规模效应还是东方文化的特点？

第二章　新业态：产业互联网是一波蓬勃兴起的革命浪潮

双方的思考都在试图建立自身参与乡村振兴建设的业务逻辑。正如前文所言，今天中国经济与社会发展的复杂程度远超历史上的任何时期。面对百年未有之大变局，面对全球化体系的解构与重建，面对中国产业体系的重构，面对国家经济结构的重塑，面对中国社会治理体系的重塑与中国式现代化的建设，面对中国商业文明发展的新进程，我们必须站在中国社会历史发展时空节点的维度去思考定位与方向、去设计政策与服务、去改革制度与体系。

广东的经济与社会发展正处于旧发展模式的临界点，同时也是新发展模式的起点。广东很多的商业实践已经超越现有的商业模式与商业理论。在新的全球化、产业与管理数字化、新商业文化的新组合中出现了越来越多的优秀乃至卓越的企业，它们或将引领全球商业的未来。但少数精英企业的探索并不能够真正代表商业的整体未来，中国商业的未来还是要由中国的市场与文化来决定。

改革开放是广东经济持续发展的不二法宝，广东一旦失去这个法宝，就会失去未来。过去几十年，广东改革的主要动力是基于对外开放为全世界市场提供更高效率、更优服务的产品，今天广东所要进行的改革应是以打造广东统一大市场为重心的市场机制改革。

广东乃至中国未来经济的发展需要新的改革来驱动，需要在工业化的基础上完成后工业化经济、社会与文化的转型，需要建立以人为中心的社会治理体系以及经济发展逻辑，更深层次改变自身的经济和社会结构，确立以市场经济为主体的经济发展体系，全力打造国内统一大市场，通过大消费带动经济持续发展。

市场的确定性

市场的确定性是商业发展的逻辑基础。

在新冠疫情期间，一个发往美国的集装箱需要 2 万多美元，价格是疫情前的几倍甚至十倍。当时的销售商担心疫情影响物流，都在囤货，目的就在于要保证市场的确定性供给。

过去，全世界的中低端制造之所以都集中在中国，是因为中国拥有全世界最齐全的工业门类与供应链体系，拥有最具组织性的成熟产业工人、最高效率的应用研究创新体系、最好的制造业基础设施和最为稳定的政治与安全环境。这些都是供应链的确定性。

近年来，地缘政治博弈对供应链安全做出不利于中国的假设，很多世界五百强企业因此耗费巨资将供应链迁出中国，重新构建供应链体系，就是为了确保供应链的安全。供应链安全是一个成熟消费市场的重要内容，是市场确定性的保证。

而当前中国市场建设与经济发展最大的问题，还是市场的确定性问题。譬如中小企业的应收账款问题，这背后不仅仅是欠款问题，还是社会信用和商业文化的问题。近年来，很多企业开始不给做总包的国有企业提供供应链配套，也是因为商业信用问题与市场关系的不平等。

尽管我国出台了《中小企业促进法》《民营经济促进法》，但市场竞争的不平等没能让中小民营企业获得信心。如有限公司的无限责任、民营经济原罪等悬而未决的问题，都存在不确定性。而知识产权问题、市场准入问题、安全生产、环保、消防等高标准与低执行的执法差异问题、一些地方的税收倒查与警税合成作战问题等都会影响市场对于确定性的判断。

当强调市场配置资源的重要性时，其实也是在说要尽可能减少非市场力量对市场的干扰，以保证市场的高效率运行与确定性。确定性是市场制度建设的重要内容。

2500多年前的古希腊为控制海上贸易的风险，把很多投资转化为股份，订立契约，逐步形成了西方商业文明的核心内容。西方商业的金融、保险、法律，甚至政治都是围绕商业发展建构起来的体系。相应地，我们也要打通阻碍经济发展的政策卡点，打通建设消费大市场的政策卡点，建立服务消费大市场发展的社会服务配套体系。

释放市场潜力

消费大市场的发展需要体系化的改革，让更多的社会创新资源参与其中，以释放更大的市场潜力。经过改革开放40余年的发展，中国已经成为全世界在应用技术创新方面的领先国家。

2024年，笔者多次赴东南亚考察交流发现，但凡采用中国智能交通、生产智能装备、智能家居供应链的企业，都能够大大提高效率、降低成本。从制造、供应链到供应链解决方案方面，广东制造的优势显著。广东的政府采购应该支持创新供应链的发展，并形成提供解决方案的能力。

笔者经常来回于广州与深圳，逐渐体会到为何深圳竞争力越来越强于广州。早期发展阶段的深圳没有太多事业单位与国营单位，很多社会服务只能通过市场购买的方式解决。10多年前，笔者曾接触深圳一家家具检测中心。该中心是政府支持的社会组织，通过与欧美检测机构合作，做家具业进入欧美市场的认证授权，市场逐渐发育。有了市场资源，办展会、成立家具设计专业机构，企业的事业逐渐发展起来。

深圳的垃圾回收行业也采取了社会化服务的形式。由于社会服务效率高于国营及事业单位，深圳的垃圾回收公司已经开始溢出服务，在国内与各个地方政府合作发展业务，孵化出了很多服务公司。与此同时，深圳采购市场服务所节省出来的资金可以大量用于鼓励创新、购买更多的社会服务，发展教育及社会事业。这也是深圳成为中国社会组织发展环境最好的城市的原因。

如果在事业单位众多的广州，这种商业服务一般就会交给事业单位。事业单位除了提供设备、办公场地，还必须要用人指标，很容易变成养机构、养人的事业。此外，广州的国企也很多，公共服务项目、资源一般也会向国企倾斜。因此，广州的国企会做大，而深圳的民企会做强。

但相比购买市场服务与维持一个事业单位的财政投入，前者的投入显然低得多，但其服务能力、社会效应是后者不可比拟的。民企做强后会形成技术创新生态、人才生态。这也是全世界很多政府要精简部门、增加社会服务采购的原因。

深圳市中小企业发展促进会就承担了深圳政府支持的各种中小企业国内外展览会、中小企业政府项目申报的初审工作。有了政府的购买服务，协会会员的发展就有了抓手，其社会事业就能蓬勃发展起来。

一位香港专家曾告诉笔者，香港财政有大量盈余投入到了教育、公共医疗、公共设施等领域，也是因为采用"小政府大社会"的发展模式。政府规模小，只有一级政府，基本不设副职。香港很多社会事业都是由社会组织完成，如贸易发展局、旅游业协会、工业总会等，都是社会组织服务机构，一般有政府的采购服务或具备自身造血功能。

笔者前面也提到，中国游艇产业、汽车改装行业、消防市场等，也都是可以通过管理机制的改革释放市场需求的领域。未来，中国的老年服务市场、宠物市场、医疗市场等服务业也都可以通过改革推动市场发育，通过创新推动产业发展形成新市场。

过去，中国制造业体系在全世界效率最高，是因为我们对标的是国际体系。中国的社会服务业效率低，同样与没有太多涉及国际竞争有关，形成了由政策审批造成的区隔市场。企业时常面对不同区域、不同政府部门的非标审核，市场要素流动效率自然低下。因此，发展市场经济、消费市场，政府不能增加社会的运行成本。

以此类推，建设粤港澳大湾区需要联动香港与澳门，将香港及澳门行之有效的市场管理机制引进广东珠三角地区，协同标准。最近，笔者在和香港智库的交流中也了解到，香港的机场、地铁及众多的基础设施建设希望对接国内标准。香港每年的公共投资预算约有2000亿元。专家建议把粤港澳大湾区的政府公共投资联动起来，相互开放，这就是一个很大的政府采购市场。

笔者还建议，政府要建设采购市场，一定要基于创新供应链的市场建设。目前，国家关于首台（套）重大技术装备创新发展和应用的相关政策就非常好，但仍然不够体系化，若要体系化还须经过专业的顶层设计。

而今，广东原有的经济特区政策与国内的经济政策日渐趋同。但广东要维持国内改革开放第一大省的位置，需要国家进一步提供政策供给，主要内容是获得通过社会改革释放市场潜力的授权。其中既需要政策的顶层设计能力，又需要取得更多灵活的国家政策，赋予广东先行先试的权力。

广东需要在过去40年改革开放的基础上，探索与建设更加开放与包容的市场制度、良好的法律环境、公平的竞争制度、没有限定的市场准入、政府采购市场的支持，让所有市场主体都能参与市场的平等竞争，保障企业家与公民财产的安全。

建设大消费市场

建设大消费市场，广东、粤港澳大湾区还是具备一定基础的。

苏州基业团队在广东佛山南海调研乡村振兴时就发现，佛山的经济总量虽不及苏州，但佛山地区民营经济发达，企业根植性强，且产业集群优势明显。2023年佛山南海居民可支配收入达7万元，与苏州市相仿。但佛山南海人口密集度超过苏州一倍以上。

苏州基业团队认为，乡村振兴最重要的要素，一是产业，二是消费力，三是人流量，广东的乡村振兴有更成熟的市场基础。

2023年，广东GDP总量达1.925万亿美元，与世界排名第十左右的俄罗斯、韩国相当。2023年，广东人均GDP为1.5万美元，不及韩国（人均GDP3.3万美元）。而粤港澳大湾区广东九市人均GDP约为1.9万美元，如果加上香港与澳门，粤港澳大湾区的人均GDP约达2.3万美元，可触及世界初等发达国家的门槛。当一个国家或地区人均GDP达到2万美元，其经济发展模式、社会结构、消费模式和国际地位都会发生深刻变化。理论上，粤港澳大湾区应该在发展规划上体现新的变化。

事实上，广东产业已逐步从劳动密集型产业转向技术和服务导向型产业，创新和高附加值产业将成为新的增长点，广东已经进入后工业化的发展阶段。无论是广东省还是粤港澳大湾区广东九市，都存在消费与市场升级的机遇。人均收入的提高将激发消费升级，居民对高品质、个性化商品和服务的需求将显著增加，公共服务设施将进一步完善，交通、通信、文化娱乐等基础设施将有更大需求，新的市场潜力巨大。

随着经济发展，政府应该建设更加完善的社会福利体系，以促进居民生活质量和幸福感的提升；增加对教育、医疗和养老等领域的投入；城乡差距需要缩小，区域发展需要平衡。这也是广东推动"百千万工程"乡村振兴战略的目标所在。经济的快速增长还需要环境保护和资源的可持续利用，绿色经济和生态文明建设也将成为新的发展方向。

这意味着作为国内经济排名第一的改革开放大省，广东可以从出口拉动型、投资拉动型的经济发展模式，彻底转变为消费拉动型的经济发展模式。

经济发展不能唯GDP论，也不能不关注GDP，因为GDP有一个很重要的构成——增加值。在广东制造100元人民币的产品，在美国市场可以卖到100美元。一个产品涉及生产制造、物流、品牌运营、渠道与终端、售后服务等诸多环节。制造仅是其中很短的一环，形成增加值的区间不大。经济发达国家或经济发展领先地区的一个优势，即同样服务、同样产品的增加值增加了，因此价格更高。如果中国的市场不崛起，制造业的增加值将非常有限，所以经济发展领先地区的转型是产业形态向更高形态的发展，即从生产到生产性服务业再到消费服务业。

广东要建设统一大市场，让居民有消费动力，需要政府加大社会公共服务及基础设施投入，让居民没有后顾之忧。广东还要持续投入乡村振兴建设，解决城乡发展二元及区域发展不平衡问题，鼓励中小企业发展解决人口就业问题。这些都需要政府不断投入，促成广东社会治理体系与财政管理体系的重大改革。

人道敏政，而商道敏新。改革开放让中国经济融入全球化。40

多年后，改革开放所积蓄的经济与社会发展势能基本消弭，但它还是释放了新的发展信号。我们需要改革现有体系，释放新动能，推动新经济发展。而摆在中国经济持续发展面前的课题就是建设国内统一大市场。广东的课题就是启动粤港澳大湾区消费大市场。

让新质生产力到达市场

在2024年年初《经济观察报》的"新商业愿景"栏目中，笔者曾写道：中国制造的更高效率，是内生，而非外向，是如何高效率到达市场与人民。渠道与品牌，观念与文化，标准与系统，规则与制度，这应该是中国统一大市场建设的起点。期望中国大市场的建设，为中国制造的发展提供更多的机会、更高的效率。

彼时谈的是愿景，而今，在进一步全面深化改革的大背景下，笔者对统一大市场的建设又有了新的、更深层的观察与思考。

中国制造与美国市场

2024年7月，随着一声枪响，特朗普的选情一下高涨，受惊吓的不仅是美国人，还有中国的制造业企业。于是，枪击事件发生的第二周，笔者在马来西亚调研时又见到如潮涌般的一批批中国投资客，这让东南亚的地产商人喜不胜收。

据2024年7月26日中国—东盟外长会的信息披露，中国连续15年保持东盟最大贸易伙伴地位，东盟也连续4年成为中国最大贸易伙伴。2024年上半年，双方贸易额同比增长10.5%。2023年，中国对东盟投资增幅高达44.6%，双向累计投资超过3800亿美元。随着中美贸易摩擦愈演愈烈，东盟与墨西哥成为中美两国贸易的新节点，中国对东盟与墨西哥投资持续增加。墨西哥成为美国的第一大商品进口国，中国则落到第三。中美贸易总额从2021年的7556亿美元，2023年回落到6700多亿美元，并有进一步下滑的趋势。在中美贸易额下降的同时，中国与墨西哥、墨西哥与美国的贸易额却呈上升态势。2023年，中国与墨西哥双边货物进出口额约为1002.25亿美元，同比增长6%。其中，中国对墨西哥出口商品总值814.71亿美元，同比增长5.7%。根据美国商务部数据，2023年美国从墨西哥进口的货物总额同比增长5%，达到4750亿美元。墨西哥向美国出口的商品主要集中在汽车、电子产品、石油产品等。中国与墨西哥贸易的领域主要集中在电子产品、工业器械、车辆及零配件等产品上。其中，车辆及零配件增速最快，2021年同比增幅72%，2022年也达50%。

中国的制造与美国的市场，应当是全世界商品从制造到流通全过程效率最高的组合。但由于中美贸易摩擦，这一趋势放缓。而中国企业投资东南亚，并没有避开美国25%的高关税。因为企业要投资第三方国家，需要增加投资成本、物流成本、管理成本、学习成本。当然，随着东南亚、墨西哥供应链的成熟、工人管理与技能水平的提升，未来成本会进一步降低。

笔者了解到有一家深度依赖珠三角供应链的企业，之前把投资东南亚当作企业的第五选项，现在不得不把这个选项提前，加入考察东南亚的行列。该企业负责人说，中美贸易摩擦开始之时，25%关税由中国制造方与美国品牌商共同消化。后来国际货柜涨到2.5万美元一个，制造端也没有办法消化了，就只能由美国市场端承担，美国消费者也习惯了涨价。但如果涨到60%关税，双方都承担不了。

由于存在贸易摩擦与局部区域的热战，世界贸易存在巨大不确定性，原材料价格、汇率变化影响着商品制造的成本。许多把供应链迁出中国的外国企业，在中国以外找不到质量与价格匹配的供应链，还是会回头寻求与中国供应链合作，特别是与有海外布局的供应链合作。

美国是全世界最大的消费市场，它以极大的吸引力吸引着全球商品的流向。美国GDP排名世界第一，2023年人均GDP为8.17万美元，是中国的6倍，人均消费则是中国的十几倍。庞大的市场容量，孕育了全世界最多的零售品牌，诸如沃尔玛（Walmart）、开市客（Costco）、克罗格（Kroger）、家得宝（The Home Depot）等。全球最大的餐饮连锁品牌麦当劳、咖啡连锁品牌星巴克都来自美国，全球最大的电商平台亚马逊也来自美国。

吸纳、再造并形成规模效应，美国利用其市场规模，吸收全球商品，创造连锁经营商业模式；通过优化供应链及建立电子商务数字化平台提升竞争力；通过输出商业、管理模式及规则，实现全球大市场的资源配置。沃尔玛全球的连锁店超过10000家，而麦当劳与星巴克的连锁店都达40000家左右。当然，美国与中国，是麦当劳与星巴克最大的市场，麦当劳与星巴克在中国的零售店都超过6000家，其数量还在不断增长，而美国另一品牌肯德基在中国的零售店则达到惊人的10000家左右。

中国制造看似无孔不入、化整为零、见缝插针地进入美国市场，美国的市场体系却是本就无处不在地存在于全世界。

中美贸易摩擦中，中国制造之所以"卷"，就是中国制造有优势，但仅有制造优势，没有市场优势，没有规则优势，就没有真正的话语权。

最终而言，终极博弈还是得市场者得天下。

新质生产力需要有市场支撑

美国驻华大使伯恩斯曾对中国发展新质生产力表示质疑，担忧中国通过提升制造能力，特别是在新能源、电动汽车等领域，可能会产生"过剩产能"，进而以低价甚至倾销的方式将这些产品出口到世界其他国家，从而破坏全球贸易体系。他认为，这样的做法不仅不利于全球经济的健康发展，还可能引发国际贸易争端。

2024年访问中国的时任美国财长耶伦，也曾在接受采访时提及中国在电动汽车等新能源领域存在"产能过剩"的问题。中国新能源产业的快速发展是建立在技术持续创新、完善的产业链体系和充分的市场竞争之上的优势，为何有"产能过剩"问题的担忧？

大约六七年前，很多中国企业到以色列淘技术，以色列希望把最先进的医疗技术卖给中国。当时笔者非常疑惑，美国不是全世界最大的医疗市场吗？以色列人讲，他们刚把上一代的技术体系卖给了美国，美国人还没有回收成本呢，所以需要瞄准中国市场。

笔者曾经问过一位美国朋友，美国在20世纪80年代至90年代提出信息高速公路与生物制药是美国未来新的竞争力，信息高速公路已经实现，而生物制药为何没有如预期般迅速发展？

美国朋友讲，这是因为市场垄断。在他看来，美国是一个制药市场高度垄断的国家，首先有非常严格的市场准入与专利保护制度；其次是市场经历了长期的行业整合，大型制药公司通过并购扩大市场份额，获得市场主导权，同时他们通过医药产业链上下游的研发、制造与销售，整合加强了市场垄断；最后是利益集团的政策游说，美国医疗医药机构是美国政策游说投入最多的群体。

记得改革开放初期，中国有很多化妆品品牌消失，是因为被跨国企业收购雪藏了。美国也有很多创新技术，也被大企业收购雪藏。大树底下不长草，垄断会严重抑制社会创新。

广东省中小企业发展促进会曾经有一家从事发电机生产制造的会员企业，在美国设立创新总部，吸纳的就是美国康明斯的退休工程师。美国工程师有很多技术创想，但在美国很难实现，原因就是市场垄断。他们说，在中国的美国发电机，很多用的还是20世纪70年代至80年代的技术平台，但在市场上仍有高额利润，何必投入创新、更新平台？

高效率市场与高垄断市场的提法是不是存在一定的矛盾关系？笔者在此不做进一步探究，还是希望简单地从比较现象的视角观察问题，而不是从本质上探究问题。从现象角度看，高效率是从市场的规模效应看问题，高垄断是从利润的角度看问题。规模与利润需要找到平衡点，就是创新与商品的供给效率上需要在市场上保持平衡。如前面所讲的以色列技术供给案例，以色列技术如果创新效率太快、供给太快就会破坏市场秩序，让资本赚不到钱，所以以色列的创新技术就必须找到新的市场去套现研发投入。

美国有一个非常成熟的市场体系，有分工、有布局、有研究，也有商会的自律。中国市场来自行业间的约束很少，经常会出现过度竞争，最后往往要通过政府强制干预的手段来抑制。如1993年纺织行业的压锭，1997年的压煤，2016年的压钢，都近乎"硬着陆"。除了纺织、煤炭、钢铁等行业外，改革开放后中国还经历了其他行业的产能过剩问题，如水泥、玻璃、光伏等。这些情况都表明中国还不是一个成熟的市场，缺乏自我调节能力、自我约束机制和成熟的市场机制。

在以前，中国经济体量尚小，产能问题对全世界经济产生的影响较小。而今，中国经济规模已经跃居世界第二，中国一旦真的出现产能过剩问题，确实会影响全球经济供给关系的稳定。

产能过剩问题深刻反映了市场机制与自我调节的问题，也反映了生产效率与市场效率、市场稳定性、市场垄断的问题。

当然，一个市场无论是效率重要，还是稳定与确定性重要，都有其逻辑。中国是全世界最大的发展中国家，全民夜以继日地投入工作、生产，记忆深处有深深的忧患意识。美国是全世界最大的发达国家，看重市场的稳定性与确定性回报。

中国需要调整经济发展刺激政策

中国拥有 14 亿人口的庞大市场，经济规模世界第二，应该可以成为全世界最大的市场。学界有很多解释中国不能形成庞大规模市场的原因，包括消费能力、消费率、消费理念、社会保障制度、收入差距和房价等多种因素。

但据笔者观察，其中还有路径依赖的原因。美国是全世界最大的单一消费市场，其刺激经济的不二之选就是刺激消费、发放补贴以及提升就业率。居民有钱才有购买力，消费提升了各行各业才有机会，经济就发展起来了。

中国改革开放经济发展的三驾马车中，首先启动的是外贸增长，通过外部市场需求带动国内生产活动。只要投入生产就能取得经济增长，并成为中国经济增长的路径依赖。投入供给侧，在制造业领域就是技术改造、技改贴息等。

还有就是逆经济周期的政府调节，即在基础设施建设上的大量供给，铁路、公路、机场、码头、发电、电信、水利等。村村通公路、县县通高速、市市通高铁；网络从 2G 一直升级到 5G，十几年走完发达国家几十年、上百年的发展历程。但随着基础设施密度增加，投资的边际效应在迅速递减。

基础设施属于资金密集型投入，带动 GDP 增长效应明显，但带来的消费与就业效应较少。当然，在房地产年代，投资基础设施会带来土地与房地产增值，这也是资本及地方政府所偏好与特别依赖的发展路径。

从供给侧改革、高质量发展再到新质生产力等概念的提出，持续的供给侧投入成为中国经济发展特色，并已经深度嵌入到全球化的经济结构中，其结果就是中国生产、西方消费格局的形成以及中国制造对西方消费市场的严重依赖。中国劳动人口红利逐步发展到工程师红利、供应链与基础设施红利，都与中国大力投入制造业供给侧有相当大的关系，形成了中国制造综合的成本优势，而这种优势需要全球市场去承担。

但仅靠资本投入基础设施所产生的 GDP 并不能带动就业。笔者在后文将对江西赣州与广东潮州的经济发展比较的"政府经济现象"进行分析。2022 年江西赣州全市生产总值达 4523.63 亿元，广东潮州全市生产总值仅有 1312.98 亿元，赣州的 GDP 总量远高于潮州。但赣州人为什么要到潮州打工，其背后的原因就在于政府所主导的城市基础设施与房地产模式解决不了百姓就业，相反中小民营企业众多的潮州能吸纳百姓就业、增加百姓收入。

政府对 GDP 与供给侧投入的偏好，在推动 GDP 增长的同时，也推高了地方债务。在房地产价格高涨的时候，基础设施的投入由不断增长的地价补偿，投入产出能够形成正循环。经济增长所带来的老百姓收入增加却因为房价高企而被冲抵，老百姓的购买力没有因为中国经济的迅速崛起而相应增长。

而近年，为了弥补房地产市场低迷及出口不畅带来的经济发展减缓，很多地方政府把大量的资金通过地方投资平台投入到工业园区及厂房的建设，这也还是投入供给侧、基础设施建设产生GDP的投资路径依赖。中国如果没有形成真正的消费大市场，经济增长还是免不了外贸依赖与投资依赖。

让新质生产力到达市场

笔者走访了位于广州市黄埔区的广州市进德生物科技有限公司。这是一家专注糖尿病、心脑血管疾病、肥胖等慢病领域体外诊断试剂及配套仪器研发、生产的企业，拥有全球领先的化学发光检测技术，填补了血糖检测的空白，可以提前2到3年预测心脑血管疾病的风险。

该公司创始人李民友博士是一位资深的医学专家，他的理想是成立一家慢性病管理研究院，除了糖尿病及心脑血管疾病管理，还可以进一步预防与管控阿尔茨海默病、肝脏疾病等慢性病。笔者认为这种产品是市场刚需，现下的市场即有巨大需求。李博士却说，全国医疗机构都在反腐败，各种审批流程太慢，先进生产力到达不了市场，企业还是要完成很多的积累才能实现理想。在广东省中小企业发展促进会会员企业中，从事医疗健康行业的企业经常反映，国内医疗系统管理效能太低，审批慢，审批环节冗长低效。

笔者曾经向一家从事生产贴膏的企业建议，学习日本贴膏企业的做法，创新药味与贴胶。该企业反馈，在中国，传统药创新很难，他们在包装盒上改写两个字，都要花 8 年的审批时间，何况改良药品的功能。

五六年前，一家从事化学气雾剂生产的企业经过 8 年研发，推出一款微型多效灭火产品，具有抗溶可靠、灭火效率高的特点，而且使用与携带方便，通用环保高效。但因为消防部门审批流程及技术标准的问题，市场推广阻力太大，使新技术的广泛应用受限，仅能在民用市场推广，最终该企业还是通过产品出口获利。

有安全专家说，国内的《消防法》是强制性法律，很多技术是强制标准，但很多强制标准却跟不上新业态、新技术发展，导致整个社会的消防产品性能相对低下。以建筑物的消防设计施工为例，消防投入占整个建筑物投入的 15%~20%，但真正发生火灾时，整个消防系统所起的作用却微乎其微。他特别提到，建筑物所安装的喷淋系统几乎没有发挥作用。他认为可以通过创新技术，采用移动消防车灭火方法，采用新消防剂、新消防材料，推动消防事业的高质量发展。

有一家从事游艇制造的企业，制造的游艇基本上是以出口为主。笔者问，为何国内游艇行业发展不起来？该企业认为是由于"过度管理"。该企业举例，有一个城市遭遇了一次恶劣天气，出现溺水事件，后来海事局就发布禁航通告，不允许游艇出海。该企业认为，车辆交通的绝对安全就是禁止车辆出行，将很多安全事故责任推给管理部门，管理部门就一禁了事，这都是懒政不作为的做法。该企业呼吁简化游艇产业相关审批流程，放开运营管制，降低企业成本，才能够吸引更多的社会资本投入游艇产业。

据相关资料统计，美国改装车配件厂家及改装服务机构超过 1 万家，市场从业人员达 200 万人，每年仅汽车改装的营业额就高达 400 多亿美元，且美国私人汽车的改装率已经达到了 80%。

中国汽车改装市场的形成主要还是受制于法律限制与手续烦琐。

有广州改装车爱好者说，如果某辆车改装后被发现，除了要拆卸恢复原样，以后该车每年都要年审。业界专家认为，原来国家法律限制汽车改装，既有保障驾驶安全的原因，也有防盗的需求。现在防盗已经不成问题，汽车安全可以通过管理实现规范。专家建议，政府应出台更多有利于汽车改装行业发展的政策措施，如放宽改装限制、降低改装门槛、加强行业监管等，为汽车改装市场提供良好的政策环境和发展空间。

过度的社会管理会压缩社会发展空间，压缩社会活力与创造力，压缩市场发育与需求，阻碍经济与社会发展。中国社会必须深化改革，通过建立统一的市场基础规则，完善市场准入制度，优化新业态、新领域市场准入环境，降低市场交易成本，提高市场运行效率，增强社会活力，让新质生产力到达市场。

社会改革与国内统一大市场的形成

深化改革是释放新质生产力潜能的必由之路。一方面，深化"放管服"改革，可激发市场活力和社会创造力，为新质生产力的孕育和发展提供肥沃土壤。另一方面，新质生产力的快速发展，也将反过来推动改革向更深层次、更广领域拓展，形成改革与发展的新动力循环。

完善要素市场的制度和规则，有利于推动生产要素畅通流动、各类资源高效配置和市场潜力充分释放。通过培育完整内需体系，通过深化投资审批制度改革，可以激发社会资本投资活力，形成市场主导的有效投资内生增长机制。

美国的政策游说制度有其积极的一面，即能够充分吸纳社意见。虽然各种社会力量存在博弈，但这可以避免政策出台出现偏差、没有形成政策效应以及各种政策相互打架的尴尬局面，提高出台政策的水平与社会效应。比如，零售商团体不可能允许房地产价格高企，这样会损害他们的利益；哪怕是国防采购也要照顾中小企业订单；制造业可能要求增加关税，而零售业可能要求降低关税等。

立法机关与政府的听证制度使政策出台能够吸纳社会意见，使新技术、新模式、新生产力有可能成为推动社会进步与经济发展的力量。

广东作为经济大省，社会治理要走在全国前面，这就要求政府部门在形成经济政策、社会发展政策的时候，要大量吸纳社会意见及民间智库反馈，出台的政策才能得到社会拥护与支持。

深圳在建市初期，国企规模小，经济发展主要靠外资、民企，市场经济基础就发育起来了，市场有活力，创新创业就有活力。事业单位少，社会服务就需要靠社会力量，社会组织就发展壮大了，"小政府、大社会"的治理格局就此形成。

笔者调研过深圳一家协会，政府投入2亿元建设检测中心，该协会就利用这个中心，与美国、欧洲市场建立互认制度。很多企业需要检测服务，该协会就发展壮大起来，社会服务力量也被培植起来。

共建、共治、共享的社会治理就是社会改革的方向，要完善协商民主体系，发挥社会组织的力量，发挥社会力量的积极性，社会才有活力。政府治理社会，需要更多地尊重社会意见，发挥社会组织、民间智库的作用，拓展社会服务广度和深度，打通社会服务"最后一公里"，细化社会服务颗粒度，让为人民服务落到实处。

同时，党的二十届三中全会公报提出，要构建全国统一大市场，完善市场经济基础制度。必须更好发挥市场机制作用，创造更加公平、更有活力的市场环境，实现资源配置效率最优化和效益最大化。

2024年政府工作报告提出，促进消费稳定增长。从增加收入、优化供给、减少限制性措施等方面综合施策，激发消费潜能。培育壮大新型消费，实施数字消费、绿色消费、健康消费促进政策，积极培育智能家居、文娱旅游、体育赛事、国货"潮品"等新的消费增长点。

一系列政策都旨在通过支持新型消费领域的发展，推动经济结构优化和升级，同时满足人民群众日益增长的美好生活需要。中国未来社会发展的新方向，是消费型社会的建设与发展，有消费型社会的形成，新质生产力才有其存在意义。

消费型社会的核心是消费，这既要求社会有购买力，又要求企业能够生产满足日益多样化、个性化的消费需求的产品。一方面需要充分解决社会就业，减轻百姓住房、医疗、教育、养老的负担，这就需要大力支持中小企业发展，增强后者的信心。鼓励中小民营企业的发展信心很简单，一是市场，二是低税收，三是尊重。另一方面是发展新质生产力，通过科技创新和产业升级，为市场提供更多高质量、高附加值的产品和服务，从而满足消费者需求。

同时，通过坚持以开放促改革，依托我国超大规模市场的优势，在扩大国际合作中提升开放能力，建设更高水平开放型经济新体制。只要中国的人均消费提升到美国的1/6，与中美人均GDP的1∶6相仿，中国将成为全球最大的单一国家市场，市场规模还可以是美国的两三倍。

有市场规模，才有市场话语权，才有规则制定权，才能够给全世界的经济发展提供稳定性，才能够满足全世界人民对美好生活的向往。

第三章 新向度：智能制造正在奔赴星辰大海

出海，艰难的选择

长久以来，土地观念深植于农耕文明，塑造了中国人的价值观。对于安土重迁的中国人而言，每次迁徙都意味着痛苦而艰难的决定。

但不管多难，在全球经济结构调整的大周期里，对越来越多的中国企业来说，出海正从"可选项"变为"必选项"。而且，企业走出去所承载的除了自身的发展，还有促进时代发展的任务。

历史上的人口迁徙与出海

在中国古代中央集权模式管理下，同一皇权、同一文化、同一制度、同一天下，从纵横的阡陌到南北贯通的河流，律动着一个国家各种要素的供给。百姓生于这片土地，死于这片土地。以土地为核心的生活与生产、生态与文化、繁衍与传承，在中国这片土地上缓慢展开、形成闭环、自成体系。

形成闭环的文化有其保守性。因为文化是过去形成的，越是稳定的文化体系，越是难以展开新的未来。文化的改变来自环境的改变与新战略的牵引，在执行新战略的过程中形成新事实，也因此塑造新的文化。

从中原到南方，或为避开中原战乱，或为开拓新的边界，中国人以举族迁徙的方式，经过三转、五转抵达南方，并在河流冲刷形成的新平原上拓展了土地。

南方少战争纷乱，人口增长快，但土地供给逐渐不足。约从明朝开始，南方就开始了具有世界近代史意义、颇为艰辛的中国人离乡背井下南洋谋生的历程。据载，在鸦片战争之前，中国人在南洋的人口已经有150万之多。当时的南洋，多数已经成为欧洲列强的殖民地。

中华土地文明与欧洲国家海洋文明的交汇点就是南洋，即如今的东南亚。广州十三行的章程源自福建厦门商会的章程，而福建商会的章程来自郑成功在南洋所开办公司（主要是与西班牙人做生意）的章程。在新加坡的南洋商业史记载中，南洋华侨的商业鼻祖是汪直与郑芝龙。

恰是在农耕文明与海洋文明交汇的夹角中，产生了汪直与郑芝龙版图。郑芝龙在南海的船队拥有的船只达3000艘之多。如果从近代文明的角度看，中国参与世界大航海历史的，就是郑芝龙与郑成功的船队。

清朝政府为了断绝郑氏的财路，在东南沿海地区发布迁海令，要求沿海居民内迁五十里，并将房屋全部焚毁，不准沿海居民出海。迁海令的最负面效果是使中国失去对东南亚的影响力，华人不再出现在东南亚的商业活动中。

土地文明与海洋文明，农业文明与商业文明，政治与经济，在文明交汇的缝隙中得不到融通，彼时以陆地为尽头作为国界的思维，使中国彻底丧失了融入近代商业文明的机会。汪直曾经建议明朝廷开放海禁，建立海外贸易体系，他愿意组织海上贸易，为朝廷效力。他认为，如果朝廷继续海禁，会损害社会利益，并引发海寇造乱。

近代中国人下南洋，更是一段悲壮的历史。一是鸦片战争后，中国以劳工形式向南洋的欧洲国家殖民地输出劳动力；二是抗日战争爆发，国人流亡南洋。历史上下南洋的以福建闽南人居多，不但迁徙人口最多、分布国家广，而且最终的社会成就高、乡土意识非常强。

在中国最困难的时候，各种物资、侨批纷至沓来，救人水火。著名侨领陈嘉庚，就是最为杰出的华侨代表，支持国家抗战，支持国家建设。纪录片《南洋机工》就记录了陈嘉庚号召华侨子弟，作为技工协助开辟中缅通道生命线，补给中国物资的历史。他们都是技术工人，驾车、修车、修机器，来了3000余人，回去约1000人，留下约1000人，死了1000多人。很多华侨子弟来的时候只知道中国叫唐山，是祖国，其他都不清楚，就可以为祖国赴汤蹈火。

"热爱祖国、情系故里、吃苦耐劳、勇于开拓、笃诚守信"，还有守望相助、仁义礼智信，就是华侨的文化根基。从事商业活动的华侨的文化，是儒家文化与商业文化交汇的遗产。

"一带一路"与企业出海

因为华侨与改革开放，中国的东南沿海地区最早融入世界经济一体化。广东人是坐商，把产品做好，等客户上门。浙江人是行商，走遍万水千山。福建介于浙江、广东之间，福建人既是行商，也是坐商，既有商业文明流动的特点，又有农业文明落地生根的文化。

笔者曾跟一位在广东创业20年的福建籍企业家交流。他说，福建商人对商业敏感，而商业敏新。他们知道哪里适合发展，要不当年就不会到广东建立十三行，也不会下南洋，去全世界做生意。他说，未来民营企业的机会在东南亚、西亚。

这位企业家2023年年初考察他在印尼的工厂后，决定去印尼发展。他到印尼时，警车从海关帮他开路到开发区。他说有警车开路40分钟可以到达，没有警车开路，需要3个小时。当地官员告诉他，他是投资商，是企业家，是给当地带来投资和就业的，他的时间最有价值、最为宝贵。

该企业家参观了热火朝天的雅加达港口开发区，内心涌现两句话："时间就是金钱，效率就是生命。"他觉得生命不能被浪费，应该响应国家倡议，下南洋，参与"一带一路"建设。他在离开前的广州告别宴会上的口号是："为国出征再战三十年！"

2023年3月底，广东省中小企业发展促进会在广州组织了一场"广东制造扬帆出海企业家座谈会"，将当年春节以后陆续出国考察归来的企业家聚集在一起，互相交流各自国外考察的情况，拼出一幅世界经济考察图。

总体而言，大家对接下来的外贸形势感觉并不乐观。中美贸易摩擦问题还在持续发酵，欧洲经济下滑很快。因为地缘政治博弈，欧美国家意图将制造供应链迁出中国，中国加入世界贸易组织后快速增长的外贸业务会受到遏制。

受中美贸易摩擦影响，大概在2018年以后，珠三角就有很多企业陆续投资东南亚，以信息产品、电器产品为主，当时投资的目的是避开美国加收的关税。而今天，民企参与"一带一路"建设，投资东南亚，已经不是单纯的关税问题，而是地缘政治问题、全球供应链问题。一些在中国的欧美市场供应商企业感受到明显压力，也有一些受到供应链订单影响的企业，不得不考虑出海投资。

参加座谈会的企业家对企业出海有不同看法：一是虽然中国统一大市场还没办法整体启动，但相信中国未来应该会成为全世界最大市场。二是国内供应链的优势，在于不仅产业门类齐全，而且基础设施配套完善。三是东盟十国总面积449万平方公里，人口6亿多，而且分散在众多岛岸之间，不可能形成真正的规模优势，要全面替代中国制造的供应链，没有可能。

广发证券全球首席经济学家沈明高博士认为，欧美及日韩企业走出去，与当下中小企业走出去，性质完全不同。欧美及日韩企业产业转移，是主动性的产业转移，是品牌企业、大企业的对外转移，是有规划、有政策配合的产业转移。中国企业现在投资东南亚，主要还是为了订单而转移，不是站在全球配置资源的角度去做资源配置。

基于世界银行的数据，沈明高博士指出，2020年中国人均消费支出只有美国的9.4%、日本的18.5%。把中国人均消费水平提上去，中国就是全世界最大的统一市场。只有当中国市场成为世界最大的单一国家市场时，"一带一路"对外投资主要为中国市场服务时，才能真正感受中国对外投资的力量与价值。

对外投资，必须要有母国的背书与服务，母国的文化与价值观，母国的资本与市场服务。美国有一位政治人物曾讲，只有美国的才是全世界的；或者讲，只有华尔街的才是全世界的。

《瞭望》周刊之前发表的一篇文章《"合成营"护航企业走出去》，提到日本对外投资的服务，形象比喻"日本在布局国外市场时，供应链会跟金融、物流、法规等一起打包进入。就像是提供了一个国家级的旅行箱，装满了所有所需要的工具，而日本企业家只需要开包即用"。

文章还讲到，中国的汽车、摩托车很难在印尼打开市场。其中举了一个例子，因为顶层设计的机制，在印尼买日本车，首期按揭 5% 即可，而买中国车要 20%。

笔者通过投资泰国的企业还了解到，日本与泰国有国家间的借款协议，但重点支持日企在泰国融资与发展的，其实是日本"安倍三支箭"所超发货币的对外输出，也是顶层设计的机制。

中国内地政府对于经济事务的管理与服务，是属地化管理。中国内地民营企业出海，没有了政府的服务与背书，就会纷纷变成"港资"与"新资"，会逐步失去对本土的认同感。

与此相对，"港资"有香港贸发局，"新资"有淡马锡提供的工业园及融资相关的各种服务，日本有贸易振兴机构与商贸集团提供的商贸、情报、产业和投资相结合的配套服务。JETRO 就是日本的贸易振兴机构，在全世界 56 个国家设立 74 个办事处。日本伊藤忠商事株式会社，业务机构遍布全球 60 多个国家和地区，对所在国家的文化、供应链及产业都有深度了解。

那中国企业出海，究竟是基于机会还是基于国家战略？

企业出海与全新人类文明的探索

中国古代的农业社会，通过汉民族的迁徙，扩大了国家版图，也通过家族迁徙的方式，给落后地区带去了先进生产力。安土重迁民族的迁徙是土地的延伸，是为了生存、发展与传承。

古希腊文明起源于商业文明，由于没有河流所灌溉的肥沃土地，他们必须在商业的流动中获得财富：从地中海到大西洋，从大西洋到大航海。因环球航行建立了对世界全新的认知，理性主义推动了科学发展，启蒙运动推动了全新世界观的建立。

与中国商业体系从一开始就附着于皇权与官僚体系不同，西方的商业体系一直是独立的存在，有自己的话语体系，包括理论认知体系、商业伦理体系以及与政权的互动设计模式等。它有其配置资源的方式，哪个国家配置资源的效率更高，哪个国家就获得更大的发展空间与优势。

过去几百年是西方商业文明崛起的几百年。中国却因为根深蒂固的农业文明而绝缘于跟海洋文明的交融，陆地的边界阻止了商业的流通与文化的互动，但却阻止不了工业文明对农业文明的降维碾压。

相对于西方商业文明，中国社会的生产资源配置方式往往以权力为中心，清末的洋务运动的开放实践证明了它的低效与缺乏竞争力。改革开放让中国彻底融入现代商业社会，市场的开放与市场经济的发育，让中国社会焕发生机。从量变到质变，诱发了全世界经济结构的调整。

在全球经济结构调整的大周期里面，由欧美所主导的全球结构做出调整与改变，深度嵌入西方体系的企业就会面临是否出海的选择。但显然，中国当下的重心是建立自己的全新经济结构，也就是中国经济的"四梁八柱"，并在制度的顶层设计上做出安排。

在新结构建立初期，所考虑的是有无、稳定、安全的问题，而非效率问题。民企出海的问题，还没有体现在中国经济发展的整体设计中。如果有，就是"一带一路"倡议的提出以及对国际经济外循环的参与。

民企在其中的重要性如何、如何参与、如何发挥作用，外循环与内循环如何发展才能相得益彰，如何发挥国企与民企在"一带一路"建设上的协同效应，民企的出海投资如何体现国家的对外关系与经济战略，国家怎么形成支持民企参与"一带一路"建设的政策体系等，或许都需要规划。

民企出海已经不是中国历史上氏族、家族方式的迁徙，不是农业国家农民的迁徙，而是产业与产业链的迁徙。它是中国参与世界经济一体化建设、参与人类新商业文明探索的一个全新的社会实践。它的核心不再是土地及农耕技术，而是资本与产业。

当中国的经济发展已经超越其陆地国土的边界而进入全世界版图时，古老农业文明的大江大河终于汇入世界商业文明的大洋大海，去铸造具有中国元素的全新人类文明；那也是思考我们的社会管理模式、经济发展服务模式如何随着新的文明形态的出现而建立新的观念、制度与文化的时候了。

笔者认为，所谓投资，不是资本的输出，而是文化的输出、管理的输出与产业的输出。没有文化输出的投资就是投机。中国"一带一路"建设，底层文化是什么？中国民企出海，文化根基又是什么？

显然，对于中国的企业而言，它就是一项商业投资，由市场决定成败。但对于国家而言，它应该成为国家战略，体现国家的某种意志。但同时，出海企业的竞争力，也是国家产业竞争力的体现；它们的整体形象，也代表了国家的形象。

中国改革开放仅是开始了中国对工业文明的融入，对世界经济一体化的参与。但在今天，企业投资出海、参与"一带一路"建设，则代表着我们开始离开自己的土地，进行着中国历史上从未有过的迁徙，不是历史上的人口与土地的被动迁徙，而是以主动姿态走出去的产业与文化观念的迁徙，是对中国文化与经济发展格局的全新构建。

这个进程必然与西方所进行的全球贸易、殖民扩张不一样，应当是充满建设性、和平、有多元文化的交汇，是对于人类文明共同体与人类新文明的探索。而曾经形成于农业文明时代的天下观，也应升维到基于全球化、人类命运共同体的天下观。

中国企业出海，我们准备好没有？是否启航？

出海归来，再谈中国企业国际化

2023年7月，促进会联合《经济观察报》就中小企业海外投资情况做了一项调研。结果显示，在参与调研的企业中，已经有25%的中小企业出海投资，主要目的地是"一带一路"沿线和东盟。令人意外的是，还有40.38%的企业表示有对外投资的意向。在开展对外投资的原因中，新商业机会、开拓海外市场是主要原因。

时隔两个月，促进会组织"一带一路之拓局东盟"商务考察团，约30位企业家赴马来西亚与印尼进行了为期一周的考察。据在吉隆坡接待我们的前马来西亚招商官员、拿督黄炳火介绍，他们2023年已经接待达几千家中国企业的考察。

中国企业出海这么热，中国企业国际化已发展至何阶段？

何为中国企业国际化？

自2018年中美贸易摩擦发生以来，中国民营企业出海大体分为三个阶段：一是因避免高关税而出海，以投资越南、泰国为主，这是从疫情前开始的；二是企业陆续出海以后，发现海外有市场新空间，主要是转移中国产能，投资与拓展东南亚、非洲市场；三是企业资源配置国际化，这已经与中美贸易摩擦没有关系，而是按照国际化公司的思考方式，通过配置国际资源，系统提升企业竞争力。

中美经济本来深度互嵌，并形成经济结构。但在中美贸易摩擦背景下，中国低端产能过剩，高端产能供给则严重不足。一方面，中国企业要通过出海转移过剩产能；另一方面，要通过"专精特新"企业、高技术企业去"补短板"。

促进会的会员企业主要由"专精特新"企业所构成。据笔者了解，在过去几年，"补短板"给这些企业带来了新的发展空间。以前很多国内大企业对于国内技术，可用可不用就是不用，现在"挖地三尺"都要补齐供应链。并且，一旦用上国内的技术与产品，发现性价比很高，只有国外同等产品的五六成价格，服务的响应速度更快。

而在调研中，希望出海的企业，就是这批在国内通过"补短板"已经完成替代进口的企业，他们认为企业的产品已经具备国际竞争力，可以走向国际市场。

这次促进会所组织的"一带一路之拓局东盟"商务考察团主要由智能装备、网络通信、数字化、高端家具、新材料等行业企业组成。

考察团刚到吉隆坡的第一个晚上，我们就吃上了这几年刚在顺德兴起的桑拿蒸汽海鲜吃法的粤菜。有一位企业家很兴奋地说，这个酒店的电器、家具都是日韩品牌，十几年前都曾在中国市场出现过的，但如今已经销声匿迹。现在中国产品的竞争力都很强，这就是中国企业出海发展的机会。

曾经给某东亚品牌做贴牌的一家企业老板说，采购价为几百元的商品，品牌商要卖1万元，现在企业自己做品牌，也就卖个1000多元。他说："我们的战略很简单，就是追着原来的品牌商走国际市场，我们的产品性价比有优势。"

一位来自苏州做投资的朋友前几个月来广东寻访愿意投资中东市场的快销品生产企业。投资人说，在中东市场有很多日韩企业的产品，很多产品型号都非常老旧，价格也卖得贵，看起来市场比较封闭。他说，中国企业以前更愿意做贴牌制造，不愿意开拓市场。现在一旦走出去，发现机会蛮多的。

为了响应企业出海的服务需求，促进会还开发了一套企业国际化的培训课程，主要内容包括金融、经营、法律、税务、财务、机遇等，目的是希望帮助企业构建一个超越中美竞争的企业国际化格局。

时至今日，中国企业的出海，已经不是由于简单避开中美贸易摩擦的动因，而是标志着中国企业国际化的开始，即国际化资源与市场的配置、税收与财务的统筹、技术与人才的优化。

未来中国企业国际化的开始，不是贸易，也不是投资，而是观念。有一位企业家说，他们给大企业贴牌多年，这些年品牌商就多次要求他们企业出海投资。但企业觉得要慢慢建立自己的品牌，这次出来考察，主要目的就是考察国外的制造成本、市场状况。

有一位企业家说，他们企业以前的市场主要在国内，觉得中美贸易摩擦跟他们没关系。但行业内有一个竞争对手出海后接到了大量海外订单，几年时间就赚了在国内十几年的利润。竞争对手的强大给他带来压力。他说，企业竞争，就是不对称的竞争，全球市场与国内市场之间，就是信息的不对称。以前中国企业都窝在国内没感觉，一旦有企业开始走出去获得新优势，所有的企业就不可能再偏安一隅了。以后的中国企业，不分国际市场与国内市场，哪怕仅做国内市场，也必须是国际化的企业，起码是有国际化思维的企业。

进行中的中国企业国际化

考察期间，考察团与马来西亚、印尼的很多华人社团都进行了深度的交流。华人社团有一些是当地华裔企业组成的社团，更有一些是近年企业出海形成的社团。

被问及如何看待"一带一路"倡议及中国企业出海投资时，他们普遍认为，中国历史上跟东南亚有渊源，华人之间血脉相连，中国企业走出去，有利于进一步提升当地华人的竞争力。并且他们认为，中国企业走出去，一是需要国际化人才，二是可以利用东盟的身份，参与CPTTP（全面与进步跨太平洋伙伴关系协定）、英联邦国家市场等，还可以拓展东盟本地市场，特别是印尼市场。

考察团考察了位于印尼中爪哇三宝垄的几家企业。其中一家是从事电动摩托车生产的企业，投资从几年前的400万元起步，2022年已经在当地销售电动摩托车6万台，企业获利颇丰。

有一家浙江人开办的汽车配件企业，老板已经在印尼定居5年，主要是给国内企业供给汽车、摩托车配件。老板说，他在印尼投资，不是针对本地市场，而是利用印尼劳动力成本低，针对国内市场更有竞争力。

万信达控股有限公司董事长陈日铃，2023年2月第一次去印尼，主要是看其疫情时候投资的万信达箱包工厂。他到了以后就觉得印尼的发展空间更大，他不仅投资了箱包厂，每个月产出300多万个箱包，还在三宝垄巴塘投资了一个占地200公顷的工业园。

陈日铃说，时任印尼总统佐科非常重视中国与印尼的关系，也非常重视中国企业在印尼的投资。印尼在三宝垄巴塘投资建设国家工业园，陈日铃的万信达工业园是园中园，也是"两国双园"的第一批项目。"两国双园"是我国近年来深化国际合作的新模式，两个主权国家在对方互设产业园区、联袂发展，首对姐妹园区是中国—马来西亚钦州产业园区和马来西亚—中国关丹产业园区，这是一种全新的国际产能合作模式。

印尼中爪哇中国工商联谊会会长朱明提到，中国和印尼两个国家没有根本性矛盾，印尼也需要中国的资金、技术与投资。他介绍，2023年印尼第一季度投资实现额达328.9万亿卢比，约合221.9亿美元，其中来自中国香港和中国内地的投资额分别排名第二、第三，仅次于新加坡。

印尼有跨境电商业务的企业介绍，印尼主要的电信营运商都与华为等中国公司取得合作，互联网基础设施发展迅速。加上印尼人口结构中年轻人占比高，互联网用户数量预计将升至2.26亿，普及率达80%。较高的互联网渗透率也为印尼电商市场的发展奠定了基础，年轻人习惯网上购物，目前印尼60%的销售额来自电子商务平台。

马来西亚粤商总会副秘书长杨礼鸿说，马来西亚年轻人装修房子，直接在淘宝网下单购买，比在当地市场购买便宜得多。杨副秘书长还是韵达物流马来西亚分部的董事长，他说，马来西亚的物流系统跟中国无缝对接。中国的电商模式在马来西亚发展快速，一般而言，中国比较流行的商业模式，两年后马来西亚就有类似的模式出现。

2007年中国人在印尼雅加达成立的极兔快递公司，2022年在东南亚的市占率为22.5%，成为东南亚第一大快递公司，总营收达72.67亿美元。

印尼中国商会总会理事会主席王坤讲，作为中国企业，无论是中小企业还是高科技企业，树立全球化、国际化的事业观和思维是必不可少的。他们企业开始涉足海外时，在境外挣一美元都觉得特别难，而在国内挣钱如流水。他思考，为什么在国内挣钱如此容易，而境外挣钱却如此难？那是由于境外市场充分发育，他认为中国市场迟早要进入一个逐步充分发育和竞争的阶段。对于国内经济形势、竞争的态势，企业还是需要有思想准备，大家对此需要适应。实际上，10多年前开始国际化的企业就有这种判断，企业不可能永远躺着挣钱。今天中国市场也是充分竞争的市场经济，中小企业就必须拥有国际化视野。

王坤建议，中国企业国际化，首要要考虑周边地区，即东盟。他认为不同国别的优势可能不一样，但他首推印尼。印尼商会每年对中资在印尼各行各业的发展都进行量化统计，事实证明，中资企业在印尼的发展都非常良性。而经过多年持之以恒的沟通与互动，印尼的普通民众的对华认知发生了颠覆性变化。特别是雅万高铁通车以后，印尼社会，不论是政府官员、社会精英，还是普通民众，对中国技术、产品的信赖已达到非常高的程度。

据王坤回忆，雅万高铁在项目刚建设时，许多印尼部委都认为这项工作拖延一半肯定会导致烂尾。许多官员都躲避，印尼民众支持率仅为30%。当时合同已签署，项目已开工，征地成本很高。从2015年开始到2016年，项目动工多次，而到2018年才全面开工。过程中，许多印尼民众对中国的认知态度始终处于犹豫、怀疑状态，认为中国的产品和技术是低端产品。

2023年年初，有媒体对雅万高铁进行了调查，民众对其支持率超过70%。中国的高科技产品，无论是天上飞的，还是地上走的，华为的5G技术、商飞的客机等都在印尼获得订单。印尼民众和政府开始信任和信赖中国。

在印尼投资的很多企业家表示，企业投资新市场，要对市场进行深度的调研分析，制定战略。要不然，可能要亲力亲为，随时了解情况、把握市场。供应链建设要逐步本地化，一是保证供应链安全，二是服务于印尼工业化的发展。

中国人与中国企业的国际化

历史上，中国人称东南亚为南洋。南洋是相对于中国的地理位置的称谓，还是以中国为中心的认知定位。南洋是南下中国人的谋生地，也是新家园。

无论在马来西亚还是印尼，华人留下来的痕迹比比皆是。在我们考察路线上的马来西亚马六甲与印度尼西亚三宝垄，都有纪念郑和的庙宇。郑和又名郑三宝，马六甲的庙称"三宝庙"，印尼的三宝垄直接用郑和名字命名。

在郑和下西洋的前前后后，中国东南沿海的百姓，就已经开始了小规模的下南洋探索。明朝时候中国国力强盛，影响远及海外，中国人在南洋一带颇受尊重。这一阶段的中国人在南洋从事的以贸易、开矿、农业与手工业为主。16世纪以后，南洋被西方国家殖民以后，中国人主要作为劳动力而移居东南亚。19世纪是欧洲殖民主义发展的高峰时期，中国人是作为苦力去谋生的。

为何历史中的南洋，并不能成为中国人走向世界的桥头堡？

历史上，中国是一个农业国家，水利是农耕社会的生产力基础。中国需要通过建立统一的中央政府，集中资源治理大江大河、大修水利。中央集权是中国农业社会稳定性的基础与社会组织形态。商业仅是中国农业社会的补充，很大程度上成为附着权力的一种社会工具。

商业文明起源于古希腊的海洋贸易文化，其发展机会就是海洋贸易的不确定性，而确定性是契约文化。商业文化是海洋的文化，在流动中产生创新、不对称与机遇。

农耕文明的底座是土地、中心与稳定性，商业文明的底座是水、分布与流动性。中国古代文化对水的认知，是其意味着危险与困难。而在西方的贸易文化中，海洋虽然有风险，却带来了机遇。

中国人在南洋的发展，绝对是"起了一个大早，却赶了一个晚集"。中国确实错过了人类伟大的大航海时代，中国人在南洋的海上贸易，仅是人类海洋文明的一点"细枝末节"。中国明清政府对商业的限制与海禁，使中国错过了人类工业文明曾经的辉煌，使中国的文明延续受到前所未有的挑战。

一个国家如果其商业系统建立在中央集权与权力核心的底座之上，并不能支持与运行它的商业系统，商业就"非奸即盗"。中国企业的国际探索，就会变成企业个体的探索，得不到国家的支持，始终是零散、随机的。哪怕个体再是灵动、聪明、勤奋，也抵挡不住西方商业系统结构化设计的最终碾压。

国家间博弈带来的风险，却又需要个体来承担。国际化的企业，如果缺乏国家背书，最终会沦为华裔的企业，而非中资的企业。

西方的商业体系进入南洋，或者全世界，是商业系统、商业文化、商业规则和顶层制度设计的进入。

哪怕是同为亚洲国家的韩国、日本，甚至新加坡，其商业体系进入东南亚，是基于国家的战略，企业得到了国家政治、资金支持，商社、贸易促进机构、商协会发挥了重要的作用。

历史上，蒙古人的铁骑曾经横扫亚欧大陆，他们就是在战争中学习战争。亚欧大陆的所有战争模式蒙古人都拥有，他们建立了陆战的大模型知识库，因此才能够实现对所有陆地国家的降维打击。

从古希腊的贸易文化到罗马帝国将地中海变成内海，从哥伦布开始的全球大航海到日不落帝国的荷兰与英国，再到今天美国所主导的经济全球化格局，现在的西方商业文明是逐步迭代、进化的结果。海洋文明的迭代效率要比农耕文明的迭代效率高得多，开放与流动的系统带来更加广泛的创新，商业文化比官僚文化带来更加先进的生产力。

直至今日，美国以及其所领导的西方商业系统，基本上还是处于全球商业体系的高处。无论是商业逻辑、商业文化还是现代产业基础，都是由其构建，可谓拥有全球化经济体系的大模型。

一座再坚固的城堡，也抵挡不住具有草原军事思维的蒙古铁骑的冲击。坚守不可能获得未来，只有出击才有出路，有机动性才有冲击力。

今日，中国企业重仓东南亚、布局全球化，实际上就是保留与欧美商业体系沟通的重要接口。这要完成两个时间窗口的建设，一是中国现代商业体系再建的时间窗口，二是基于人类命运共同体的新商业文明建设的时间窗口。

中国企业的国际化要解决商业在中国社会的功能、角色与地位问题。没有中国社会建设的现代化，就没有中国商业的现代化，就没有中国新的商业文明。

中国的改革开放，所进行的是与现代商业文化、工业文明的交融过程。开放不应局限于器物，更应是思想与精神。

中国企业真正的国际化，必须是具有现代商业文明特征的国际化，强调的是契约、规则与系统，而非附于权力。只有进步的商业文化，才能得到所在国家人民的支持和尊重。

中国几千年的文化具有开放、包容的特点。只不过历史上的开放与包容是通过与少数民族、周边国家的互动形成的，更迭效率并不高。

中国文化也相当务实、低调，强调谦逊、上善若水与海纳百川，强调责任、成全与天下为公。中国全球化的主张，是融入与改善，而非重建体系。

中国文化还有一个特点就是朴素与善良。中国企业全球化的价值取向，应当是为全世界人民提供更优质与廉价的产品。中国人要努力建设的不是资本垄断的全球化市场，而是满足全世界人民对于美好生活向往的全球市场。

王坤在谈及中国企业在印尼的发展时，强调务必要坚持长期主义，与本地企业合作共赢。特别要尊重当地的文化、习俗与制度。他提到五菱汽车在印尼的发展时说道："五菱汽车在印尼的工厂规模很大，每个月出货量大约为3000多辆。五菱汽车的价值观非常好，就是为人民服务，给全球老百姓提供价廉物美的汽车产品。"

陈日铃建议，不仅是中国企业要国际化，中国政府的思维也必须国际化，宣传也必须国际化。他在雅加达，看到很多外国人对中国有很大误解，认为中国落后。他希望政府能利用TikTok与网红，多宣传中国的大美河山与文化。他说，很多海外华裔希望回国看看，但在海外的中国领事馆办理签证都要花半年以上的时间。中国应该欢迎全世界人民到中国旅游、吃喝玩乐、开店创业。他说，有了人气，中国还怕经济不景气吗？

中国企业国际化与"一带一路"倡议的根本，不是贸易，而是文化，是文化的建构，是人类全新商业文明的开始。

出海出品牌

"不出海，就出局！"近年来，这句话在中国企业中不断回荡，如今似乎已成为共识，企业纷纷下场"争渡"。在企业竞相出海的过程中，除了产品本身，品牌出海成为重要的"抢滩点"。其中，有的企业铩羽而归，有的企业则羽翼渐丰，稳稳扎根国外市场。

中国企业品牌出海，成败之间，突破点究竟在哪里？

品牌价值来自用户认知

添哥的公司在疫情前几年，便在美国南卡罗来纳州投资了一家生产熔喷布的企业，生产医用卫生用品。

笔者问他，公司生产的终端产品在美国有品牌吗？添哥说，他们是该品类的美国第一品牌。这是令笔者惊讶的答案。笔者继续问，不是说中国制造在国外市场难以形成品牌吗？添哥回答道，美国人一般不生产这些劳动密集型的产品，所以这类产品只要是"Made in America"（美国制造）就自然成为美国品牌。笔者追问，美国市场有中国制造的产品吗？添哥回答，有，但市场价格不到美国制造的同类产品售价的三分之一。

笔者问添哥，这是品牌的缘故吗？添哥回答，是，也不全是。添哥解释道，在他的认知里，美国消费者认为美国制造的产品，就是美国品牌。笔者也发现，在美国超市，本地制造的商品价格都要高于中国制造的产品，哪怕标注中国制造的产品属于美国著名的品牌。

笔者与美国的一位朋友也聊到，美国有很多丰田汽车。朋友说，丰田与其说是日本品牌，不如说是世界品牌。美国的丰田汽车，很多也都在美国制造。

朋友继续解释，丰田汽车在美国市场接受度高的原因包括：日本车质量稳定可靠、注重环保、创新迭代快、有智能系统功能等。当然，日本汽车企业的管理水平、管理颗粒度都要比美国同行优秀，同样销售面积的零售店，日式汽车的库存、人均销售数据都比美国同行出色。

日本汽车品牌表现为何比美国同行优秀？日本制造又为何能够在美国市场深入人心？一是，日本精益求精、一丝不苟的工业文化体现在产品上就是质量稳定；二是，日本人应用创新效率要比美国人快一倍以上；三是，日本人销售策略灵活，理解美国市场消费习惯、偏好，能够建立美国顾客对日本品牌的良好认知。

优秀供应链会催生新品牌

陈生在东莞的企业已成立十多年。这是一家以生产电子产品为主的家庭耐用品企业，它一开始是 OEM（原始设备制造商），后来是 ODM（原始设计制造商），为外国品牌贴牌制造，美国是其最主要的市场。

2019 年，陈生开始在越南设立加工厂，此后公司的产品系列不断增加。背后的原因是，一些给美国品牌商供货的中国小企业没有能力将产能放在越南。比如亚马逊的供应商里面就有不少此类小企业。为此亚马逊支持陈生的越南公司赋能中国规模较小的制造业供应商，让它们在他的越南工厂制造后，再登陆美国市场。在此过程中，亚马逊会跟陈生分享美国市场的数据和用户反馈。

传统的制造企业并不直接触达美国市场，这就导致它们并不了解市场上的用户情况与需求。有了数据分析之后，企业的创新与研发就更有针对性。分析得到的数据和用户反馈后，陈生弄明白了公司产品从中国工厂到美国市场之间的价值分配：制造端的研发与制造大致各占2%、30%，运输与关税占15%，销售渠道占28%，终端配送占22%，其他则是售后。

细算下来，工厂端价值约占30%，而市场端价值达到55%。陈生说，如果是消费类品牌产品，工厂端价值可能只占10%~20%，市场端比重可以达到80%左右。

弄明白价值分配后，陈生的公司逐渐发生了改变，他了解了美国用户的需求反馈，通过优化设计与创新，开始降低运输成本、提升产品交付能力。他说，以前在30%的价值里面做精益管理，要省下3%的价值空间都不容易，但如果在运输和销售端做优化，节省5%~10%都是有空间的。陈生感叹，越接近用户，越有空间。

令陈生想不到的是，亚马逊通过与陈生公司的紧密合作，大幅优化了生产，降低了产品价格，对美国的渠道商形成了压力。美国的渠道商也找到陈生，提出让陈生越过原来的品牌商，直接成为他们的供应商。在美国，线下渠道占市场的85%，是美国市场的主渠道。

通过一次出海的产业转移，陈生的企业从制造商变成制造平台、服务平台，在某种程度上代替了美国品牌商的地位与作用，其在价值链中的位置水涨船高。

日本的全球品牌也是在美国产业转移到日本大约20年后开始

崛起，并产生了比美国本土产业效率更高的供应链，新供应链诞生新制造品牌。从研发与生产效率来讲，中国创新效率和生产效率总体比日本更高，理论上中国也会因为其供应链优势，产生中国制造的国际品牌。

从供应链优势到用户场景

从 2018 年起，中国制造业企业陆续出海，至今中国企业出海大致经历过全球供应链重塑、具有技术竞争力的企业寻求国际新市场、企业陆续开启全球配置资源的发展战略等阶段。

原来的中国企业只要有日韩订单，就不太愿意自己去开拓市场，哪怕是近在咫尺的东南亚市场。中国企业如果在国外有自主品牌，也仅限于跟所在国家的生意伙伴合作，与日韩产品竞争，作为主流市场的补充。

中国企业自己不出去，对市场中的用户需求的理解就相当有限。没有用户认知，企业就不可能形成真正的品牌。所谓的品牌就还只是属于供应链优势的产品供应，企业并不能提供品牌价值。

中国企业逐步走出去后发现，日本、韩国的产品都在垄断市场，且依托的是中国廉价的供应链。特别是在东南亚、中东和中亚市场，这样的现象比比皆是。中国企业去了美国以后发现，美国的市场垄断也相当严重，各种专利垄断、品牌垄断、渠道垄断，导致美国市场产品创新不足、迭代周期长、价格昂贵。

于是，很多中国企业便在美国设立工厂，充分了解美国市场存在的问题，了解美国用户的需求，在重构供应链、重构价值链的同时，形成了中国企业在美国市场的新品牌。然而在不确定性中，中国品牌能否在美国市场立足仍是问题。但不管如何，有品牌立足就有溢价能力，这是中国制造的新空间，从 30% 到 100% 的空间。开拓新空间需要企业发现用户场景、发现价值。

找到 70% 价值空间的支点

一个产品的完整生意链条，由原料、制造、仓储、物流、运输、营销、运营、服务、售后等环节构成。商品的价值最终体现在对顾客的产品交付上。

渠道商和品牌商之所以占据价值链的顶端，一是他们面对市场、沟通用户，并不断引导消费者的价值导向，树立品牌的社会责任等，通过营销去实现品牌价值；二是他们通过服务体系，包括物流、仓储、售后等去实现商品价值。

美国是全球最大的单一市场，渠道商和品牌商在这个市场里有强大的市场统治力。沃尔玛公司在北美有 3000 多家连锁店。家得宝公司也有 2000 多家连锁店。它们就如毛细血管般渗透到美国的千家万户。

中国跨境电商平台希音通过对产业的垂直整合，重构了市场结构。比如传统的商品，出厂价为 100 元，到了品牌商手中，价格就要 200 元，到了渠道商手中，价格提高到 400 元，到了顾客手上售价就达到了 800 元。希音本身是跨境电商平台，又是品牌商，所以通过原有渠道卖到 800 元的商品，通过希音的跨境电商贸易后，售价或许只要 300 元。产业的垂直整合就是垂直制造、垂直物流，通过规模化、智能化方式改变原有的市场格局。

香港以前有一家做供应链的知名企业——香港利丰集团，曾经以优秀的供应链管理闻名全球，被《财富》杂志评选为全球最佳创意、最具有竞争力公司。但相较之下，希音的出现更具有划时代意义，也只有在中国这样制造业门类齐全、智能制造与人工智能深度塑造新场景的土地上，才能出现希音模式。

大规模定制显然有它的商业模式。但也需要承认，同时满足规模化与个性化本身存在矛盾。但在中国制造的智能制造场景中，它就成为一种新模式、一种竞争力。上海黑湖网络科技有限公司正是提供了小工单的集合模式，让小作坊也能够参与大订单，具备可拆分、可聚合的优势。

英国的崛起给人类贡献了动力蒸汽机，德国的崛起给人类贡献了内燃机与电气化，美国的崛起贡献了信息化，它们因此都留下了各自的工业文明及品牌印记。而中国崛起，一定是因为创造大大提升了人类的生产效率，创造的核心是智能制造、人工智能与视频直播，视频直播的核心技术则是算法和人工智能。

品牌是一种文化印记

"二战"后，德国、日本的崛起是优化制造业供应链后，输出生产制造、输出制造业品牌的结果。其中，最主要的成就是德国、日本汽车工业体系的发展。汽车工业的发展象征着一个国家现代工业体系的成熟，并形成了工业文化。一丝不苟、精益求精、科学理性、合理谋利成为工业文明的基石。

"二战"前，德国在模仿英国工业的基础上，创新其职业技术教育制度，培养了大批工业化所需要的产业技术工人，推动了以电气化为主的人类第二次工业革命。日本因为其历史上长期存在的终身雇佣制，使工人形成了对企业高度的归属感和忠诚度。工人爱岗敬业，专业而极致。日本企业将产品的质量看得同生命一样重要，这种对工作的敬重和热爱是日本工业文化重要的特质。

工业文化的形成是德国和日本工业品牌的重要内涵,并随着德国和日本供应链的全世界输出,形成德国和日本的工业品牌。当然,东西方文化存在差异,日本与其他西方国家企业,在品牌塑造上大有不同。比如日本的禅学文化和东方审美,更容易得到喜欢朴素、简洁的东方文化的客户的喜欢。

到 2023 年,中国已经连续 14 年成为全世界最大的制造业国家,但中国制造总体上仍处于价值链低端,中国制造中也鲜有广为人知的世界品牌。当中的文化因素有两方面:一是中国制造还没有形成具有中国文化特色的现代工业文化;二是中国制造仅作为全球供应链对外输出,并没有形成中国制造文化的系统输出,中国工业产品并没有带上令人印象深刻的中国文化印记。

如果说中国产品有令人印象深刻的中国文化印记,那可能是价格低廉、性价比高。这印记对于供应链产品来说尚可,但如果作为终端产品的特质则堪忧。在发达国家消费者的认知里,廉价同时意味着产品存在问题。哪怕是走向国际、成为国际品牌的希音,或者拼多多旗下跨境电商平台 Temu,还是基于中国制造的供应链优势、规模优势,并没有显现太多的品牌溢价。

人类需要建立新的商业文明

中国企业出海发达国家非常艰难的一点就是,面对一个成熟市场,中国品牌能够发挥的空间非常有限,尽管企业也理解品牌的市场价值。但在回答"品牌的价值主张是什么"的时候,就需要其底层的商业伦理来解释。

中国企业究竟要输出什么样的文化?黑湖科技创始人周宇翔讲,全球有 80 亿人口,但为什么只有发达国家的 10 多亿人口享有高质量的生活水平？难道自工业革命以来的人类科技成果不能够让全人类享有更美好的生活吗？制造业与科技发展必须为人类对美好生活的向往服务，而不能为资本服务。但凡是为资本服务的科技成果，会在一定程度上阻碍生产力发展。因此，中国制造要服务全人类对美好生活向往的诉求。

一个历史悠久的国家，思考的立足点往往是天下，即所谓天下观、人类观。在没有实现国家工业化之前，中国的生产力不足以支撑一个民族的天下理想。而工业化、新的生产力会使中国文化焕发新的生命力。

特斯拉创始人马斯克曾说："我们的科技已经有了巨大的腾飞。我们全体人类都可以过上无忧无虑的生活，如果丰衣足食都不能满足我们的话，那我们也可以去外星球看一看，去看看这个世界的美好。"

或许人类需要新的价值观念。中国企业出海，所主张的也是服务于人类对美好生活的追求和向往。中国企业要通过创新去创造无限的美好，中国品牌所要表达的也是传递美好。

人类所需要的，正是在浩瀚的星空、苍穹之下，自由又美好的生活。人类需要建立一种全新的商业伦理、全新的商业文明。商业不是为资本服务，商业必须为社会进步服务，为全人类美好的生活服务。

中国的创新供应链

早前,笔者拜访了沙特阿拉伯广东商会。在与会长朱东绵的交流中,笔者了解到为实现经济多元化和可持续发展,摆脱对石油工业的过度依赖,沙特阿拉伯如今正大力推进制造业发展,务求在全球产业价值链中占据重要位置。

沙特阿拉伯希望通过吸引外资、引进先进技术设备、发展非石油产业等措施,促进经济结构的优化和升级;与此同时,加大对基础设施、当地工业和服务业的支出和投资,包括推动核电站、可再生能源等重点工业项目的建设与开发,促进非石油经济增长。

朱东绵提到,沙特阿拉伯希望吸引超过1万亿沙特里亚尔(约合人民币1.92万亿元)的工业投资,最终在2030年实现工业出口5570亿沙特里亚尔(约合人民币1.07万亿元)、工业GDP增加两倍到8950亿沙特里亚尔(约合人民币1.72万亿元)的目标。为此,沙特阿拉伯大力投资基础设施的建设,包括运输码头、公路、电力、通信等。

沙特阿拉伯的工业化离不开中国制造业的参与。尽管看起来沙特阿拉伯的市场机会很大,但朱东绵认为,中国企业产品进入该市场的情况却远没有想象中顺利,主要原因在于两个国家工业体系的对接问题。

朱东绵还是广东道纳检验认证有限公司的创始人。公司的业务是帮助沙特阿拉伯建立工业品标准体系,并通过检测服务,帮助国内的企业产品进入沙特阿拉伯市场。目前，其与中国海关的技术中心、SGS（通标）、TUV等国内外权威第三方检测认证机构达成战略合作，在建筑、卫生、陶瓷检测方面有深厚的业务积累。

朱东绵介绍，佛山很多装配式建筑和装饰企业把沙特阿拉伯作为重要市场。但在没有工业基础的沙特阿拉伯，很多标准过去也是参照欧美体系。因此，当中国产品出口沙特阿拉伯时，很多产品是没有国家标准的。为此，朱东绵协助沙特阿拉伯参照中国及欧美的产品标准体系，制定了沙特阿拉伯的很多国家工业产品标准。

朱东绵认为，中国的制造力量与沙特阿拉伯的工业化需求的对接效率太低，远不如预期。

供应链应成为一种系统能力

2024年7月，笔者曾随航粤智能电气股份有限公司（以下简称"航粤电气"）的考察团到马来西亚与印尼调研。航粤电气是在广东珠海做智能高低压柜、配电箱、综合能耗管理的企业，从设计、研发、制造、工程施工到运维，为用户提供一体化解决方案。该公司原来的业务都在国内，但随着部分客户到东南亚发展，公司也就跟着到东南亚配套发展。

马来西亚市场规模小，当地的电力配套服务企业规模也相对较小，服务较为单一，难以满足国际投资项目的服务需求。一般欧美投资的公司会采用欧美电力配套企业的服务，但这对中国投资企业而言，价格过于昂贵。因而，投资东南亚的中国企业，十分需要中国电力配套企业在当地提供服务。了解到这个情况后，航粤电气很快在当地收购了一家电力配套企业，为其提供电力设计、研发、制造、工程和售后的整体服务方案。

2024年10月，笔者参加中山金利宝新材料股份有限公司（以下简称"金利宝"）在泰国大成府投资的金利宝泰国公司的开业仪式。董事长陈世岳指着刚刚建成的新工厂自豪地说："这个工厂是中国建筑工程（泰国）有限公司所建，应该是泰国顶流的工厂。中国建造，性价比世界第一。"

30多年前，陈世岳从中国台湾来到大陆创业，最终选择落户广东省中山市。30多年间，他见证了中国工业化风起云涌的快速发展，从劳动力红利、工程师红利再到生产规模红利，中国制造业及供应链的快速迭代，史无前例。金利宝到泰国开展业务后，发现中国供应链在东南亚优势太明显了。

陈世岳提到，金利宝的产品跟泰国当地的供应链产品相比，质量优势非常明显；与发达国家供应链的产品相比，价格优势非常明显。于是，他们在泰国建立起了中国料胶粘剂材的供应链。金利宝也因此成为一家技术解决方案提供商，快速形成企业竞争力。

在金利宝泰国公司，陈世岳指着一片空地向笔者介绍，那里将安装一套RTO系统（工业废气热处理燃烧系统）热能循环再利用环保设备。金利宝最早的RTO设备主要依靠进口；而今，泰国工厂的设备采购自中国航天科工的产品。他感慨地说，中国制造业的配套非常完整，现在金利宝只须提出需求与初步设计方案，便可以交给中山的自动化设备企业联合制造。如今，金利宝自主研发的设备令美国客户都赞叹不已。

马来西亚一位刚参加深圳包装设备展的华人老板说，中国包装设备一年的创新相当于马来西亚30年的创新。该老板讲，中国市场规模足够大，技术创新迭代效率高；而马来西亚市场规模小，企业购买新的设备，多少年都赚不回来，所以供应链迭代效率非常低，设备非常落后。

2024年5月，笔者到访被世界经济论坛评为全球首批9家"灯塔工厂"之一的西门子成都工厂，现场看到的很多设备其实都来自中国，部分工业软件也是由中国软件企业开发的。西门子的负责人称，中国供应链创新的响应速度非常快，如果在欧洲要求供应商迭代创新，他们或许需要几年时间；中国的创新供应链可能只要几个月，售后服务的响应速度就是一天甚至半天。

西门子（中国）数字化工业集团副总裁顾欣讲，中国制造本地供应链能力很强，设备供应商的工程能力以及本地年轻的工程人才很突出，而德国工厂工程师年龄偏大，对新技术的接受和使用偏保守。中国反而可以在德国技术平台的基础上快速迭代本地化技术并持续创新。

航粤电气在国内是一家制造业企业、一家工程公司，以服务房地产与大企业为主。到海外发展后，企业通过整合国内先进的电力技术，为国外政府和企业提供整体的电力服务解决方案。

金利宝在国内市场以生产高端不干胶为主。在泰国和越南，企业整合国内供应链，成为泰国、越南各种黏胶应用场景的技术解决方案提供商，快速占领当地市场，实现了工厂未开工就营收的良好开局。

将优势供应链、创新供应链作为企业竞争力，会给中国企业的国际化带来新的发展空间。

基于优势供应链的解决方案

2024年年初，笔者在上海张江科技园见到了XNode公司的创始人周炜。当时他正在上海组织一家法国企业与中国供应链企业的对接会。

笔者问他，面对地缘政治的博弈，国外企业还和中国供应链合作吗？他说，在商言商，中国有全世界最完整的工业体系和最高效率的创新供应链，企业经营者不是政客，越是成熟的国际公司，会越重视中国的供应链。

周炜介绍，XNode 以前更多地是为国际企业对接中国供应链，但近期他发现，因为强大的创新供应链，中国的创新体系正在反向影响全世界。

XNode 最近接触了一家国际机场管理公司。该公司希望提升机场的物流智能化水平，在考察了全世界诸多机场的物流体系后，他们发现中国的物流智能化水平非常高，价格也有明显优势。但这家公司对中国的物流智能化企业并不熟悉，因为以前中国的设备制造企业更多是为系统解决方案的投标企业做配套服务，无名无分。

2023 年以来，很多中国的"专精特新"企业在国内市场完成进口替代后，觉得在国际市场也有发展机会，纷纷出国考察国际市场。但随后发现，过去他们是给大企业做配套，大企业建立的标准体系都是欧美标准，不会因为个别产品有竞争力就采用。系统不可能因为个别产品而发生改变。

在疫情发生以前，国内很多家具企业做不了国内机场候机楼的生意。因此，国内很多机场大楼为了与国际接轨，聘请国际机构设计方案，其体系与标准都参考了国际标准，其中的设备设施也都有相对应的国际供应链数据库。中国的家具企业仅是给具备投标资质的整体配套服务商做供应链配套。投标涉及各种资质、业绩与标准，一般的家具企业很难成为整体配套服务商参与投标。

十几年前，广州一家音响制造企业计划投标广州白云国际会展中心音响系统，结果连入围的资格都没有。企业抱怨，作为 2008 年北京奥运会的服务商，为何投标广州一家会展中心的资格都没有？后来企业了解到，白云国际会展中心聘请的是日本设计团队，设备设施参照的是日本的标准，跟该企业音响的标准制式并不一致。

在国内市场，中国的制造业企业参与大项目的整体配套服务都困难重重，更何况国际市场。

2021 年，XNode 与新加坡企业发展局合作，在新加坡组建团队，协助中新两国企业打通彼此商圈和创业创新生态圈。周炜希望借助新加坡机构，帮助国内科技企业对接国际化资源，走向海外市场。XNode 希望参与系统设计并降低技术企业出海的风险，其构思是系统集成，提供解决方案，打包出海。

笔者认为可以通过新加坡或中国香港，建立基于中国供应链优势的方案设计公司。比如，一个机场、一个港口码头、一座智慧城市、一家园区、一家医院或学校的设计，甚至是公路、铁路、电力、通信系统的建设，如果有中国优势供应链的支持，是否就能给业主单位提供性价比更优的方案？

新加坡与中国香港，无论其城市、基础设施与工业体系，执行的都是欧美标准体系，熟悉国际体系与标准，再嵌入中国具有全球优势的供应链体系，也可以提升新加坡与中国香港在咨询服务领域的竞争力。

2024 年 10 月，笔者拜访了新加坡盛裕集团总部。盛裕集团是新加坡淡马锡控股的全球性公司，主要业务是提供城市开发运营、基础设施建设和管理服务咨询，已为全球 60 多个国家制定城市总体规划，开发了 100 多个成功的工业园区，中国著名的苏州工业园就是由该集团开发的。盛裕集团还为全世界的航空、医疗、酒店、交通、能源和环境等多个行业提供咨询服务，并参与了新加坡 80% 的住宅建设。

跟笔者一同前往新加坡调研的广东天安新材料股份有限公司（以下简称"天安新材"）董事长吴启超认为，可以在新加坡做实验，采用欧美或新加坡标准，嵌入中国供应链。他以医院装修为例，传统的供应链与工艺可能要半年到一年时间，如果采用中国佛山的泛家居装配式供应链，可能只需两个月时间，价格有可能是传统供应链的 50%~70%。

天安新材近年通过收购、兼并装饰材料公司、陶瓷公司、建筑公司与建筑设计院，构建了涵盖材料研发与制造、材料应用、设计、施工等多个环节的完整泛家居产业链，实现了产业链的整合。

东莞市三基音响科技有限公司董事长闻克俭也找到笔者，希望能够在发展促进会下成立"物联网智能音响专业委员会"，采用全新物联网与人工智能技术，打造基于机场、运动场、高铁地铁、城市公共空间、医院、学校、影院等应用场景的全新产业链，为全世界提供性价比更优的中国智能音响供应链解决方案。

中国供应链的国际化势能

西门子顾欣讲，中国除了超大规模市场，还有在这个基础上的全产业链覆盖，600 多种制造业产品的全产业链能力，能够生产从低端到高端的各种产品，有完善的产业链集群，并形成了高效的产业协作能力，能够快速响应国内和国际市场需求。

中国企业出海也好，国际化也好，是必然的趋势，也形成了巨大的势能。据有关资料介绍，2023年，中国石油化工、纺织服装、手机、计算机、汽车、半导体、电力设备、家用电器、通信设备、仪器仪表、光伏、建材、工程机械、机床工具、轨道交通等20个大类的出口额达2.25万亿美元，占中国货物出口总额的66.6%。

截至2023年年底，中国重点产业对外投资存量达2604.12亿美元，其中，汽车的对外投资存量最高，达1164.38亿美元。超过百亿美元的有汽车、生物医药、工程机械、半导体、石油化工、轻工、纺织服装、光伏8个产业链。重点投资区域为欧盟、东南亚、北美地区，投资存量分别为1235.13亿美元、985.07亿美元、333.76亿美元。在东南亚重点投资的国家为印尼、越南、马来西亚和泰国。

供应链创新也需要聚集效应和规模效应。中国的长三角、珠三角地区是中国制造业的核心区域，集中了联合国产业分类中的大部分类别；很多工业知识也可以通过跨产业学习获得，进而提升产业创新效率。同时，随着人工智能技术在各种工业场景的应用，工业知识可以共享，软件与硬件的结合更加紧凑与高效。

中国出海的企业应当视中国制造业供应链为一种核心的产业能力。

笔者与朱东绵曾探讨：帮助沙特阿拉伯建立国家工业体系产品标准，企业的国际业务为何不是从一笔咨询费开始？中国在国际上建设的码头、机场、公路、电力与通信系统，为何不能从一笔咨询费开始？

中国供应链是一种非常重要的资源，但需要进行系统对接，即供应链系统与应用系统的对接。在标准的对接中，产业智库、专业智库要发挥顶层设计的作用。有智库、系统与顶层设计，这就能为友好国家贡献性价比更高、更优的解决方案；没有系统与方案，这就是买卖，仅是一门生意。

十几年前，笔者经常接待日本的一些智库项目团队，他们也为中国提供咨询方案，如酒店、机场、运动场、地铁等。他们既是日本制造的先头部队，也有日本制造供应链的支撑。日本在东南亚发展顺风顺水的背后，其产业智库发挥了重要作用，提供情报、咨询、解决方案，并且与日本的金融政策、国家外交无缝对接。

如果中国企业还是各自为战，没有系统、没有组织、缺乏国家系统的支持，很难形成新的竞争力。从生产制造、服务到生产性服务业的提升，从"硬"到"软"，这是中国企业国际化应该带来的新跨越。

笔者曾对制造业的层次进行过划分，具体包括基于手工、机械、研发、品牌与标准的制造。虽然美国的制造业GDP占比不高，但其生产性服务业非常发达。在一个产品从制造到物流、品牌、分销、销售、售后的整个过程中，制造部分的增加值很低。美国之所以能够站在全球经济价值链的顶端，就在于其生产性服务业从制造业中分离，重新塑造了新的价值。生产性服务业掌握的制造业体系标准权就是话语权。

天安新材非常重要的布局也是从"硬"到"软"，从制造到研发及建筑设计与施工，形成新的企业生态。一方面，天安新材的重要支撑是佛山的泛家居产业生态势能，如陶瓷、门窗、家居与家电等。佛山市、东莞市泛家居产业集群于2022年入围工信部国家先进制造业集群名单。其中，佛山泛家居产业集群工业总产值超过1万亿元，是目前国内最成熟、全球最大的泛家居和建材产业链集群制造基地。另一方面，产业集群也需要新的龙头企业带动，才能够推动产业升级，而龙头企业不是大规模的制造业企业，而是具备设计、方案、情报、整合等综合能力的企业。

笔者认为，中国制造业不仅在创新迭代，中国企业的管理理论也在不断创新。未来，中国制造业供给全世界的，不仅是无与伦比的创新供应链，还有服务、标准、系统以及创新的理论。这些都应该成为中国制造的新势能。

印尼广东总商会会长陈日铃提出，以后不讲中国企业出海，应该讲中国企业的国际化。企业出海还是在原来全球化、价值链固化架构下的行为。而企业国际化是一种新格局和新思维，重新建构中国产业新的竞争力。其中，最为重要的一环就是供应链系统出海，通过具有国际优势的中国创新供应链优化全世界的系统，给全世界带去基于中国供应链的全新解决方案。

企业升级有很多选项，哪个才是永恒竞争力？

和一位从事新能源汽车前装车载冰箱生产的企业家探讨"什么是企业竞争力"，当笔者问到"如果华为当时投资拖拉机厂，这家企业将成为什么样的企业？"，企业家的回答颇有意思。一番交流，笔者也对企业核心竞争力有了更深层次的思考。

如果华为成为拖拉机制造企业

这位企业家特别有场景感。他的企业以前是生产移动车载冰箱的，专门供给国外户外爱好者露营、钓鱼时使用。后来，他将车载冰箱用于新能源汽车的前装生产，部分原因是传统汽车一断电，冰箱就不能工作，而新能源汽车使用的是储电，汽车熄火，冰箱也能工作。更重要的是，新能源汽车使用者普遍愿意接受新生事物，如喜欢潮流的群体，在新能源汽车里标配冰箱，也是非常"酷爽"。

与移动车载冰箱放在车尾箱不同，新能源前装冰箱放在汽车座舱，考虑与整车融为一体，需要设计好、特别低的噪声以及能节电，对技术有特别的要求。那么，该企业是否拥有新能源前装冰箱的核心技术？

这位企业家表示，最近也有很多投资人问这个问题。他的思考是：何为核心技术？核心技术就是指"从0到1"的技术吗？

如果是这样，那并不是中国的优势。中国人擅长做"从1到10"的技术创新，属于应用类创新。中小企业应该更多关注基于客户价值及用户场景的创新。

在企业家看来，从事冰箱生产，大企业有美的、格力，小企业竞争不过巨头，就得做细分市场，企业就要不断发现用户场景。如今他的企业之所以能够进入新能源汽车前装市场，就是发现了冰箱在新能源汽车的应用场景。虽然关于能耗、噪声等尚无标准，但企业应提前布局，形成先发优势。

聊及此，企业家问笔者对此有什么看法。

许多年之前，华为曾计划卖股份给摩托罗拉，把钱投资在拖拉机厂。笔者反问企业家：如果当时华为投资拖拉机厂，这家企业将成为什么样的企业？他回答，有可能成为世界上最有竞争力的拖拉机企业，也有可能成为工业软件企业，或是成为智能制造企业。

拖拉机厂有什么技术核心竞争力？华为的拖拉机厂有核心竞争力吗？企业家认为，传统的拖拉机厂是没有什么核心竞争力的，但华为的拖拉机厂一定有核心竞争力。

2018年中美贸易摩擦以来，华为遭受的是怎样的制裁！哪怕一个国家遭受美国这样一个经济大国、技术大国的打压，能够生存下去吗？不是要签下"城下之盟"吗？而华为不仅顶住了种种压力，还能够在芯片设计、操作系统上底牌频发。

笔者曾和这位企业家，一起去听来自华为公司的人分享的华为数字化。老师不仅一句抱怨的话都没有，反而是不吝于对美国创新机制的褒奖，不吝于对美国企业战略的夸奖，谈得更多的是中国与美国的差距、华为与世界先进技术公司的差距。

企业家说，一家伟大的企业，是具有思考本质问题、解决具体问题、创造用户价值的企业。华为之所以是伟大的企业，是因为它既有战略洞见，又有足够的灵活性去应变。既身段柔软，又坚韧不拔；既有恢宏气魄，又注重细节。

从这个维度去看，企业真正的竞争力还是核心技术吗？苹果公司有真正的核心技术吗？它最大的核心竞争力，就是成为很多核心技术的集大成者。一家市值过万亿美元公司的核心竞争力是模式。核心技术必须被应用、被整合为用户场景，才有真正价值。而技术与用户场景的整合，需要全新的思维视角，通过用户场景去触发技术创新。

建立企业的升维系统，才是永恒的竞争力。企业可以利用一个窗口优势，建立一个动态与开放的系统，形成一个全新维度的战略系统，以实现对于竞争对手的降维打击，所以一家企业根本的竞争力，不是基于某个产品或某种技术，而是其动态与开放的系统。它必须对外部的创新保持敏感，有机制将新生事物纳入其系统，并通过不断的迭代与完善，形成企业新的竞争优势。

本质上没有所谓的传统制造业，传统主要是指业态及其所创造的社会效率与用户价值。如果制造业拥有互联网企业般的思维与迭代能力，就再不是所谓的"传统"，而是新型制造业。就如希音公司的服装供应链企业，都成为数字化、AI设计的企业，还会传统吗？

假如华为公司成为一家拖拉机制造企业，其领导人的洞见与领导力、战略思考能力、团队与组织能力、研发与创新能力、供应链及生产能力、软件设计与思维能力、智能制造与数字化能力，一旦进入这个传统制造业行业，可以为行业带来全新的价值体系与竞争力，并且让这个行业全方位升维，形成产业溢出，溢出智能制造、工业软件、零配件标准化、农业现代化等。

动态开放系统塑造行业管理新生态

一家优秀的企业必须给行业带来进步，在给产业带来边际效应的同时，不断给客户带来全新的价值实现。

促进会的一家会员企业给华为供货，一开始觉得自身技术不错，性价比更高，但不明白为什么长期以来仅是华为的"备胎"，一年也没有几百万元的生意，快支撑不了企业持续的研发投入了。

中美贸易摩擦后，该企业逐步从"备胎"转正，成为华为供应商后，才发现华为需要的不是最终产品，而是企业的生产系统能够随时跟上华为的节奏。

该企业负责人说，华为要求企业能够建立一个有效运行并能持续改善的系统，而非提供 ISO 认证。ISO 认证仅是一张证书，华为需要的是企业的研发及生产系统有效运行，实现全过程的动态控制。衡量企业是否掌握相关知识的关键在于能不能运用，只有运用才能说明体系有效。

以前，该企业给华为产品做"备胎"时，不理解为什么华为对企业产品的性价比并不关注，其所重点关注的不是产品，而是系统能力。当企业进入华为供应系统时，华为就派人进入企业，帮企业建设这种能力。

该企业负责人讲，他们非常佩服华为，从产品供应商到技术供应商，华为对于供应商的要求竟然是云泥之别。华为的管理本身就是动态而开放的。他觉得华为的管理，既系统又充满弹性与灵活性。关键是作为供应商，他觉得跟着华为有进步，不仅仅是企业有销售、有利润，而且是企业的管理和研发能力得到了提升。

一家优秀的企业必须有其外部性，为产业、为合作企业提供正外部性，提升产业的效率与整体竞争力。

该企业负责人还说，他们以前更愿意做外贸生意，除了销售与利润，还跟着跨国企业做生意，经常能得到大企业的服务，包括信息、管理、技术等方面。而国内主要是产品导向，注重性价比，当产品成熟稳定后就开始拼价格。他们也曾与国企合作，但仅能够以静态方式进入后者的供应链，企业本身的技术进步与系统能力并没有提升。

企业跟华为合作，除了获得系统能力，一个更重大的意义在于，一旦企业在内部建立了系统的研发及制造能力，就能构建企业研发与技术底座，对于下游公司的新需求，响应更加快速。

如今，该企业已理解华为以前为什么不太关注他们的产品，是因为华为的技术应用场景经常有变化，有技术平台及数据积累的企业才能够快速响应。单是产品供应的企业，在单个产品上可能有价格优势，但对新技术的要求响应速度慢，也会影响华为的整体效率。

企业建立了能够与华为生产系统对接的平台后，其关注点就不是一个产品，而是系统能力。企业也可以为下游企业的需求做出预判。比如现在华为只要1个产品，但企业预计华为以后可能要5~10个产品。

构建企业动态与开放系统的核心竞争力是技术底座，而非产品。企业也就从原来的这一种产品供应商，变成技术供应商。对于企业而言，它也从静态的技术研发变成了动态和开放的系统。

既然企业的竞争力，不是基于产品，企业也就不必纠结于跟其他企业的产品竞争，而是可以将其他企业产品技术创新整合进入他们的研发系统。他们也可以将这种系统能力，开放给其他的中小企业与研发机构。动态与开放的系统能力，就是一种新的企业竞争力。

假如我们的制造业都能够逐步建立自己的系统能力，建立自己的研发数据库，当技术环境发生变化，大量技术参数随时可以调取作为研发的依据，整个行业的效率将大大提升。大企业所建立的动态和开放系统，将会塑造整个行业的创新生态。

动态系统能力是永恒核心竞争力

"华为人"讲，2019年5月，美国商务部将华为列入出口管制的实体清单，销售给华为的产品中，只要涵盖硬件、软件等的美国技术含量超过25%，就会被要求禁止，后来还追加到10%。百分之几的认定很复杂，涉及很多细节，元器件、软硬件、材料等不一而足，而且软硬件不一样，实际操作也相当复杂。

华为的制造系统复杂，零配件品类多，要剔除产品中美国的技术含量，没有大数据支撑，那就是海量的工作。而有了大数据基础，华为可以快速做出应对。

同时，华为也因为实现了资源的动态管理，迅速找到其相应的、可靠的技术供应商。对于产品合格但系统跟不上的企业，需要经过华为的训练成为合格的技术供应商。期间，华为的大数据与系统发挥了重要作用，及时支持了技术供应商系统能力的提升。

机械工业信息研究院先进制造发展研究所所长陈琛曾提到，特斯拉也指导它的供应链企业，建立研发与制造系统。其中，很多供应链企业是从事汽车行业多年的"老兵"，他们都觉得特斯拉不懂汽车制造。但问题的关键是，特斯拉所需要的能力，不是具体的制造能力，而是系统能力，进入一个现代制造供应体系的能力。一个现代化的制造系统不是零配件的系统集成，而是从设计到制造再到反馈的动态过程。

陈琛认为，不要误解美国制造业没有竞争力，恰恰相反，美国的制造业话语权相当大。这缘于美国是全球制造业系统的顶层设计者、系统设计者。要知道，工业软件公司要比制造业企业更理解制造业，工业数字化公司要比制造业企业更理解制造业。它们不仅了解制造业的生产场景，更要在此基础上建立制造业的数字系统、管理系统。

有企业去美国建工厂，觉得美国工人慵懒，难管理，但为何美国的制造业还是如此强大，特别是高技术产业？一家企业系统之强大，可以让勤奋程度不高的美国产业工人，拥有比其他国家工人多几倍的工资收入。

系统顶层设计带来的竞争力，居然可以让企业忽略个体能力。就如星巴克、麦当劳这样的企业，技术含量高吗？他们需要独特且有工匠精神的技术员工吗？这些企业有竞争力吗？

曾经有个关于商标与品牌管理的经典案例：多年以前的美国可口可乐公司总裁称，即使一把火将可口可乐公司烧得分文不剩，公司仅凭"可口可乐"这一驰名商标，就可以在几个月之内重新建厂投产，获得新的发展。实际上，这也是一家大企业的系统能力，品牌、技术、市场与模式。

系统化的企业可以拆解组合，可以分工协作，可以全球生产、全球布局，这是拥有开放及动态系统所带来的全球竞争力。开放的文化，严密的系统，灵活的组合，动态的平衡。

企业建立开放与动态的系统，一定是向未来开放的。

10年前，曾经有一位世界品牌汽车公司总裁预测，新能源汽车应该在2035年开始有发展。实际上，欧盟已经计划在2035年禁止燃油车的销售。相对于传统汽车行业对新能源汽车的保守态度，"科技狂人"马斯克的很多创想令人咋舌。譬如他的"胶囊高铁"计划，希望将"胶囊"形状的列车"漂浮"在处于真空的管道中，由弹射装置像打射炮弹一样启动座舱，驶往目的地。由于运行空间真空，没有摩擦力，"胶囊"车厢运行速度最高可能达到每小时 5000 公里。

按照人的惯性思维，不要说时速 5000 公里，就是 500 公里，首先思考的是采用什么样的动力系统。但马斯克的思维方式是技术只要假设合理，限制物体运动速度的是摩擦力，如果采用真空方式，是不是只要原始动力多大，物体的速度就有多快？动力与摩擦力，两种思考的维度。

思维也是一个价值取向，一种思维用现在的条件去判断未来，另一种思维是用未来的视角来重构当下的技术。思考究竟要解决哪些技术瓶颈、采用哪些策略、构建哪些业务场景、建立什么样的系统，能够扫清产业化的障碍。

所谓"科技狂人"与"外星人"，就是不按照常规套路、思维定式出牌，敢于突破常规、大胆假设、解锁瓶颈、形成闭环的过程。以终为始的思维方式，必须建立向未来开放的思维与科学系统。

当前，一方面是全世界经济面临脱钩风险所带来的挑战，另一方面是数字经济、人工智能所带来的新机会，几乎所有产业、企业都会面临一次前所未有的洗牌与重构。有些企业选择跟随原来的产业链走，迁出产能，有些企业选择原地升级。

企业升级有很多选项，数字化、智能化、技术创新、品牌提升，而企业最重要的系统能力升级才是真正的升级，才是企业永恒的竞争力。

改革开放多年，中国企业深受跨国企业影响。一方面，跨国企业带来了订单、管理与人才；另一方面，中国企业被刻上产品供应商的烙印，以至于把更多注意力集中在产品、技术与性价比上，而不是客户、用户场景与企业的系统能力。

当企业上市了，或者需要获得投资，也会经常被问起，企业有没有核心技术，有没有知识产权？授之以鱼与授之以渔，可能一家企业拥有一项技术或产品的话，仅是"鱼"，企业的系统能力才是"渔"。投资人与交易所如果关注的仅是"鱼"，就会错误地引导企业重心倾向于"摸鱼"，而非"捕鱼"。这也是很多企业上市后很难拥有第二增长曲线的原因所在。

"专精特新"企业如果希望成长为一家有综合能力的企业，就要学习成功的系统管理公司，在企业建立动态与开放的系统。有系统经营能力的公司，它的竞争力就是动态、灵活、柔软而贴近用户，理解用户与关注客户价值。通过客户信息的反馈，不断迭代企业内部的系统。客户思维才是永恒的竞争力，动态与开放的系统都是为客户服务的。

开放向未来：中国企业的确定性是什么？

企业经营的确定性是通过以经营效率获得经营效益来实现的。改革开放 40 余年，中国企业迎接过国家人口红利、工程师红利、庞大的基础设施红利以及超大规模市场的红利。中国的机会就是世界的机遇，这是过去几十年，全世界经济与中国企业发展最大的确定性。

如今，这个确定性慢慢变得有些不确定了。而中国企业家所要思考的，也不再是某个具体政策，而是要作为地球上的一家企业，去思考美国、欧盟、中国的经济政策等对企业的影响。企业要面对的是全世界的市场机遇与挑战。

中国企业习惯跟着政策和惯性走，很少思考它存在于这个世界的价值是什么。哪怕是最近经常讲的专精特新企业，提出的口号更多是替代进口。但往更深层次想，既然能够替代进口，自然存在替代世界同样产品的能力，只不过，在中国替代进口是市场替代的机会开始而已。

只有经历真正的困难与危机，企业才能够对其经营能力有更加清醒的认知，才能够更好地判断企业以往的成功，究竟是基于机会的成功，还是基于经营的成功。

一旦中国供应链与美国供应链存在某种程度的独立，作为一个经营主体，就不可能依靠国家的各种红利存活，而是需要计算经营效率，以在国际市场上获得竞争力，必须跟国际公司一样，去衡量一个国家的劳动力价格、税负水平、市场规模、劳动生产率、供应链状况、职业经理人的管理水平、专业技术人员的能力、土地价格、港口码头电力等基础设施的供给能力，等等。

拥有这样心态的企业，才可能是一家成熟的企业。企业若没有正确的经营理念与心态，得到的永远是机会，机会是随时可以离开的。今天的经营环境告知我们，如果企业没有确立对企业经营的理解，过去40多年对于中国的大部分企业而言仅仅是机会。如果我们的企业家能够经历危机与磨砺，把危机变成机遇，中国企业才可以在世界经济的舞台中屹立不倒，成就新的辉煌。

全球化进程已受到冲击，全球产业链将重构，中国企业正处在新旧结构破立之间。2022年这条分界线分割了企业的过去与未来。什么才是企业的未来？面向新一年及更长远的将来，企业又如何继续寻找到确定性？

全球化配置资源的企业

得益于经济全球化的产业转移，改革开放以来，中国经济发展逐步深度嵌入产业体系中。中国经济深度发展，某种程度上也对原有世界的经济格局产生了巨大影响。不管是主动还是被动，中美某种程度上的经济脱钩已成为事实。

为了"躲避"中美贸易战，2018年，东莞的邦泽公司开始投资越南工厂。如今，越南邦泽工厂的劳动生产率已接近东莞工厂，但工人工资水平仅有东莞工人的一半。邦泽曾在国内开展电商事业，后来在亚马逊开店，理解国外电商规则后，觉得可以尝试发展其他品类，帮助更多小企业进驻海外电商。邦泽的国际化之路有一个学习榜样，就是同在东莞厚街的TTI创科集团（以下简称

"创科集团")。

创科集团1985年在香港成立,1988年在东莞厚街镇设立工厂。创科集团的机遇是,当全世界产业转移到中国大陆时,很多制造品牌没有及时转移产业,因而失去了供应链和订单。1990年,创科集团在香港联交所上市后,就利用生产及供应链优势加上资本作用,连续收购了十几个国际品牌,成为国际电动工具及配件、户外园艺工具及配件的国际性企业。2021年,创科的销售达132亿美元,在福布斯2022全球企业排名中位于第893位。可以说,创科集团是一家受益于世界产业转移,从小到大快速发展的制造企业。

位于佛山顺德陈村的科达公司,于2016年开始在非洲肯尼亚投资陶瓷厂,截至2022年6月,已在肯尼亚、加纳、坦桑尼亚、塞内加尔、赞比亚五国投资6家陶瓷厂,共计建成14条生产线。科达公司认为,非洲人力资源和原材料资源丰富,未来提升空间巨大。

2022年,科达公司营收增长率达34.24%,主要得益于非洲业务的迅速增长,海外营收在科达公司的总营收中占比高达47.12%。科达公司目前在非洲业务的定位,已从原来的建筑陶瓷供应商转变为国际建材供应商,可以把佛山建材产业的优势叠加为科达公司的产业整体竞争力。

邦泽公司董事长徐宁讲,现在中国企业走出去,已经不是简单的关税壁垒问题,而是全球配置资源问题。

中国企业不能以过去参与经济全球化贸易的心态去参与"一带一路"倡议,必须带有自身的战略思考去构建中国企业的国际化发展道路。尽管,中国企业走出去还面临各种障碍,但从务虚到务实,从工业园圈地到实体企业投资,从贸易到制造,从产品到品牌，从注重投入资产到投入品牌与渠道，或许都在酝酿着中国制造的新未来。

强调现代化管理水平的企业

稻盛和夫曾发表演讲《萧条是成长的机会》。他从创立京瓷开始，分别遭遇了20世纪70年代的石油危机、80年代的日元升值危机、90年代的泡沫破裂危机以及2000年IT泡沫破裂危机。

日本经济的外部性很强，受世界经济发展影响巨大。总体上，中国企业有国家政策保护，受世界经济危机冲击比较小，企业有空间和时间去进行风险调控。如若保护机制不再，冲击也将是巨大的。企业就是经营的主体，应去面对、应对存在的各种风险。

在稻盛和夫看来，企业改变不了环境，企业经营的确定性只能由自己提供。日本已经是一个成熟经济体，不仅体现在与世界经济的高度融合，还有一个重要标志就是企业家群体的出现。企业家必须有经营思想，有战略思想，有全球视野。

稻盛和夫对企业经营的要求很高，他认为，企业如果没有超过10%的利润就不叫经营。他认为企业经营利润率最好达到30%左右。这样在萧条时期，订单哪怕减少一半，企业还可以保持正常。

这几年，促进会非常重视企业降本增效的管理工作，大力推进精益生产、供应链管理在企业内部的落地。哪怕是多年做精益生产、TOC（约束理论）管理的邦泽公司，在做精益管理改善的时候，仍发现有很多改善空间。

精益生产咨询师卢振认为，中国在工厂管理方面，大企业已经达到世界先进水平。但中国大企业与小企业的管理水平差距很大，主要还是很多小企业把自己看成大企业的配套工厂、生产车间，有订单，哪怕利润微薄，能做就做。很多企业都没有把自己当企业看。企业管理顾问姚阳说，中国制造是"长在别人大腿上的企业"，言外之意是不用战略、不用思考、不用管理。

经过这轮危机后，很多缺乏管理的企业会被淘汰，但也会有一批企业得到成长。它们通过现代化管理站稳脚跟。中国经济发展提出高质量发展的方向，而未来决定中国经济质量的不是增长速度与规模，而是企业的经营质量。同时，要真正实现经济高质量发展，还在于能否出现像稻盛和夫、任正非、曹德旺等优秀企业家这个群体。不断涌现优秀企业家群体的经济体，才是成熟的经济体。

建立标准与游戏规则的企业

2022年12月，在WTO的主持下，包括中国、美国、欧盟在内55个参加方经过谈判后达成一致，完成了《服务贸易国内规制参考文件》。但服务贸易的优势方是欧美国家，中国连续20年都是贸易逆差方。标准、知识产权、金融、法律等都是欧美国家的强项。

时至今日，全世界的贸易规则、金融体系、产业体系、产品标准，大多由欧美国家制定。中国产品出口需要得到欧美各种认证，质量的、环保的、社会责任的。就连船舶运输、商务飞机航行，甚至精益管理经常使用的六西格玛认证，各种各样的软件认证、数据库认证、机器人工程认证、编程认证、国际会计师认证……都打着欧美"标签"。

在全球化体系中，欧美国家基于先发优势，制定不胜枚举的体系标准，并成为各行各业的准入门槛。之所以形成这种局面，主要原因除了欧美国家的先发优势，还包括欧美国家规则意识强、形成标准可以锁定优势以及获得最终话语权与主动权。

中国要提升产业竞争力，除在技术创新、发明创造上赶追，还需要逐步建立自己的产业标准体系、价值体系。而中国建立自身体系的难点在于：一是国家很多标准体系脱离实际，得不到社会支持；二是很多标准制定机构把标准制定视为权力，而非责任，更看中的是个体利益、部门利益，而非国家利益；三是重视标准制定，但忽略标准推广；四是评价过程的利益寻租与缺乏公平；五是对于标准制定的知识产权认知不到位。

广州有一家叫尚品宅配的上市公司，建立了全新的家具定制商业模式，其实就是一种原创标准制造体系。如果它能够得到知识产权保护，其市场估值一定会超过千亿。英国的半导体知识产权（IP）提供商 ARM 公司（安谋国际科技股份有限公司），全世界超 95% 的智能手机和平板电脑都采用 ARM 的架构。

中国的产业体系标准制定，需要国家进行顶层设计，政府部门要成为"裁判"，而非"裁判加选手"的角色；需要让更多社会力量参与标准制定，并允许形成自己的知识产权；需要借用商业的力量，推动国家各种体系标准的建设。

企业与社会机构要重视参与国家各种标准的制定工作，需要在知识产权与法律上保护自己的标准成果。要积极推动基于企业商业与社会利益保护的国家标准立法。产业标准，涉及企业的竞争力，涉及国家的话语权与软实力，也是国之重器，企业之重器。

通过创新参与社会发展建设

疫情暴发之初，口罩"一罩难求"，但有了企业参与，短短几个月，中国就把今后一百年的口罩产能制造出来了。疫情防控如果有更多企业参与，除了防护物资产能提升，还能在防护设备、装置上有重大突破。但很多简单产品，一旦加上医疗认证，就是巨大门槛，严重影响企业参与的积极性。

建设中国式现代化的目标，不仅是经济目标，更是社会目标。不单经济发展是社会建设目标的基础，更要借用经济建设的力量，去推动社会建设目标的实现，特别是提高目标实现的效率与人民的满意度。而中国的社会力量与企业组织，也要通过自己的努力，向政府展现其通过创新创造解决社会问题的能力，帮助政府提高效率、减少开支，达到事半功倍的效果。

笔者这几年接触了深圳一家垃圾回收企业，年销售额20亿元。印象中，垃圾回收是政府事务。深圳由于是新设立城市，没有那么多事业单位提供社会服务，于是通过服务外包推动了一批垃圾回收公司的发展。实践证明，用服务外包的形式，其成本远低于依靠事业单位。

一方面，国家通过社会改革，释放更多社会服务发展空间给企业。另一方面，从生产制造到社会服务，也是很多企业转型的重要方向。党的二十大报告提到，中国式现代化是人口规模巨大的现代化、是全体人民共同富裕的现代化、是物质文明和精神文明相协调的现代化……这既是国家发展的方向，也是企业发展的新机遇。

笔者所担心的是，在旧经济结构已解构，新经济结构还没有形成前，经济发展会出现"空挡"状态。因此，冀望在新旧结构破立的窗口期，国家通过社会改革，释放经济发展新空间，激发经济发展新动力，以期达到对冲国际化利空的目的，让中国经济发展的火车，动力永续。

面对未来，中国企业家不应用过去全球体系视角来看待企业和产业的发展，而应超越中美博弈去审视全球市场，用全新的全球化视角配置企业的投资、经营资源。未来的企业应该站在新起点、用新格局去达成新使命。中国企业家的使命，就是通过技术、市场、经营、社会等各种创新，在完成原始积累的同时，重新配置国际的经济与政治资源，向未来开放。

未来图景并不清晰，需要在探索的进程中去塑造。因此，面向未来的企业，必须要有足够的开放性、包容性，不被固有思维束缚，勇于去尝试全新的模式，有勇气去跨越新的边界。

中国企业的国际化应该是星辰大海

2024年年底，促进会正策划名为"华人青年企业家星海领航计划"的项目。

该项目的目标是致力培养全球化、锐意创新且具长线思维的新一代华人青年企业家精英，促进国内企业家与海外华人企业家的深度交流与合作，启航国内中小企业全球化之旅。内容涉及中国产业升级与全球价值链重构、数字文明与协同革命、制造业出海新范式与技术标准输出、创新与未来商业话语等，探索"让华商从生意人进化为文明缔造者"。

时间来到2025年4月2日，美国总统特朗普在白宫签署两项关于"对等关税"的行政令，宣布美国对贸易伙伴设立10%的"最低基准关税"。在特朗普展示的图表中，美国对中国实施34%的"对等关税"，对欧盟实施20%，对中国企业出海投资比较集中的越南、泰国、印尼的"对等关税"分别是46%、36%与32%。

美国的关税政策扰乱了中国企业国际化的布局，也影响了众多企业对未来经济发展的信心。为此，促进会在4月10日晚组织了一期主题为"美国'全球加税'，出海走向何方？"的云论坛，邀请专家与企业家共同探讨中国企业国际化的新问题。

同时，《中美日内瓦经贸会谈联合声明》发布，但全球化、世界贸易存在的问题是结构问题，中国企业新的国际化已然开始，未来企业仍要沿着既定方向深度布局，不应该因此而偏移。

拳击赛中的"贴近搂抱"

在特朗普政府推出"对等关税"新政策后，2018年就在越南投资工厂的徐总认为，2025年是以美出口为主的中国制造商生死攸关的一年。国与国之间涉及方方面面的博弈，但对于一家具体企业而言，订单涉及生死存亡，中间没有任何选择与妥协的余地。

刚开始投资越南时，徐总觉得越南像改革开放之初的珠三角，充满了生机与活力。当时，他经常哼唱的歌曲是《在希望的田野上》，PPT报告的封面是两位戴斗笠的越南少女推着自行车走在绿色田野上。

投资越南的前两年没有利润：一是新增投资带来财务负担；二是管理新工厂带来的成本，主要涉及国内管理层的派遣与当地工人生产效率的问题；三是依托中国供应链带来的各种成本。

但就在生产效率提升、企业开始获得利润的时候，一场持续几年的新冠疫情以及随之而来的运输、管控及各种不确定性，又影响了正常经营。疫情结束后，徐总刚要进行新布局时，疫情时期的过度备货却又影响了企业的利润。

"一家贴牌制造企业过去讲的不确定性，对今天的国际贸易而言绝对是'凡尔赛'。"徐总发现，企业布局国际化业务，很多事情都要自己把握，渠道与品牌自不用讲，还有售后服务、物流及关税政策等风险，不确定性就是常态。

面对新关税，徐总提出了三个建议：一是抱团出海，应对市场的不确定性，集合大家的力量将是第一要务；二是做好组织调整，打造一支能去到世界各地、领导不同文化背景员工的干部队伍，能够在世界各地组织生产制造；三是采用拳击运动的"贴近搂抱"策略。"关税大战"不仅为中国制造厂商带来巨大困难,也使客户遭遇新问题。中国企业应采用"抱紧和缠绕"的策略,就像拳击赛中面对不利情况时不应该退缩回避,而是主动迎上,和对手捆得更紧,与客户共同应对全球供应链震荡。

虽然投资越南暂时解决不了46%关税的问题,但徐总觉得,越南身段灵活,应该能解决美越的关税问题。近些年,徐总常去美国,对当地情况也比较了解。在他看来,美国与越南在经济层面不存在正面竞争。越南制造业属于劳动密集型,与美国期待回流的制造业没有关系。或许高端制造业有可能回流美国,但劳动密集型制造业绝无可能。

徐总讲,美国原来有很多非法劳工,干的都是粗活累活,美国人怎么可能干普通制造业?如果美国与越南都谈判不成新的关税协定,美国的消费品市场一定会通胀。

但徐总判断,"关税战"会深刻影响美国市场供应链的重组,在未来可预见的时期内,在海外供应美国市场的供应商将获得相对竞争优势。7年前,徐总投资越南,最宝贵的收获是应对不确定性的能力以及对客户和用户的认知。他认为,这是中国企业国际化必须拥有的基本能力,国际化是中国企业发展的必由之路,不是一时的贸易谈判能改变的。

从产品到客户

近期,笔者跟踪会员企业还了解到:从事竞技玩具等不受关税约束的企业,将继续保持全球销售。有的企业已经在美国建立公司,在当地设立仓库、建立销售网络,实现在客户端的增值;有的企业因为新关税,即将失去客户;不少企业通过提高售价以应对关税变化；有的企业放弃在印尼拿地建厂；有的企业在泰国的建厂计划如期进行，但要解决供应商本地化的问题。

2024年在泰国及马来西亚投资设立电力配套企业的蒙总，最近很忙碌，每天都要接待营收规模在百亿元以上的国内企业，有时一天能接待三四批客人。这些企业可以简单分为三种类型：一是积极开拓市场型，在美国当地有设立公司；二是调整生产布局型，如在泰国建厂，在印尼弃地，甚至有的企业将产线转至了多米尼加；三是等待观望型，选择先收集信息再做决策。

以前，笔者曾在《经济观察报》讲过阿雅的故事（详见专栏文章《吊扇越洋记：小企业如何在美国做品牌》，收入本书第四章）。如今，阿雅也计划在墨西哥新建一家吊扇厂，一方面她考虑墨西哥与美国毕竟有《北美自由贸易协定》（NAFTA），在关税方面比中国市场更有确定性；另一方面墨西哥的制造业更贴近美国市场。此外，墨西哥拥有1亿多人口，企业同时可以拓展墨西哥及南美市场。

最近回国参加广交会，阿雅提到，做国际贸易的核心在于掌握信息差。参加广交会的客户，一定会充分了解中国制造业的生产能力和产品价格，砍价非常狠。由于对美国市场需求非常了解，基于这种信息差，阿雅可以根据美国的市场价值报价。"所谓的国际贸易商就是深度了解市场需求，整合全球资源，创造市场价值。"阿雅说，没有贸易战，中国企业都是制造业，都是客户把情况摸得一清二楚，中国企业没有议价空间。今天，走出去的中国企业开始获得新的空间——信息差的空间。

从广交会的参展商变为采购商的阿雅，还带来一种新思维。她认为，中国要建立一套人民币对外的结算与报关体系，甚至可以发挥香港世界金融及人民币离岸中心作用，推动与中国贸易国的人民币援助、借款与交易结算。

在美国成立销售公司的平安麒胜公司李总说，自己以前也是工厂思维，考虑的都是产品性价比如何、价格竞争力如何，并在世界范围内进行比照。但在美国设立公司后，他需要把握的是客户需求，是把握信息的能力，而非单纯的制造能力。李总认为，只要市场有需求，他可以在全球市场寻找供应能力。企业需要把握定位：必须比供应商更了解市场需求，不能再把自己当作小企业、当成制造业，必须用全球化企业的视角审视自己。

对广州易而达公司来说，美国市场收入占其整体营收的20%~30%。但易而达公司的耿总讲，目前公司的订单很稳定，其产品主要是电子硬件，来自美国的客户是系统集成公司。硬件在整个报价中的占比并不高，并且提供解决方案的企业在美国市场有相当的议价能力，与简单的快消品相比，其消化关税增加的能力更强。

但耿总发现，他们的客户也在布局多国代工厂，以规避关税。他现在的想法是全力提升企业的自动化生产能力，以降低制造成本。中国的自动化智能设备非常柔性，生产设备可以变成几个集装箱，哪里是美国的关税洼地，企业就可以在哪个国家制造产品。耿总认为，从"卖产品"转向"卖解决方案"，帮助目标国实现工业化，或许是中国制造业未来最大的确定性。

从成本中转站到全球化实验田

广东制造创新中心首席架构师饶展，在"美国'全球加税'，出海走向何方？"的云论坛中分析认为，在这一轮关税战中，美国仍拥有在全球贸易中的造物权（商业和技术专利，服务贸易）、铸币权（造物信用，储备货币）与话语权（软实力与分化瓦解能力）。所谓的逆全球化本质是去中国化，不管用的是"指鹿为马"还是"逼迫站队"，目的还是倒逼先进制造业回流美国，并重新瓜分原来属于中低端商品获得的关税收入，以提高美国的政府财政收入。通过搅动全球贸易保护主义，提高全球商品流通成本，将美股资金挤入美债，削弱中国制造优势，阻止中国向服务贸易升级。

饶展认为，成本导向的"下南洋"将难以为继，企业出海需要有新布局，需要从"看货"转向"看人"。企业原来是靠成本、质量与交货期做生意，未来则需要靠近客户、靠近市场去做开发，企业的卖点是建立在开发客户价值之上的，要靠近人才做研发，靠近文化做品牌。

针对东南亚市场、企业出海新布局，饶展建议企业家们要抱着二次创业的心态重构团队，靠近客户做服务。企业必须完成从企业到产业的思维转变，企业原来谈体系都是内部架构，未来谈生态都是服务客户。原来，制造业企业不需要做市场与客户洞察，现在需要有在这方面投入预算的心理准备，围绕市场进行研发、研究，做精算、内容和投放。

饶展认为，对客户价值的认知与开发，不仅是出海企业需要具备的能力，也不仅是面向美国市场所需要的能力，面对日本、欧洲、中东、南美洲、印度、俄罗斯等市场都需要。中国企业要从"坐商"变"行商"，从接订单做样品转变为触达最终客户营销，从供应链到客户决策链。如果中国企业能够做到这样，或许会失去一个美国市场，但会得到全世界。

在泰国布局市场多年的奥金弹簧的吴总讲，对于中美的关税大战，泰国的中国企业还是很淡定的，很多大企业的投资还在增加。他认为，泰国跟美国关系一直不差；与此同时，泰国还是拥有华人根系的国家，与中国的关系也历来友好。在他看来，泰国与美国的贸易逆差不大，泰国政府会有所行动，主动增加购买美国能源等产品，以满足美国的一些要求。东南亚国家会处理好与中美双方的关系，吴总尤其看好泰国处理与中美关系的能力。

通过与投资东南亚的企业家交流，笔者认识到，国家关系与国际贸易不是非黑即白的关系，而是你中有我、我中有你。很多看似凶猛的东西，但考虑到惯性与潜在约束，很多政策在执行层面也会存在诸多变量。商业之所以拥有力量，就是因为其存在破解二元对立的智慧。

笔者能够理解中国企业将东南亚作为布局新全球化"大航海实验田"的逻辑：在国与国之间、商业与政治之间、不同文明之间，找到一种新解与破局之法。

新内容与新秩序

2025年3月，宝马集团宣布在中国启动360度全链AI战略，这引起了笔者关注。该战略以赋能数字化生产运营为基础，以提升全场景用户智能体验为中心，以促进研发领域的开放创新为支点，旨在加速推进宝马在中国360度全链AI融合，塑造人工智能时代的长期竞争优势。

宝马集团董事长宣布，宝马将接入DeepSeek，DeepSeek功能未来也将应用于国产宝马新世代车型。如果加上阿里的通义大模型与华为鸿蒙的系统，宝马实际上是在再造制造基因，它代表的已经不是德国巴伐利亚机械的内容，而是数智时代的中国方案。行驶数据、语音记录、消费习惯等数字资产，在AI的重构下将产生全新价值。

宝马反攻技术与市场的正确之处在于贴近中国供应链，更多采用来自中国产品的理念和定义。其原因在于，在过去多年完全市场化的竞争中，中国汽车业已筛选出极具竞争力的汽车设计和制造方案。

宝马对智能化的思考点是：宝马不生产车轮上的智能设备，而是将智能融入汽车的血脉。从中可以看出，宝马作为传统汽车品牌对于汽车智能化的全新认知：智能化不是设备堆叠，而需要从底层架构重新开发。

笔者曾在过往专栏文章中提及全球"灯塔工厂"西门子成都工厂的创新生态。为何德国的大企业对中国的创新生态情有独钟？为何奔驰公司的理念不再是"在中国，为中国"，而是升级成"在中国，为全球"？奔驰要将在中国形成的创新生态，应用于在全球的竞争中。

实际上，宝马也正是希望将中国车企的生态优势，转化为它们新的全球优势。毕竟，宝马有全球品牌与渠道优势。

来自理性制造业的德国企业，同样非常理性地看待资本与政治对制造业的侵蚀与瓦解。它们客观地对数字化时代制造内容的迭代与重写做出分析，充分理解当下全球化结构的形成原因，并基于此做出理性的判断，希望借此建立新的全球化竞争格局、塑造新的秩序。

去政治化与去资本化可能使制造业的思考更加清晰与客观，这不仅应是德国企业思考的逻辑，也应当成为中国企业国际化思考的基点。全球化是一个大拼盘，不管是反攻技术还是市场，希望市场能够回归本质，而客户与内容才是市场的本质，不是制造，更不是政治。

作为先行一步的跨国企业，德国企业的思考值得中国企业学习。所谓工业革命，就是技术上的进步必须为人类的福祉服务，而非为少数人的利益。

企业家精神与文明的底座

近期，笔者一直在思考中国企业国际化的商业伦理等问题。

19世纪末，德国著名哲学家、社会学家马克斯·韦伯在其《新教伦理与资本主义精神》中揭示了资本主义精神的文化根源。他认为，新教伦理（尤其是加尔文宗）的观念推动了资本主义精神的形成：信徒需要通过世俗职业的成功证明自己是"上帝的选民"；劳动被视为神圣使命，勤奋与节俭成为道德义务；反对奢侈享乐，鼓励资本积累而非消费。这些观念催生了理性化、系统化的经济行为，为资本主义的发展提供了精神动力。

在资本主义工业化与全球化的过程中，宗教伦理逐渐被工具理性和世俗规则取代。马克斯·韦伯用"祛魅"一词描述人类在用现代文明的成就摆脱蒙昧的同时，却因现代化演进中一些伦理失去意义而使人类的商业发展陷入困境。

马克斯·韦伯认为，资本主义一旦成熟，宗教动机就会逐渐消失，工具理性（追求效率与利润最大化）占据主导，形成"铁笼"，人被理性化的经济系统束缚，而使价值理性缺失。

虽然部分政治与宗教精英仍秉持"天定命运"等类似使命观，但当一个国家通过关税、技术封锁甚至战争来维护霸权，当资本集中（垄断组织、跨国公司）出现并由金融资本主导，实现全球化扩张以后，商业行为以市场规则、法律和技术创新为核心，商业伦理问题（如环境、公平）已经成为外部约束。缺乏伦理约束的商业社会，就是"祛魅"后的资本主义社会。

西方商业及思想家也努力倡导从"利润最大化"到"系统共生"建设的转变，并认为新商业伦理不再仅是企业的道德装饰，而是生存必需。他们正试图构建一种"系统伦理"：将商业视为地球生命网络的一部分，要求其同时承担生态修复、维护社会公正与保持技术克制的责任。商业的目的不应是无限扩张，而是维系文明的可持续共生。但这些声音在新一轮"美国优先"的声音中戛然而止。

人类需要一种思想引导全球化商业的未来，以使人类全球化的商业实践不至于回到分裂甚至没有伦理约束的"祛魅"阶段，回到"大航海"时代弱肉强食及重商主义阶段。

被誉为"近世以来最伟大的历史学家"的英国历史学者阿诺德·汤因比在《展望二十一世纪》书中曾提到，中国文明的历史经验与智慧，可能帮助人类应对西方技术文明带来的全球性危机，并为新文明形态提供精神资源。

汤因比讲，21世纪是中国人的世纪，主要指中国的文化尤其是儒家思想和大乘佛教，引领人类走出迷误和苦难，走向和平安定的康庄大道。他认为，以中华文化为主的东方文化和西方文化相结合的产物，将是人类未来最美好和永恒的新文化。

当然，汤因比所讲的实现条件是中国必须完成自身传统的创造性转化，将儒家伦理与现代治理结合，才可能成为"全球性国家的原型"，为人类提供一种超越民族国家冲突的治理模式。

在德国的制造业文化中，"科学理性、一丝不苟、精益求精、合理谋利"已经融入德国人与德国制造的血液中，这些文化也深刻地影响及塑造着中国制造的发展。当德国的制造文化与中国制造业的创新生态结合，两者又生成了新的价值观念。

中国在积极向全球发展中国家输出工业化能力（如基建、技术赋能）的同时，正在构建多极化、包容性的全球贸易体系。中国的制造业正通过 AI 重构，将其强大的工程基因变成数字时代的数字化红利，并全力拓展技术实用主义的全新战场：不追求绝对技术领先，而是用成本重构、场景深耕和生态协同，重新定义全球贸易的创新规则。

　　在与笔者访谈的众多企业家中，虽然很多企业家觉得现阶段很困难，但更多人认为，美国加关税是挑战更是机遇，中国企业须以韧性（内功）与活性（全球化布局）双轮驱动，在文明竞争中开辟新路径。

　　中国企业的国际化应该还是星辰大海，尽管现在还没那么豪迈与坚定。

第四章 新企业：中小企业数字化转型与逆势增长的密码

土地正成为中小企业高质量发展之痛

促进会的一家会员企业负责人之前找到笔者，说在广州附近有一块三四百亩的工业用地，原来规划盖普通的钢构厂房，容积率不高。但顺德的朋友告诉他，土地如今是稀缺资源，容积率低了不合算，怎么也要跟政府要求提高容积率，说容积率就是钱。

他一直犹豫：提高容积率，做成工业园，担心投资扩大，园区建设好招不到商，需要我们协助招商。由于一再犹豫，这块地已经过了政府规定的建设期，每天要交2万元的滞纳金，企业负责人非常着急。

企业方不理解：跟政府拿地，地价这么高，还要承担产值和税收要求，一旦过了建设期，罚款这么重。提高容积率也要大费周章，投资强度大了政府不是更合算吗？以前企业没土地难，现在有土地更难，土地怎么这么烫手了？

疯狂的土地

2021年，广州、佛山、中山等地，商住房地产陆续出现流拍，地王不再。与此同时，工业用地却供给紧张、价格屡创新高。其中缘由究竟是什么？

自2012年1月出台《深圳市城市更新办法实施细则》起，深圳市大力推动城市更新。很多企业转移到珠三角其他地方，毗邻深圳的珠三角地区工业厂房价格及租金受此影响上涨。随着中央政府对房地产市场的调控，大量资本进入工业地产领域，也带动近三年来珠三角地区城市更新、工改工、村级工业园改造的热情。

2021年上半年，广州市城市更新改造土地面积突破2000万平方米。2020年和2021年，佛山顺德每年拆除整理土地面积3万亩，到2021年年底累计拆除整理超8万亩，改造约5.5万亩。但由于资本角力，哪怕工业土地供应增加，珠三角工业用地还是陆续拍出天价。

工业地产中介成交数据显示，从2020年年底到2021年年底，深圳、东莞、惠州等珠三角城市的一些厂房租金上升了50%，个别地方甚至翻了一倍。

相对于房地产，工业地产证券化水平不高，其投资价值在投资商看来远被低估。珠三角是制造业集聚区，工业厂房需求量大，规模也大，适当梳理就可以大规模证券化。工业地产可以规避中央对房地产的管控，可以吸引资本投入，因而被开发商、地方政府、投资客以及银行看好。

目前，工业地产的开发者主要有四种主体，一是政府，二是专业的工业地产运营商，三是住宅地产、商业地产等地产界人士转投工业地产，四是实业企业转投工业地产。本章开头的那家企业就属于第四种类型。

很多游资也进入工业地产领域，见房就收，操控工业厂房租金市场。据了解，10年前深圳很多厂房就被中间商控制，这个趋势已逐步在珠三角蔓延。

从房地产到工业地产，地产炒作进入工业地产领域，开始推高中小制造业企业用地、用房成本。2019年出台的《广东省促进中小企业发展条例》也关注到相关问题，其中第31条提道："县级以上人民政府及其有关部门应当加大工业厂房租售市场监管力度，完善工业厂房供需信息发布机制，促进租售信息公开透明。"但该条例没有细化成执行文件，政策力度被大大削弱。

为满足中小企业发展的用地需求，《广东省促进中小企业发展条例》规定："根据中小企业创业创新和生产经营需要，依法合理安排中小企业发展用地。县级以上人民政府及其有关部门应当通过弹性年期出让、先租后让、租让结合、长期租赁等方式向中小企业供应土地；允许中小企业在国家规定期限内按照合同约定分期缴纳土地出让价款；支持工业厂房按照幢、层等固定界限为基本单元分割，转让给中小企业。"对此，广东省国土资源厅出台了相应的配套政策。

本来，分层、分幢销售可以让中小企业获得有产权的物业，却因此推动了工业厂房商品化的速度，被开发商利用，给予资本操控的空间。大量的"工改工""村改"让许多中小企业失去了经营场地，很多租金到期的企业，面临着要不关门，要不迁走的困局。

一家处在广州番禺的装备企业，技术水平较高，员工以本地人为主。该公司负责人透露，"专精特新"企业工艺也是竞争力，如果企业搬走，意味着很多技术精湛的熟练工流失，对企业发展影响很大。虽然当地政府也关照可以给土地，但地价要150万元，还有税收和投资强度的要求，如此算下来要多投一个多亿。换若平常年份还好，但这几年遇到新冠疫情、原材料涨价、中美贸易战、汇率等诸多问题，经营充满不确定性，企业并不敢盲目投资。

在"旧改""村改"的进行曲中，大量中小企业被迫搬出原来相对廉价的厂房，这对于处于经济发展逆周期的中小企业而言，无疑是雪上加霜。

中小企业常被冠以"落后产能""脏乱差"之名而倍受挤压，被迫关停并转，让笔者想起了斯坦贝克的小说《愤怒的葡萄》，农民土地被大公司没收，无家可归，只得向西迁移，寻找出路。

被错读的高质量发展

很多地方政府，把城市更新和"工改""旧改""村改"冠以高质量发展之名。从地方政府的经济发展数据看，"工改""村改""土地整理"确实让GDP、财税实现增长。但其增长的逻辑，究竟是企业竞争力提升带来的增长还是拔苗助长，需要细细探究。

土地对于中国制造业密集区的珠三角而言，的确是稀缺资源，也是制造业不可或缺的生产要素。我们谈高质量发展，经常提到投入产出比、每亩产值、每亩产税收，也按照这种方式招商引资。企业需要土地资源，特别是珠三角制造业密集，供应链齐全，地价高些企业也理解。

但我们所看到的GDP增长，财税收入增加，是制造业内在发展的结果吗？究竟是制造业发展逻辑还是房地产的投资逻辑？

政府规定，一亩土地必须带多少产值、税收和投资强度，企业拿土地就需要贡献产值、税收和投资。用土地的稀缺性所换回来的制造业高质量发展，没有制造业高质量发展的过程，只有结果。

深圳2020年下半年暂缓城市更新，让几家"专精特新"的会员企业松了一口气。城市更新虽然能让政府的土地转让收入急剧增加，掀起又一轮土地造富运动；但流失的却是一批批中小企业，其中不乏优秀的专精特新企业。

毋庸置疑，资本是逐利的，大量的土地整理和改造，必须介入资本。但资本的进入会侵吞微薄的中小制造业企业利润，让困难时期的中小企业雪上加霜。

人们经常说中小企业要转型，要淘汰落后产能，要规范企业发展，这都是中小制造业企业发展的方向，但这些应该是市场竞争、市场调节的结果。如果政府通过土地改造、资本输入，大量增加制造业用地成本，以致影响制造业利润，是得是失还要斟酌。

当然，市场也有失灵的时候，需要发挥政府的调控作用。但从中国改革开放40余年的实践看，中央政府的调控主要还是逆周期调节。当国外出现经济危机，中国就会大兴土木，开启投资拉动模式，主要是在国外经济低潮期在国内做增量。宏观调控是在经济过热期做减量，在经济困难期做增量。当前，无疑处在经济发展的调整期、困难期，地方政府是不是能够对中小制造业企业雪中送炭？而这轮土地改造，显然不是。

珠三角的产业规划比较混乱，特别是村镇一级的工业园，历史遗留问题多、权属复杂、利用率低，布局散、污染大、隐患多、利益杂，这些是现实问题，不是今天才存在的。但现在整个珠三角都在大张旗鼓地进行土地整理，一个小区域动辄上百个村、十几万亩地，拆房砍树，把很多中小企业赶走，有些企业可以搬回来，但搬企业又不是搬家那么简单，大多数企业是经不起折腾的。

当前不仅仅是经济转型期，也是社会观念、意识的转变期。对企业和政府来说，对发展高质量经济、高质量社会的探索，任务艰巨、伴随阵痛。社会各个层面需要同舟共济、携手同行、相互包容和理解。

行业竞争激烈，企业的毛利率会下降，这就要在经营上下苦功夫，通过创新提高毛利率，在管理上降本增效。政府在经济的发展上，已经不是招商引资时代的增量发展，而是需要在内生发展上做存量提升，难以一蹴而就。

珠三角的高质量发展之路

具体到珠三角地区经济产业的高质量发展，须重视四个方面：

其一，珠三角可以走绿水青山之路。珠三角本是鱼米之乡，不管是"旧改"还是"村改"，抑或是其他形式的土地改造整理，都不能把它真正全改成广州和深圳。它还必须是河流交错、乡村秀美、工业发达的发展模式，可以是德国工业模式。德国的隐形冠军，都隐藏在美丽的乡村里面。珠三角仍然可以走"青山绿水就是金山银山"之路。

如果"旧改""村改"后到处都是鳞次栉比的工业区、写字楼，珠三角就不是现代化的鱼米之乡。一个有竞争力的产业生态，其价值不是多少个大干快上的工业园可比拟的。

其二，重新梳理珠三角的产业体系。2020年5月，广东省政府发布了《广东省人民政府关于培育发展战略性支柱产业集群和战略性新兴产业集群的意见》，对全省产业集群的发展做出梳理，并规划出广东省十大战略性支柱产业集群和十大战略性新兴产业集群发展方向。珠三角便是广东产业集群发展的重要腹地。

改革开放之初，珠三角产业集群的发展，主要依靠毗邻港澳的区位优势，劳动力及土地成为主要生产要素。随着经济持续发展，劳动力及土地成本大幅提升，产业集群发展面临退化的威胁。

产业集群的提升需要依靠新要素的供给，如大数据、品牌、工业设计、研发等非物质要素。新要素的供给已然不单是政府能够提供的。政府比较擅长的还停留在供给土地、招商引资方面。

地方政府必须改变观念，发展地方经济要从做招商引资的经济增量转化为做经济存量的提升；必须重新梳理产业发展地图，因地制宜做好产业规划，培育产业促进中间体，引进及培育促进产业发展的新要素。

其三，要把新型工业园区的建设，打造成产业提升的突破口。当前，"旧改""工改工"中，政府比较注重的是土地的价格及所摊分的税收及产值，重点关注的是现期利益。

20世纪六七十年代，曾经的传统工业城市意大利米兰，在新的国际分工背景下，工业发展也一度陷入困境。后来，米兰大力发展设计业、展览业，成为全世界的设计之都、品牌之都、展览之都和时尚之都。米兰也没有因此大拆大建，而是把历史变为时尚的元素。

政府在经济发展上不要动辄就冲到一线，而是要创造好环境，毕竟政府的行为事关重大，要十分小心观察其行为对社会造成的冲击。产业发展新要素的培育，可以借助新型工业园区的打造来形成，不只是土地价格问题，而更要完善园区功能。新型的园区建设需要做产业分析和定位，需要发展培育产业服务中间体，关键是产业内容。

其四，政府发展制造业，也需要有工业精神。工业精神强调一丝不苟、精益求精、合理谋利。政府也需要科学、理性地理解制造业，理解制造业发展的客观规律及发展路径。产业发展不能用房地产的投资逻辑，而是要用工业逻辑去统筹好资源要素。

用房地产、投资逻辑去做制造业，把社会最好的资源配置给投机者，会助长整个社会的投机心态，助长功利主义和权力主义，助长社会浮躁心理。工业逻辑运作的原则是把最好的资源配置给真正的增量财富创造者，其效能和效率最高最好。

企业高质量发展的认知

位于顺德陈村的一家超硬材料企业，是陶瓷磨具行业的"隐形冠军"企业。这几年由于房地产发展停滞，对陶瓷瓷砖的需求减少，陶瓷企业所需要的磨具也减少，该领域成为缩量市场。为应对市场变化，企业引进了 TOC 管理，对所有经营节点全面管控，业绩和利润不降反升。

企业负责人提到，以前觉得要扩大规模，企业就要扩大投资。现在企业做减法，降低成本，形成竞争力以后，反而迫使管理能力不善的企业让出市场。企业认为，竞争这么激烈的行业，通过管理改善，居然还可以获得业绩倍增，说明中国制造业高质量发展还大有空间可挖，制造业还是有巨大发展的潜能。

广东省中小企业发展促进会多年来坚持开展各种制造业管理培训班，组织中小企业学习精益管理、供应链管理等，已然蔚然成风。8 年培训 3 万家企业、10 万人次，让千千万万个车间、工厂，发挥一线员工创造力、创意，每年可省下十几万、百八十万的企业，比比皆是。

顺德龙江的一家家具企业，经过 3 年精益管理，降低几千万元的库存，交货准时率大大提升。企业老板说，没有精准的供应链管理，他们不敢花几千万元押金去竞争由日本、德国企业长年控制的机场航站楼家具生意。

同样来自佛山的一家电容器企业，老板说，以前产品80%外销，觉得毛利率高、利润高理所当然。中美贸易战后，企业80%产品转内销，毛利率从45%下降到20%~30%，没有精益管理，企业准"死"。

几十年前，改革开放初期，制造业开始是人口红利，接着是供应链红利。相对而言，企业毛利率较高，管理比较粗放也没有问题。当经济发展进入逆周期阶段，企业不在管理、经营、创新上下功夫，就没有竞争力，就会被淘汰。

正是经济下滑，迫使企业提升管理、钻研创新，走高质量发展之路。这过程中，企业必须在以下三方面有清晰的认知：

第一，企业必须深刻理解制造业的文化逻辑。中国经过40多年改革开放，已成为全世界工业门类最为齐全的制造业大国。企业必须理解，制造业不是如传统商业通过囤积居奇的方式获取利润，也不应通过资本放大杠杆获取利润。制造业必须实实在在通过生产实现价值，不能急功近利，投机取巧，而是科学管理，创新发展。

第二，要正确理解土地的作用。土地仅是企业生产的要素，不是高级要素。企业生产的高级要素是专业人才、科技研发等。广东江门有一家企业，16亩地就可以产出一家年产值近10亿元的制造业上市公司。老板说，场地紧凑就是"风水"，地方不大就要优化生产流程，可以省人工、省物流。他形容因为制造业本身不赚钱而通过囤积土地赚钱的老板"堕落了"。真正从事制造业的企业，必须慎重对待投机所带来的利益。

第三，企业从事工业园区建设，必须为产业集群升级服务。企业需要理解政府发展经济的用心良苦。

大数据、研发、品牌、设计、策划、标准等新要素资源，需要经过有机整合、市场验证，这不是政府所擅长的服务。那么，企业就要遵从制造业发展规律，服务于政府在产业发展上的规划。通过产业园载体，成为产业服务中间体，实现创新要素供给，赋能企业发展，为产业集群升级服务。

在国外，成熟的产业园区，租金收入仅占到总收入的40%，主要收入是投资及服务。广东省有400多个产业集群，面临的产业升级压力之大不言而喻。民企参与工业园区建设，可以用新的理念，服务产业升级，服务地方经济发展。

这是一个新时代，也是国家、产业、企业观念转变的时代。过去，地方经济、企业发展的很多理所当然的观念和做法会受到挑战。显然，国家提出的高质量发展，不仅是经济的高质量发展，而且是全社会的高质量发展。

我们已经尝试把制造业所推行的精益管理引进到厂房、园区的规划中。医院、火车站、机场等人流密集的场所，也可以大量采用精益管理。政府的很多社会服务也可以采用精益管理。

总而言之，高质量发展不是一个口号，应是一场伟大的社会实践。经济高质量发展，去浮躁、去投机、去炒作，实实在在为实体经济发展服务。资本、土地都必须为制造业发展服务，不应让它们成为中小企业发展之痛。

制造业也必须有内生发展的方向，构建中国的制造业文化，建立更加成熟、可靠、理性的中国产业体系，形成和培育中国社会新的商业伦理及工业发展逻辑，这才是未来中国产业发展的常态。

第四章　新企业：中小企业数字化转型与逆势增长的密码

存量经济时代，中小企业怎么发展？

笔者接触的很多制造业老板并不主张与太太在同一家公司上班，担心员工认为企业是"夫妻店"。参加了促进会举办的"专精特新企业融资上市培育班"后，广州市百福电气设备有限公司（以下简称"百福电气"）的董事长张学美反将他的太太邀请到公司上班，担任人力资源部负责人。

张学美说，企业转型最大的契机，就是要听到不同的声音。太太对丈夫最了解，表达方式最为直接。虽说谏言难听，但企业决策，就是需要真实，真实才能拓展决策者思维的空间。

那么，百福电气作为一家处于转型期的中小企业，正面临怎样的抉择？

百福电气的艰难选择

百福电气，曾用名是"百德福电气公司"，成立于2007年，是一家专业生产各类变频调速器、一体化水泵专用控制器的制造商。

张学美1992年大学毕业到广州，在一家国营企业从事电力信息化方面的研究工作。1996年离职创业，从事水泵变频控制器的研制与生产，属于入行较早的行业前辈。但后来他发现从事变频器生产的厂家越来越多，禁不住一位老乡的诱惑，觉得卖家具更赚钱，于是中间有 10 年转行去做家具生意了。

张学美后悔地讲，不管是做变频器，还是做家具，做企业都必须一心一意。如果当时在变频器的研发上一直坚持全力以赴，再过 10 年，一定能成为行业冠军。现在的汇川技术公司市值超 1000 亿元，早期也是从变频器业务发展起来，再到后来的伺服、PLC（可编程控制器）、工业机器人等。

张学美回想起来，企业的选择非常重要，坚持也重要。他说自己年纪慢慢大了，现在经不起折腾，希望有一个更加清晰的发展方向。

笔者问，为何解决企业发展定位问题如此迫切？张学美说，自从太太到公司上班后，就发现企业没有清晰的发展战略，她从事人力资源管理，组织是服务于企业战略的，没有明确方向，人力资源管理难以有效开展工作。

张学美说，从家具企业回来以后，他继续集中精力发展水泵变频器，在行业小有名气。本来做得好好的，不料几年前产品被浙江一家小企业仿冒了，对方以低于百福电气产品 30% 的价格出售，给公司发展带来挑战。

后来经笔者建议，张学美把仿冒产品拆出来，看是真的假冒伪劣还是假的假冒伪劣。结果产品一拆，发现除了品牌是伪造百福电气的以外，产品质量也没差到哪儿去，属于"假假冒"。但对方成本只有百福电气的 60%，于是"假假冒"抢去了百福电气不少出口市场份额。

一开始百福公司的员工不相信，觉得不可能。但现实就是事实，于是企业便奋发图强，强化精益管理，终于也把成本降了下来。

2023 年年底刚好国家兴起建设智能水务系统，百福电气参与投标。由于做过精益管理，成本比一般公司低，百福电气投标把标的金额降下来，基本都中标。2023年11月，百福电气的订单已经接到下一年的5月份。张学美信心满满，觉得2023年企业可以打一场翻身仗，实现倍速增长。

但到了4、5月份，张学美又发现，订单减少了很多。国外的一些订单没了，国内来自智能水务系统的订单也在减少。让他信心满满的倍增计划打了一个大折扣，使他对未来企业的发展产生了忧虑。

在充满机会的时候，企业可以多线发力，在充满不确定性的阶段，企业要做好定位，张学美如是说。他认为未来百福电气的发展有三个选择方向，并对每个方向都做了深入思考：

一是坚持做传统的水泵变频控制。在变频水泵这个细分行业里面去做，做专用的变频器，将小赛道跑到极致，成为细分行业冠军。但他觉得水泵变频器一套也就几千元到几万元，市场规模不大，也就十几亿、二十亿的规模，单做水泵变频器，企业难以将规模做起来。当然，他也担心，做智能水务系统集成的企业，哪天也会做变频器，一旦遇上这种"降维攻击"，百福电气就没有生路。

二是做系统集成，为智能水务提供系统解决方案。智能水务这一块，全国市场非常大，有旧小区的泵房改造，有新小区的建设，应该有几千亿市场。百福电气2023年所中的标的就是来自广州自来水的项目。但这又有一个问题，就是企业一边做控制器，一边做系统集成，跟客户就会有竞争关系。

三是做"万物互联"的产品。他读完"专精特新企业融资上市培育班"后，意识到未来是万物互联的时代，在智能水务基础上加上智能传感器，就能够实现对于智能系统的控制，向产业互联网方向发展。他认为，百福电气设备如加入芯片卖到全世界，通过平台可以做成远程维护。特别是将控制系统体现在 App 上，比国际大企业那些 PLC 触摸屏的控制系统运行效率更高、更灵活，远程控制成本更低，企业竞争力就会非常强。像现在的自来水公司，形成物联网以后，读取与监控各个子系统的数据，成本就很低、很简单，效率很高。因此，物联网的机会无限。

有时候，想得越多，困惑越多。想象力越是丰富的产业，越是无边无际，投入也越多，心里越是没谱。特别是物联网这块，这种平台有太阳能的，有智慧泵房，国内的，国外的，机会好像更多。

转型期的企业，最难的是如何选择。

制造业需要一些坚守

创业企业有一种"小老树"现象，就是长不高。很重要的原因就是小树资源有限，但又太早往周边长枝条，所以树要长高，首先就是砍掉枝叶，在早期向上生长。企业向周边长枝条，就是机会主义，忽略了企业核心能力的建设。

张学美反省当年离开控制器行业 10 年去做家具企业，就是受到诱惑，觉得家具行业毛利率高，比较赚钱。但当真正进入一个行业，才发现问题并不会比原来的行业少，很多方面还不如原来的行业。他感慨道，人一旦念头繁杂，心神就不定。前几年光伏行业发展迅速，又有朋友建议他进入光伏行业，说光伏行业也需要变频技术。他说幸亏没去，去了可能又是血本无归。

张学美讲，有时候心动了，看到什么都是机会。他的一位同学，其企业在疫情之前并非从事新冠检测业务，一年销售也就

1000多万元。疫情期间这位同学反应快,抓住了机会,发展检测业务一年竟然获利2亿多元。虽然,现在核酸检测行业没了,可他又抓到了新机会,跑到国外发展检测事业,做得如火如荼。这位同学建议,国外的变频水泵需求量极大,可以跟他一样拓展海外市场。

张学美认为,以前企业决策完全靠个人感觉。如果是在机会较多的年代,犯错成本不高,大家就可以这个试试,那个试试,不行再回来。然而,现在企业犯错可能就回不来了。哪怕是机会找人的年代,没有专心做事,看起来转换一个赛道也赚钱,但赚的是机会的钱,赚不到行业红利。如果当时百福电气一心一意做变频水泵控制器,那可能已经是"隐形冠军"企业了,换来换去,机会就没有了。而且,随着人年纪渐长,学习成本高了,错过了,就真的错过了。

张学美如今悟到,经营企业就是一项修行。经济发展初期,机会多,社会浮躁,人心也浮躁。人心动了,没关系的东西也就变得有关系。人朝三暮四,很多东西把持不住,就会无事生非,错失企业发展良机。

他解释说,有些人长袖善舞,反应速度快,整合能力极强,疫情三年,可以借机抓住各种各样的机会做成生意。他做制造业的,如果没有这个禀赋,硬是要跟着机会走,可能画虎不成反类犬。干制造业的,还是需要一些坚守,需要一心一意。制造业精神,就是长期主义的精神。

存量经济时代的发展之道

张学美悟出了"一心一意",而更多的企业还在"三心二意"。

原《哈佛商业评论》出版人、上海汉彬洲管理咨询公司合伙人曹阳在服务多个中小企业的绩效改进后发现：很多企业绩效差，其实就是组织资源配置不当。一旦一家企业的业务涉及多个领域，产品线长，大量人才、资金被分散，每个业务都没做到饱满，利润就会被分割，甚至亏本。

曹阳提到他们最近的一个咨询项目，企业业绩不好，就重视销售。销售接回来很多新订单，都是需要经过研发部门重新改进、生产部门重新调整产线的新品。看起来每个部门好像都有业绩，但仔细一算，改进的研发需要投入，改进后的产品形成不了规模，没有利润可言。结论是接这种订单越多，企业"死"得越快。

他告诉笔者，他们让企业绩效倍增的一个简单做法就是重新核算企业产品的产出。什么是产出，就是销售减去投入，再减去所有生产成本。他举例说有一家企业，给大企业做产品加工，觉得毛利率太低，应收账款要90天，老是想自己创新做品牌。结果，几年过去了，企业的利润率更低。后来把所有项目做一个核算，发现给大企业加工的项目最赚钱。为什么？就是企业与大企业合作多年，已经实现了制造过程的无缝对接，生产系统完全对接，生产效率极高，周转快，企业效益就好。

笔者曾接触一家从事金属铝阳极氧化染料及助剂生产的国内技术领先企业。据介绍，该企业年销售额有一两亿元的规模，而产品市场的应用面非常广泛，涉及汽车、手机、电脑、船舶、家电、运动器材、化妆品等行业。

笔者想了解其目前的市场主要集中在哪些领域。该企业回答说，是3C产品，比如苹果电脑、手机壳等。笔者就建议，集中在三个行业，最好是一个行业能够做到一个亿以上的销售。如果一个行业能把目前产能吃饱，哪怕一个行业也行。中小企业能力和资源不足，贪多嚼不烂，做多就是少。

这家企业在组建研究院，主要便是研究行业技术应用。笔者还建议，企业正在组建的研究院，除了技术研究，还要研究应用场景、行业规模及进入某个行业的可行性。

笔者在珠海探访一家从事空调智能控制器生产的企业。该企业下游部分产能外迁，国内市场存量不足，行业开始内卷，毛利率下降了，负责人表示焦虑。了解到该企业是技术驱动型的企业之后，笔者建议：一是全面精益管理，每年要持续降本5%以上；二是需要规模效应；三是可以考虑跟着下游企业去东南亚发展。

高毛利率的年代过去了，就要主动降低价格以获得市场。不能仅是给一两家公司供货，而是要同时给全世界同行业的企业供货，全世界单品市占率达到30%，才能有话语权。去东南亚发展的目的还是提高国际市场占有率。

存量经济时代，企业就是要知己知彼，知道自己是谁，基因是什么，才能够找到适合自己发展的定位与路径。每个企业的基因不同，获得资源的方式不同，进入市场的方式就不同，发展逻辑就不同。中小企业就如同千人千面，没有放之四海而皆准的方法。

企业自身定位的过程，就是企业与企业家修炼的过程。"知人者智，自知者明"，不知己，难以达明。企业的自我寻找，其实就是去掉机会主义，去掉贪多求全的思想，回到精益求精、精耕细作的过程。这也是企业"专精特新"发展方向的意义所在。

百福电气如果做智能水务系统，跟客户竞争是一方面，关键是做系统的能力，必须比客户更加理解产品的应用场景，清晰了解智能水务给客户与用户带来了何种新的价值。企业的软硬件系统能力要很强，跟甲方的沟通能力要非常强。如果智能水务的甲方是政府及国企，还需要理解政府与国企未来的支付能力，或者找到新的方案，解决甲方效率及支付能力问题的新路径。

如果百福电气做万物互联，做产业数字化企业，其能力要求可能是如何建立产业的数字化思维。传统企业做数字化，必须用数字化逻辑重构产业，要提高产业效率，要有倍速增长效率，否则不足以改变用户习惯及行业格局。

技术型的企业，跟前面提到的空调智能控制器企业一样，需要主动降本增效，甚至将研发力量投到降本增效上去。不是通过研发创新溢价，而是通过研发实现降本。还需要扩大规模，只有规模大了，才能真正降本。扩大规模的前提，还是理解各种客户的需求，要与行业一同进步，一同降本增效。

存量经济时代，机会是靠自己把握的，需由内而外的发展与把握机会。没有太多机会的选择，才是真的选择。企业与企业家需要修炼，需要敬畏规律，敬畏自然与禀赋。

基于工业精神为企业发展做抉择

企业发展、企业家修炼，离不开工业精神。

形成于农业社会的中国商业文化基因，是通过低买高卖获得利益。如何实现低买高卖？就是通过信息不对称、特许经营或灰色交易等。历史上商业与商人都非中国社会主流，地位不高。在农业社会的价值判断中，商业不似农业一般能够通过生产创造出新的价值。

西方资本主义及西方文化的崛起，恰是因为通过工业革命为人类社会及商业文明发展提供了新的价值。同时，西方的契约文化、科学理性文化与经过不断改良的希伯来文化也在观念与价值判断上支持了资本主义的发展。

如果说英国的第一次工业革命还是大航海全球贸易的延续，有其商业属性，那么第二次工业革命所带来的科学理性、严谨不苟、精益求精、专业认真精神，才是工业文明的真正内涵，或称其为工业精神、工业文化。

中国改革开放 40 余年的经济发展，夹杂着中国商业文化中的机会主义、资本社会的投机主义与国家重商主义，"天下熙熙，皆为利来；天下攘攘，皆为利往"，冲击着中国过去几千年的社会文化、秩序与价值观，也主宰着中国现代经济与商业发展的起起落落。

巴菲特曾说过这样一句话：大潮退去，才知道谁在裸泳。如今，西方对华所谓的"去风险"，犹如"退潮"。而这次的退潮，恰恰让人们看到，如果没有了机会，中国企业是否在"裸泳"。如果不希望"裸泳"，就必须思考，其存在为产业、社会、世界的发展，带来了什么新的价值。

没有创造出全新价值的企业与经济体，就是投机者、重商主义者。不是通过技术创新、管理创新、模式创新、制度创新带来的经济发展，是不可持续的发展，不可能得到全世界的认同与尊重。因为它很可能会让改革开放的成果毁于一旦，回到中国过去落后的商业文化，无法通往人类新商业文明的未来。

中国的企业家及社会，确实需要回归科学与理性、创新与创造、精益与求精、求真与务实，摒弃西方资本的投机、摒弃资本社会的急功近利与重商主义，刷新中国的商业文化，发展中国的工业文明，建设基于服务人民美好生活与人类命运共同体的全新商业文明。

百福电气的很多业务场景其实就是为了解决百姓日常生活的

问题而打开的，公司有很好的动机去创新与提供社会服务，但创新与商业需要聚焦才能有更好的效益，社会效率与企业的效益是相辅相成的。

中国企业在尊重商业规律、人类工业文明并积极创新的同时，也可以把中国文化对社会、人类、商业价值的积极理解注入人类的工业文化系统中，注入工业文明与商业文明中去。

中国人讲"厚德载物"，讲"重积德则无不克"，如果把中国人的精神世界，中国人对于天地万物的理解，融入现代的商业体系中，就有了对世界文明的贡献，无论是商业、艺术，还是哲学世界观。

无论如何，基础必须是经济上、企业经营上的成功，并且为了这份成功，真的卧薪尝胆、洗心革面，没有彻底改变，就没有未来。

一家企业，也是一个时代的缩影，一个时代经济的缩影。许许多多企业的进化，是时代与经济的进化。从本质上讲，现代化首先体现为观念与文化的现代化，企业的现代化就是企业观念与文化的迭代与更新。中国制造业企业的现代化，就是将现代文明的观念，中国人对于天地万物的关怀和理解，注入经济发展并成为主流价值观念的全过程。

改造一部造纸机,打开一个新世界

改造一部造纸机

笔者走访了广东江门一家从事大功率伺服电机制造的企业——欧佩德公司。创始人石华山原来是从事小电机制造的,现在制造大功率电机,其中最大的不同不是技术问题,而是对技术应用场景的理解。

为了配套伺服电机应用场景开发,石华山陆续投资了造纸设备公司、造纸公司、电驱动公司,逐步深入理解大功率伺服电机所应用的场景,并逐个解决相关问题。

技术进化本来需要与市场发展同步进行,有可能是技术推动市场,也可能是市场带动技术。但如果将中国的技术进步放在替代进口的场景中,那么技术在哪儿、市场在哪儿,而最难跨越的还是时间门槛。

蒸汽机的原理早在古希腊就有了发现,但是却等到17世纪才出现蒸汽机的工作模型,而有真正生产力的蒸汽机则要等到1776年瓦特的改良蒸汽机。

瓦特不是发明家,是一位技工。一个有实用价值的设备,除了原理,还要有适配的技术、工艺。而等待合适的技术、工艺、配件出现,可能要等上百年、千年。更何况,现代化的大型设备,都需要底层的软件驱动和控制。

别看中国的设备制造企业已经有几十年的发展历程，可设备里面的驱动、控制软件都是从国外进口的。笔者曾在广州增城开发区一家大型设备企业了解到，有几位从华为出来的工程师创建了一家从事设备驱动、控制研发的软件公司，希望跟该设备企业合作。

双方一沟通，发现大有可为。主要是中国设备经过几十年的发展，已经有了很多技术创新及新的应用场景，可原创的驱动软件要实现新的功能迭代，其响应效率太低，而且对很多新场景也支持不了。于是，双方经过技术沟通，发现仅通过软件重构设备系统，就可以优化结构和设计、节省环节、节约成本。

欧佩德公司的发展也是这样。其伺服电机制造这个环节不是最难的，最难、最复杂的是伺服电机技术应用的场景。这需要理解、沉淀、积累和时间，所以第一个技术场景是造纸设备，第二个技术场景是造纸厂。每个场景的实现没有几年时间，很难取得突破。

功夫不负有心人，欧佩德公司取得了突破。石华山说，本来只是想加装伺服电机，但发现驱动软件都是国外的，动也动不了。于是，他又收购了一家软件驱动公司，协同一家机器人公司，技术创新、软件硬件结合、智能制造进行"海陆空联合作战"，基本上等同于再造了一部造纸设备。

经过改造，这部年产20万吨纸的设备光节电就可以达25%以上，年节约电费超过500万元。设备传动侧结构紧凑，节约了空间。因为改良驱动，取消了减速箱、纸机齿轮箱、联轴器，减少了大量维护点及润滑油的使用，还大大降低了噪声。

石华山介绍，这个设备的改造比高铁还难。他说，高铁的高效原理同样来自伺服电机，但高铁的联动转速、力矩、电机是一样的，且都是刚性连接。而伺服电机造纸设备转速不一样，力矩不一样（大的 18000N*m，小的 300N*m），电机相同型号的很少，纸张连接干燥电机环境需要保持温度 80℃~100℃以确保可靠性。任何一个电机或驱动器坏了，都会导致整台机器停下来。

不过，令石华山开心的是，虽历时五年，但总算是大器晚成。他认为自己做了一套全世界最先进的造纸设备：伺服直驱纸机。他说，这具备划时代意义，认为欧佩德伺服直驱技术将造纸行业从绿皮火车时代升级到动车时代。他说，欧佩德已经参与了国内 1000 条造纸设备产线的改造。在碳中和的大背景下，他可以大挖"碳金矿"。并且石化、化工、建材、钢铁、有色金属、电力、航空等大行业也需要大量的伺服电机驱动改造，行业前景非常广阔。

从产品走向系统

笔者跟石华山探讨，为了做好伺服电机，连续配套投资了几家企业，其中稍有卡壳，是不是风险很大。他说，确实风险大，所以不敢放在上市公司的篮子里投入。

而为了卖出伺服电机，把造纸设备都重构了一次，企业从研发电机到研发造纸设备，从研发驱动系统再到研发伺服直驱技术，那价值实现只能以伺服电机的销售实现吗？为了吃鸡蛋，买了一只母鸡，为了喝牛奶，买了整头牛？

实际上，欧佩德的价值已经不在伺服电机本身，而是一个造纸设备低碳、智能制造的解决方案。高铁的价值不在伺服电机，而是高速运输的解决方案；伺服直驱纸机的价值也不在伺服电机，而是低碳节能、高效的造纸解决方案。虽然这价值不是产品价值，而是系统价值，但欧佩德的定价还是产品定价方式，而不是系统方案解决的定价方式。如果是国外公司提供了这样有价值的产品，很容易就把产品变成产品服务方案，变成证券化产品。

如果欧佩德是一家软件公司，能实现这种解决方案吗？如果欧佩德是一家硬件公司，能够实现这种突破吗？石华山说，很难。软件公司如果没有硬件公司的需求买单，撑不了三年；硬件公司如果没有软件公司的系统能力，没有办法形成技术系统。所以欧佩德技术成功，有些偶然。如果从资本的角度看，虽然欧佩德技术成功，但回报与风险对比，收益的确不算高。

中国汽车产业与高铁产业的发展模式不一样，汽车产业是一点一滴的技术消化引进模式，高铁产业是技术、系统、市场打包模式。高铁能够在中国形成系统，主要依靠中国的市场规模。但如果从市场回报角度看，哪怕是中国拥有全世界最大的高铁市场规模，其回报也不尽如人意。要快速形成技术及产品系统，需要市场验证，需要在定价上让利于市场。如果要在市场获利，需要市场接受技术定价，系统的形成就需要相对漫长的教育、认知、积累和打磨过程。

这也是中国工业软件发展困难的原因，芯片制造、飞机制造也一样。真正有竞争力的制造业企业是具备系统能力的企业，并能够将成果固化在软件架构之上。类似德国的西门子、思爱普，法国的达索、施耐德，美国的欧特克、通用电气，日本的发那科、安川电机等。工业软件脱胎于制造实体而独立成形，先有制造场景，后有软件技术，再有软件的其他市场应用，而丰富的市场应用则不断优化软件的生态。譬如，波音基于飞机制造的软件就有七八千个。工业软件的时间积累与沉淀，这才是中国制造与世界先进制造的距离。

而欧佩德虽只是改造了一部造纸机，但它从硬件到软件，从产品到系统，来回反复中，却不知不觉走到了中国制造的另外一面。

制造业的最高境界

制造业的发展历程都是筚路蓝缕、栉风沐雨，从简单到复杂。中国制造业在追赶的路上，有时快，有时慢，有时路走偏，有时走过头，那是因为没有时间可以从容不迫。虽然总有一些探路者，或许已经从先驱变成了先烈，但只要有了追赶的趋势，中国制造最终的崛起是大概率事件。一是中国经济规模，二是源源不断涌现的企业家创新精神。

制造业发展自有其逻辑及历程，从OEM到ODM，到OBM，再到OSM。OEM（Original Equipment Manufacturer），原始设备制造商，也就是代工制造；ODM（Original Design Manufacturer），原创设计生产；OBM（Original Brand Manufacturer），原始品牌生产商，就是企业拥有自己的产品品牌——从代工，到设计，到品牌。

改革开放40多年，中国制造不知不觉已从早年的OEM生产发展到了今天的境界。现阶段，中国制造已经鲜有OEM，哪怕是给世界品牌代工，也有了很多的设计成分。中国的品牌也在崛起，如美的、格力、华为、小米、希音。随着中国制造的崛起，中国制造已经到了突破原标准制造发展的时代，即OSM（Original Standardizatio Manufacturer）。

OSM就是原始标准制造，很多标准是通过软件、架构、标准固化成果的，在标准基础上还形成了一定架构，这应该是制造业发展的最高阶段。原始标准制造不仅仅是一种标准，更是一种思维。如果中国制造业是产品思维，那么将受到各种各样标准、系统的制约；如果中国的制造业有了原始标准制造的思维，或许中国制造就有了真正的话语权。

笔者在2021年广州国际创新节的论坛有个演讲，内容是广州天河区如何发展"专精特新"企业。笔者的建议是天河区要大力发展工业软件，软件业要在服务珠三角制造业中成就制造业，也成就自己——成为"专精特新"企业。最典型的就是培养类似尚品宅配这样的企业。尚品宅配就是"软件+家居"，天河有人才，珠三角有制造，在工业互联网的背景下，是千年难遇的机会。

笔者也在思考，尚品宅配创建了一个家居定制的行业，也是创建了一个行业的标准、系统及商业模式，使行业有了通用的架构、标准和软件，这是否属于知识产权保护的范畴？如果尚品宅配的系统及软件能够得到保护，行业恶性竞争或许可以得到缓解，或许获得保护的企业能够在系统研究上更有作为，使中国的工业软件更有竞争力。

当然，尚品宅配的商业模式发展于10年前，当时可能也没有把知识产权固化在软件上的想法及设计。

2019年，中国国际服务贸易逆差接近5000亿美元，这与研发、标准、授权的支出密切相关。5G技术和低碳等新标准的出现，或许会改变未来产业技术标准的格局，也会改变服务贸易的格局。中国企业需要关注其间变化，用新的思维去布局产业未来。

笔者跟石华山交流，欧佩德是否可以开放伺服电机的底层技术驱动平台，让各行各业伺服电机的应用都可以用到欧佩德的技术，形成各行各业伺服电机应用的解决方案？这期间，需要从具体工业工程中抽离出来，用软件、架构、标准、法律去固化公司的成果，这不就是原始标准制造吗？不断的复制成果，输出软件、标准，这不就是服务贸易的范畴吗？

从硬到软，从产品到系统，从单点创新到架构标准，中国制造，或许在触摸新的边界。

吊扇越洋记：小企业如何在美国做品牌

促进会的会员经营企业各有其道，企业家各有其故事，不少可谓"传奇"，阿雅就是其中一个。

阿雅是佛山市启正电气有限公司（以下简称"启正公司"）的老板娘，她在全世界旅行的过程中，顺带做了不少生意。疫情三年，阿雅只身前往美国，建立启正公司在美国市场的品牌CARRO。2023年，她又飞赴美国，开始了CARRO品牌在美国市场的新历程。

阿雅在美国做品牌的历奇

启正公司位于佛山顺德区大良，是一家从事风扇吊灯制造的企业。早在2017年前后，阿雅因为要去巴西考察南美吊扇市场，所以经常在美国转机。

在一次逗留期间，阿雅在当地的家居用品市场中发现，美国本身就是全世界最大的吊扇市场。经过与其丈夫张建生确认，知道美国一年的吊扇市场大约是2300万台，差不多占全世界装饰吊扇市场的一半。

在阿雅之前的印象中，风扇是用不起空调的时候用的，当中国家庭拥有空调以后，风扇在家庭日用中就开始匿迹，特别是吊扇，几乎没有存在感，所以启正公司开拓国际市场，主要是在发展中国家与地区，印度、巴基斯坦、柬埔寨、中东、非洲等，考察南美市场也是基于固有思维方式的一个选择。

在美国的发现，让阿雅与张建生做了一个重要决定：既然美国是全世界最大的吊扇市场，那不如看看能否开拓美国市场。

但美国市场太大，人生地不熟，怎么找到切入点？珠三角是全球重要的制造基地，贴牌制造在这里都是配套成型的，自己在国外做成熟市场、做品牌好像并不多见。经过一番功夫，启正公司找到一位来自美国田纳西州、在珠海当地大学教授营销学的老师，委托他在美国调查如何开拓美国市场。

美国专家了解启正公司的需求后，确认了智能吊扇在美国市场发展的可能性，并花了超过3个月时间，在美国市场做调查及产品定位。

在委托专家做调研的同时，阿雅夫妻也以考察之名，在美国开启了自己的旅行。他们不住大酒店，而是选择类似民宿下榻，走进美国人的千家百院。搬着两个小箱子，住一家换一家，拍拍照片，记录在小本本上，深入了解美国家庭的生活习惯、消费文化与消费偏好。

他们发现，要在美国做吊扇生意，与在巴基斯坦、印度等国家做是完全不一样的。发展中国家缺乏工业品，属于卖方市场，产品想怎么做就怎么做。美国市场非常成熟，市场格局也泾渭分明，一个小产品，如何进入一个大市场，是一门大学问。

最终，阿雅他们把美国市场产品定位为智能吊扇，满足美国家庭 smart home（智能家居）的需求。面向的消费群体，家庭收入超过10万美元，比较接受新事物，接受智能家居发展的新趋势。

根据专家建议，2019年8月，阿雅在美国众筹网站

Kickstarter 上给新产品做众筹，用"早鸟价"吸引到大量用户。Kickstarter 是一个非营利式的平台，当创新创业者有新的创意要去实施，就可以在平台上广而告之。

阿雅觉得美国这些平台非常好，当时众筹出来后，他们又在脸书（Facebook）投入一些广告，预热了 1 个月后正式上架。他们很快筹集了 20 多万美金，还收获了大量的反馈意见。正是如此，CARRO 才真正地理解了美国人的思维方式、文化背景以及颜色喜好等，成为美国本地的一个品牌。

张建生说，在中国做产品很简单，拿来主义就是实用主义。但他觉得在美国最好是原创，原创设计是品牌建设的基础。一开始他们也走了一些弯路，找不到熟悉美国市场设计经验的工程师，总是修修改改。

后来有了美国本土调查与反馈后，就可以对用户进行画像定位与产品定价，选择正向开发的流程。当把这个流程走完之后，阿雅内心终于踏实一把，她坚信 CARRO 一定能够在美国市场生根发芽。

有了品牌正向开发这个过程带来的底气后，产品开发反而简单了。因为她能够接触到最终客户的需求，并一直追踪客户需求，进而要求启正公司开发人员针对客户需求及时响应。

从专业的市场调查开始，到正向的思维，正向的开发；从品牌建立开始，到展厅仓储、渠道选择，再到产品营销。CARRO 走的就是规整的美国创业公司品牌发展路径。CARRO 的"风"成功"吹"到美国。

CARRY ON，CARRY YOU，英文的原意是"坚持与持续，陪伴你"。启正公司的理解是砥砺前行、风雨同舟。

在旅行中发现生意

事实上，CARRO 品牌的"风"，并不是源于美国市场，而是南亚市场。

阿雅本人知性中带着感性，怎么看都不是笔者认知中的生意人。她说，小时候喜欢看《卫斯理》，从小就有旅行全世界的梦想，喜欢幻想与历奇，做生意是顺带着做。她介入启正公司生意是在 2008 年。当时美国次贷危机后，全世界生意都不好做。阿雅在 2012 年去巴基斯坦考察，便发现当地家庭缺乏家用电器，主要是缺电。

她建议张建生开发太阳能吊扇。她认为南亚地区光照多，电力能源又不充足，如果在屋顶上装一个太阳能电池板，屋内的吊扇就可以使用，这一定能够成为南亚市场的刚需。经过几年的推广发展，CARRO 在南亚大陆生根发芽，2016 年在巴基斯坦设立了分公司，随后建立了吊扇组装工厂。

阿雅喜欢印度，喜欢泰姬陵，也喜欢读印度的书籍。笔者好奇，既然阿雅如此喜欢印度，为何没有把工厂建设在印度？张建生说，喜爱和生意毕竟是两码事。印度本身市场竞争非常激烈、税制系统非常复杂、劳动用工法律法规严格烦冗，所以启正公司最后才把工厂设在巴基斯坦。

阿雅究竟要表达什么？阿雅说，她大学是读环保专业的，毕业以后曾经做过环评工作。启正在广东话中的读音是"企正""站得正"的意思。阿雅说当时做太阳能板吊扇，是想给发展中国家带去中国价廉物美的好产品，主要是太阳能环保，这是她学习环保专业出身的"第一思维"。

当启正公司业务在南亚稳定下来以后，阿雅又开始了她在全世界的旅行。

但巴基斯坦的生意也很快走到了尽头。一是巴基斯坦人学会了启正风扇的技术，使市场陷入了激烈竞争。二是发展中国家的汇率极其不稳定，微薄的利润抵挡不住一次汇率的变化。于是，阿雅再次开始了她的旅行与发现。

阿雅在美国的新发展

阿雅说，启正公司在美国的生意，原来主要是靠产品差异化形成网络品牌，连续几年推广销售，约20万台智能吊扇销量已让CARRO成为美国销量最大的智能风扇品牌，但发展也进入了瓶颈。按销售额计算，美国仅有15%的商品零售额在网上实现，85%的商品销售是在线下完成的。而且近两年线下销售回归，线上流量红利已经消弭，增长面临新的挑战。

张建生介绍，美国主流的家居产品卖场家得宝（The Home Depot）和劳氏公司（Lowe's）在北美地区有几千个店铺，沃尔玛的店铺也超过3000家。阿雅说，美国的渠道势力非常强大，民众的消费习惯也非常强大，渠道具备绝对的市场统治权和议价能力。

但要进入美国市场的主流渠道并不容易。首先是产品必须有足够的生命力与前景，并已经得到市场的检验。不仅仅是渠道商分享流量给品牌，品牌也必须有能力自带流量才可以加入。产品与渠道合作是相得益彰的结果。

CARRO在过去几年的网络销售已经证明了它的竞争力与产品力。张建生说，美国本来有一个智能吊扇的品牌，但售价非常高，某些款式甚至达1000美元以上，而CARRO都定价在200~400美元。这当中是采用日本供应链与中国供应链的差距。张建生自豪地讲，中国供应链，是全球性价比最高的供应链，CARRO 的崛起正是得益于此。

其次，CARRO 的到来也解决了美国吊扇市场的很多痛点。比如安装的问题，张建生他们在前期的市场调查中就发现，在美国安装一台吊扇要近 200 美金，比吊扇还贵。为此，他们研究了简易安装的方法，把安装用的辅助配件都配齐，用户回家直接 DIY 就可以，省钱又省事。

再次就是阿雅非常强调环保。智能吊扇首先就是直流电，采用的是无级变速，可以大大节省用电。可能美国人对节电没有概念，也没有因为节电就可以增加采购预算这么一说。但阿雅始终认为，这是企业对社会应尽的责任，美国渠道公司也会坚信这一点。并且，启正公司在设计风扇时，采用折叠方式节省运输空间，采用环保纸包装也得到了用户的认可。

最后就是操作边界，不论是 iOS、安卓的界面，还是美国本地的通信协议，CARRO 都可以兼容。

张建生说，新品牌要表现出产品竞争力，表明为什么它是未来发展的趋势，强调的是低碳、智能和长寿命的产品，代表着未来生活方式的演变。CARRO 因为在亚马逊和其他线上平台销售表现优秀，自带流量，最终也得到美国主流渠道的认可。

渠道的加入让 CARRO 插入了一个微细而庞大的毛细血管循环系统，这是阿雅作出的一个形象比喻。在她看来，美国的渠道无法被替代，最好的方式就是能够与它合作。

张建生讲，虽是打通了渠道，但美国社会智能化进展还是缓慢。但他相信，智能吊扇一定是美国市场的趋势。这一切，只能将结果交给时间来验证。

但阿雅并不是一个能静得下来的人，她一心想要建立一个智能家居展厅。在美国筹建线下展厅时，装修就碰到了很多问题，美国的装修材料贵，人工更贵。

更让她觉得不可思议的是，美国商业空间装修用的都是中国十几年前的装修材料。除了苹果手机及一些大品牌的门店，很多的商品店面都装修得很简陋，有的店面还是水泥地。这让她疑惑，美国是世界上最强大的发达国家吗？

她装修家居空间时倒是得到一个教训，原来预算20万美元的装修硬是增加到40万美元。由于不熟悉当地装修材料、工艺和项目管理等方面，他们踩了很多坑。美国的装修工钱也很贵，大工一天300~400美元，小工一天200美元，一天请五六个工人，两三千美元就不见了，协调不好就"摸鱼"，工期一拖再拖。

由于装修费用高昂，阿雅把所租用的场地一分为二，把约6000尺的场地简单装修，摆上货架，直接在当地批发货物，来一场"杂货线下零售店"实验。目前运营几个月，数据可喜，又准备选址开第二个店铺。

在阿雅看来，所有的流通生意，就是供应链和流量的关系，搞通这个底层逻辑，一切就有迹可循。中国的供应链实属强悍，珠三角智能家居供应链就很强大，可是距离海外市场太远，对流量的理解把握太弱。而勇敢的尝试可以跳出内卷，及时的调整可以不断优化，竞争力会持续加强。阿雅秉持着当年赤手在美国拓展的勇敢，先试为敬！

张建生的世界地图

张建生的办公室挂着两幅世界地图。在他的视野中，地球便是平的。他之所以初步拉通中国与美国的生意，是因为在他看来，全世界人民都向往美好的生活。

他说，他有产品架构思维，阿雅有梦想，有她的价值观和价值判断。虽然，夫妻俩也常有拌嘴，但总能很快吸收彼此的优点，生意上也是彼此互补。于是夫妻俩一个在美国，一个在中国，就拼起了一张启正与CARRO的世界地图。

他说美国的市场与中国的供应链，构成了全世界市场经济的最大拼图。美国是成熟的市场，但因为成熟，市场格局已经形成，在美国创新创业空间不大，特别是传统的产业。

CARRO在美国发展，稍微有点起色时就遭遇美国公司的专利诉讼。张建生说，在美国打一场专利官司，大约需要花费15~20万美元。如果起诉侵权，需要应诉，还需要花费15万美元去当地法院进行调解，官司通常会超过18个月。美国的律师费用非常昂贵，大事务所的知识产权律师每小时收取1200美元，有时候还需要律师团。官司通常需要花费几十万到上百万美元。

张建生举例说，在LED照明行业中，飞利浦是行业标准的制定者和核心关键公司。几乎所有制造照明灯品牌的企业都需要向飞利浦交纳专利许可费，否则将构成侵权。

他说，市场制度越是成熟，创业空间就越被深度锁定，解锁不了，法律、专利、渠道，是一座座创业者无法跨越的大山。但也因为如此，美国市场便成为高度垄断的市场。之所以美国社会节奏慢，应用创新程度不足，可能就是垄断已经深度抑制了社会创新的活力。

张建生说，CARRO有中国供应链给的优势，从某种角度可以形成一定降维打击。然而美国的法律体系和市场体系对中国产品也是一种降维打击。处于两个维度之间，需要智慧才能找到解决

第四章 新企业：中小企业数字化转型与逆势增长的密码

方法。

在张建生看来，从某种角度看，美国优势还是非常明显。尽管中国制造具有一定优势，但在经过贸易制度设计对冲后，中国优势并不明显。在美国，中国的小企业仅能像一只小爬虫，在里面爬来爬去，寻找一些空间。

笔者同时思考，CARRO 在美国的一些优势，其实也是希音、拼多多、TikTok 在美国的优势。但在美国的制度面前，很多优势也是不堪一击。因为它们的存在，很大程度上威胁到了传统垄断企业的利益。启正公司能够在美国存活，是因为它的存在，能够为美国社会底层增添一点点创新的活力。

张建生开始了中美两地跑的工作与生活。张建生与阿雅都认识到，人的一生，最重要的就是学习与能力提升。通过学习，形成自己的思维框架。他说，中国白天，美国就黑夜，是两个文化、制度完全不同的国家，把两个国家摊平变成一个平面，就是来往的生意，满足了彼此人民对于美好生活的向往。他以前的思维非黑即白，现在在来来回回碰撞中明白地球是圆的，人也可以变得圆融。

张建生一开始看美国的同事慢吞吞的，心里也着急，认为效率太低。实际上，一个月后发现他们做得还可以，这是一个美国公司系统的作用。美国公司制度演化时间长，体系相对健全，系统有优势可以让个体的劣势变得无关紧要，反而在中国做事要靠个体发挥。

差异不断给人带来新的思考。张建生说，人要学会反思，学会听取完全不同的意见，接受和理解两种以上对抗性思维的立场。

张建生在美国海边的一次漫步中，遥望着想象中的中国，他深刻地认为中华民族是最优秀的民族，中华文化是世界上最优秀的文化，中国人能够做出世界上最好的东西。这是他的信念和基石，也是他的人生观、价值观以及对企业的看法。

笔者问，阿雅呢？阿雅从小相信美好，长大以后开始去探索美好、发现美好。现在的阿雅，开始通过公司的产品，创造美好、传递美好。

阿雅始终相信，中国人是善良的、纯朴的，美国人民也是善良的，也相信善良、相信美好。只有相信美好，才能创造美好，真善美，应该是全世界商业的本质。有美好的存在，才有美好的世界，地球就是平的。

说"偶爱你",真的不容易

洗涤剂,是每个家庭必备的用品。从全球洗涤剂发展现状看,欧美市场已普遍实现浓缩化、绿色化。在欧美国家,浓缩洗涤剂占比达99%左右,活性物含量高,性能好,还环保。而在中国,浓缩洗涤剂仅占比不到6%,相关行业标准中洗衣液活性物含量为15%、洗衣粉活性物含量则是13%。

如果中国整个洗涤剂行业按照欧美标准执行,预计一年二氧化碳排放至少可减少600万吨,工业污水可减少500万吨,塑料使用可减少100万吨。一系列数据,可以说是相当惊人!毋庸置疑,浓缩化、绿色化,乃我国洗涤剂行业未来之大势所趋。在这条通往高质量发展的赛道上,广东优凯科技有限公司(以下简称"优凯公司")已披荆斩棘跑在了前面,并正努力在制造业品牌上闯出新的一片天地。

品牌"偶爱你"的诞生

优凯公司是佛山一家集研发、生产、营销浓缩化、绿色化家庭清洁产品于一体的高新技术企业,创始人黄平大学毕业以后,曾就职于国内一家大型洗涤用品企业,在洗涤行业有24年的工作经验,对日化行业和供应链有深度了解。

黄平一直密切跟踪欧美洗涤剂行业发展,了解新一代浓缩洗涤剂技术洗衣凝珠在欧洲出现，他感觉到这是推动中国洗涤剂浓缩化的好机会。于是，他在2016年毅然成立了优凯公司，开展洗衣凝珠的研发与制造，目前优凯公司在高质量浓缩配方技术、生物膜技术、水溶膜封装技术和生物基表活技术上均取得突破性成果。目前，优凯公司已成为联合利华、日本狮王、宜可诚、上海家化、白猫、小米、中国石化、网易严选、恒安集团等众多知名品牌和企业重要的代工企业。

2022年，中国洗涤用品工业协会委托国家洗涤用品质量检验检测中心开展年度洗衣凝珠质量市场跟踪调查，在全部抽检产品中有12款列为质量调查较好产品，其中有8款是优凯公司生产的。优凯公司在洗衣凝珠行业迅速崛起，荣获中国轻工业联合会颁发的科学技术进步二等奖。同年，黄平成为第四届全国表面活性剂和洗涤用品标准化技术委员会委员。该委员会主导全国表面活性剂和洗涤用品领域的国家标准制定工作。为此，推广中国洗涤剂浓缩化、绿色化、标准化，便成了黄平的一项重要工作。

虽然近几年优凯公司发展取得长足进步，但在日化行业浸淫多年的黄平始终对行业发展有其忧心。在他看来，中国很多行业的发展有一个死循环，就是低价竞争，迫使厂家生产假冒伪劣、不达标的产品。

同样的洗涤剂产品，日本的产品性能是中国的三四倍，有些产品活性物含量在60%以上，中国的行业标准是15%，而实际上不少企业15%都达不到，有些企业产品也就5%~6%，甚至3%的也有，其余基本都是水。有些电商1个品牌就做1年左右，低价产品大量抛货，谓之"做项目"，根本不是做企业或做品牌的思路。那些生产劣质产品的企业认为，产品质量差顶多就是衣服洗不干净，不会出大问题。

黄平对此并不赞同，他认为现在全社会都提高质量发展，如果企业不愿意投入研发，产品质量不达标，市场以低价作为竞争力，终究会毁掉市场。他既然了解了行业状况，就不愿意做昧心事，做人要实在，要把产品做好，做到极致。所以，优凯公司产品的活性物含量达 60%，还加入了大量高性能的助剂，且要求产品尽可能环保，他很希望把优凯的"偶爱你"洗衣凝珠做成品牌，让用户能够识别出来。

把洗衣凝珠做成民族品牌成为黄平的执念，但几乎他的所有朋友，包括投资商都不赞成优凯公司搞品牌。反对者认为优凯公司产品品质好，虽然代工毛利率低，但业界口碑好，订单稳定，且所代工的都是大品牌，相信消费者最终有判断。

确实如此。改革开放 40 余年了，中国制造在很多领域的产品及技术上已开始超越先进国家。反而在制造与技术门槛不高的轻工领域，有影响力的品牌还是以国际品牌为主，如日化类的宝洁、联合利华，运动品牌类的阿迪达斯、耐克，快餐类的麦当劳、肯德基，休闲类的星巴克等。香水、箱包、手表、珠宝等时尚奢侈品类，基本都是国际大品牌。

虽然很多产品中国能够制造，品质也不错，甚至代工世界大品牌，但距离中国制造也能成为品牌，差的就不是几十年。品牌需要时间去沉淀。

促进会曾受政府委托，组织了一个广东与意大利中小企业交流的培训项目，双方分别驻企培训 14 天。其中，广东有家企业觉得香港的一个意大利品牌珠宝店设计很好，希望引进到内地发展。

促进会为这家广东企业对接到了意大利工厂，企业老板在意大利待两个星期，与当地工厂人员一起生活、交流。让广东老板完全没有意料到的是，这个珠宝品牌公司居然在乡村里面，仅有

9个人，没有自动化，没有智能制造。住宿仅能安排在镇里的一家古堡酒店，里面就一位老先生和一位老太太提供服务。

当时，广东老板很怀疑人生。第一次出国考察这么长时间，就在一家小企业，住的古堡人手也不够。慢慢通过聊天，知道老先生、老太太就是古堡的老板，夫妻俩因为特别喜欢古堡，花了毕生积蓄3000万欧元买下古堡，把它变成小酒店。

对此，广东老板一开始觉得不可思议，几千万欧元投入，基本没有产出。对于十年前的中国中小企业而言，投入与产出比就是企业经营的重要准则之一。几千万欧元，为钟爱不惜重金投入，所谓真爱无价，莫过如此。

而当广东老板深入了解意大利那家珠宝工厂后，他的视角发生了变化。珠宝工厂创始人非常热爱自己的家乡：美丽的风景、传统的艺术和浪漫的氛围。于是，意大利悠久的历史和独特的文化成为其设计灵感，她用设计师的语言与精湛工艺，将意大利的自然之美、古老建筑的华丽雕刻和传统绘画的优雅风采融入每一件珠宝作品中，使得作品风格独特而优雅，给人一种典雅而浪漫的感觉。

考察结束，广东老板总结到，品牌源于热爱，源于生活，热爱生活、热爱家乡、热爱产品，品牌是产品的灵魂。因为热爱，才有热情与能量，才能持续投入与付出，才能呈现出最终的爱与美丽，才有爱与魅力。

也正因为热爱，黄平把优凯公司洗衣凝珠的品牌定为"偶爱你"。他说，起这个名字的时候，几乎所有人都反对，觉得太土了。他问太太，太太说，偶爱你，真切，实在，非常赞同！于是"偶爱你"品牌就定下来了。

"偶爱你"的坚持

笔者问黄平，爱是什么？他不假思索地回答：信任与关切。

笔者问优凯公司一位女高管，被爱的感受是什么。她回道：不是言语听到，是心里接收到。要说到做到！

黄平一听，抄起手机给办公室打电话：马上在"偶爱你"商标后，多加一句广告词"说到做到"。

笔者问，做到什么？黄平说：更洁净、更健康、更温馨、更环保。

用什么来承诺？黄平讲，"偶爱你"产品的性能要达到标准普通洗衣液性能的 4 倍，活性物含量要达到 60% 以上，这个是印刷在包装上要负法律责任的。大家到日本"买买买"，就是因为日本企业都希望把产品尽可能做到尽善尽美，即便是质量过剩。

笔者说，哪怕"偶爱你"产品质量好，也能说到做到，但顾客没有渠道了解你产品的信息，他们还是会习惯购买外国品牌企业或是国内大品牌企业的产品。当信息不对称时，顾客会依赖品牌。

笔者接触的很多 TOB（直接面对商家）制造业企业，都有品牌梦，但这些企业做 TOC（直接面对消费者）成功率极低。不是产品不好，相反，非常好！能够给国际大品牌做贴牌的，产品质量能不好吗？就如黄平自己所说，优凯理解产品，质量上可以比任何大品牌做得更好。

关键问题是，小企业做好产品，酒香就怕巷子深，信息不对称！

如今的中国制造基本上能够制造全世界大部分的产品，但中国的制造业，仅能够成为价值链的低端。市场价值链 U 形曲线的高端，一边是研发与设计，一边是营销与品牌，底部是制造。中国制造业主要是制造，沾了设计与营销的一点边，基础的研发与品牌很难突破。

品牌塑造是一个非常立体的工程，是一个长期的过程，涉及品牌的定位、形象、声誉和价值观等多方面。品牌有目标和使命：要解决什么样的问题或满足什么样的需求？目标受众是谁？受众的需求、偏好和价值观是什么？品牌定位是高端还是大众？当然，品牌需要故事，特别是创始人的故事，使命和成就，通过故事传递价值观和独特性。品牌还要建立积极的声誉，通过提供优质的产品或服务，及时回应客户反馈，关注社会责任等。此外，还要懂得利用社交媒体和内容营销来扩大品牌影响力。

笔者曾经在欧洲看过很多小企业品牌，主要便是讲述故事，非常独特而引人入胜。比如意大利佛罗伦萨的"魔幻之花"香水，意大利的"甜蜜生活"珠宝，德国巴伐利亚的"美好回忆"家具，德国的"魔幻葡萄园"葡萄酒，法国的"美丽的普罗旺斯"肥皂，法国格拉斯香水。这些故事充满了浪漫、神秘、情感与回忆，给予了人们很多的温暖、温馨与美好。

很多跨国大企业的品牌塑造是借用了其技术创新形成了新的子品牌，OMO（奥妙）是联合利华公司推出的一款强效洗涤剂，被誉为"去污力强的洗涤剂"。Ariel（碧浪）是宝洁公司科学家发明的一种去除顽固污渍，同时对衣物更加温和的新型洗衣粉。Persil（宝莹）是德国 Henkel（汉高）创始人发明的一种用于洗涤衣物的新型产品，名称象征着"洁净"的意思。品牌都是借势造势，充满了创新和技术突破，为消费者提供更美丽、更自信的生活体验。

改革开放以来，广东的日化品牌是在学习国际品牌中发展起来的，其利用的是市场的不对称优势，或是填补国产品牌空白。立白品牌的成长是通过"农村包围城市"策略，绕开大城市竞争，陈凯旋将有限资源投入到自己的家乡普宁，在一个县域布局自己的市场网络，并在几年后走出普宁占领了整个潮汕，再回到广州，成为中国品牌。中山榄菊走的是差异化产品路线，成为家庭杀虫剂产品的细分龙头。蓝月亮则是在"非典"时期推出洗手液产品而一战成名。

但这些企业基本没有多少品牌溢价，如上市公司蓝月亮 2023 年财报披露的利润率仅有 7.69%。而国际日化品牌的利润率可以有百分之十几，且销售规模都可以达几千亿元。

如果中国市场的环境，还是以性价比作为最重要指标，中国制造的品牌，终将难以崛起。笔者认为，中国制造因代工而起，代工的思维，是品牌对制造的诅咒。

新品牌，从哪来？

笔者认为，解除先发优势者对于后发者的诅咒，是基于弯道超车的机会。模仿性的创新、通过信息不对称获得的机会，本质上改变不了原有的格局。新品牌产生于颠覆性的创新技术、新观念的消费人群、新的价值取向、新的商业模式、新的文明。

传承历史，尊重历史与传统，却不囿于历史与传统，心无所住却可以定义未来。

笔者判断，中国品牌的崛起，应该是基于数字经济对商业格局的改变。一个传统品牌产生的方式是需要沉淀在一个社会系统中，与社会认知、价值取向、利益链条形成闭环。新经济新品牌的形成，是用新的渠道、新的技术手段、新的设计方式、新的传递方式、新的表达方式、新的生产方式来达成，并产生新的信息链、供应链、物流链、价值链。

正如传统汽车产业会扼杀新能源汽车产业一样，传统的商业品牌，也会扼杀诸如希音、Temu之类公司的崛起。它们会用其所掌握的话语权、价值链同盟对新生事物进行无情"绞杀"。

如何"突围"？熊彼特认为，创新就是要"建立一种新的生产函数"，即"生产要素的重新组合"，把一种从来没有的关于生产要素和生产条件的"新组合"引进生产体系中去，以实现对生产要素或生产条件的"新组合"。

佛山市的上市公司广东德尔玛科技股份有限公司（以下简称"德尔玛"）是一家专注于家居清洁电器和小家电领域的企业。创始人蔡铁强早年曾创办广告设计公司，在电商崛起的时代，将业务重心转向电商代运营。但他很快意识到，单靠代运营的模式不可持续，于是带领公司进入小家电赛道，上线互联网小家电品牌"德尔玛"。德尔玛的"新组合"是"电商、品牌与制造"，它的核心能力是用电商思维重构制造，形成自己的品牌。

跟希音的原理一样，德尔玛是通过电商业务驱动品牌与制造。德尔玛上市募资的投向主要是智能制造工厂，就是适应电商重"价格力"、性价比的市场环境。德尔玛的商业底层就是电商逻辑、电商品牌逻辑，而非制造业逻辑。

德尔玛在全部电商主平台开设线上店铺，利用社交媒体平台微信、微博、抖音进行品牌宣传和产品推广；参与平台的促销活动和品牌推广；参与网红直播，邀请知名网红或专业主播进行产品展示和推荐；投放线上广告与搜索引擎优化，提升品牌和产品排名，增加品牌曝光度和知名度。

虽然中国电商发展环境仍处于起步阶段，但从 C2C 到 B2C，产业垂直将会促成产业品牌崛起，会倒逼产业效率提升，会塑造产业生产方式的改变。

中国制造业最大的问题是由制造驱动而非由经营驱动，所以对于经营、品牌、系统缺乏认知。而通过互联网电商，流量、数据、算法、AI 的新要素供给可以直接拉通制造业，重塑制造业。这将是中国制造业发展的新空间，也是属于中国制造弯道超车的机会，还是中国品牌崛起的机遇。

企业数字化的本质是用数字化思维重构制造业，垂直电商本质是用流量数据、算法思维去重构企业，品牌的本质也是用价值体系去建构企业的体系。直播带货本质还是工具，它需要一次深刻的蜕变，让行业生态更加健康，才能引领中国品牌的未来。

新的消费群体，新的渠道方式，新的价值观念，新的制度文化，才能产生新的消费品牌。

对于中国制造业发展而言，品牌确实是一个绕不过去的坎。

经济体系也是一个结构，全球化的结构由欧美经济体系所构建与主导，包含其价值体系的产生、传播、传导方式。过去，中国制造仅是经济全球化体系的一个环节，它的价值区间也被品牌、标准、知识产权等锁定。看着是一个产品，实际是一个体系，底座是文化价值观。

只要这个结构没有被颠覆，中国品牌很难逆袭。严格意义上讲，具有世界影响力的中国制造品牌，也就华为等手机品牌。以后类似于希音、TikTok、Temu 可能也会崛起。但如果中国市场不能成为全世界最大的消费市场，中国品牌的崛起也只会是昙花一现。没有中国文化价值的底座，托不起一个真正的大品牌。大市场、普世价值才能成就大品牌。

品牌"偶爱你"，代表了中国制造对于未来的思考与探索。"偶爱你"，说到做到，爱必须被触达。爱是表达，到达对象的心智，才是做到。

与笔者同去优凯公司交流的一位年轻媒体朋友回去以后，立马就给妈妈购买了"偶爱你"的洗衣凝珠。她说，很喜欢"偶爱你"洗衣凝珠鲜艳的颜色，喜欢留香的味道。这恰是一种爱的表达与传递。黄平认为，爱要传递，要触达员工，触达用户，触达社会。

中国品牌的崛起，有新的空间。但品牌，必须源于一个消费场景的发现，娓娓道来。在现代商业的语境中，品牌的形成，是基于陈述一个事实，以及人类生活、科学文化、爱与美好传递的生活体验。

中国故事、中国价值观与源远流长的历史，新的传递方式、渠道、消费理念、市场都可以承载未来的中国新品牌。

老吾老以及人之老，幼吾幼以及人之幼，共享与分享，天下万物一体与人类命运共同体，因为热爱而传递。"偶爱你"，爱的传递，历久弥新，是中国品牌的机会，也是"偶爱你"的机会。

中小制造，需要一场管理的自我变革

广东省中小企业发展促进会的会员企业力王高科，在2022年元旦后做了一场以"精益生产，效率提升"为主题的"精益管理改善周"活动，效果非常显著。

企业业务聚焦高端智能手机行业和新能源汽车行业变压器，用5天时间，在两条生产线做改善尝试，效率分别提升82%和164%，改善当周已实际节省40人的成本。如果按照这个管理水平在全公司推广，2022年预计可以节省400人的成本，接近或达到公司现有总人数的一半。

笔者邀请参与力王高科"精益管理改善周"辅导方、佛山真佳企业管理公司创始人与首席精益咨询专家卢振，到促进会交流。卢振谈道，精益管理之所以以周为单位进行改善，是因为企业改变需要一场场有强度、有压力、追求极致的头脑风暴，全方位促使企业生产现场改善，大幅度提升企业绩效。

改善周有几个方面的重要设计：一是需要高目标。高目标才能暴露真问题，高目标的达成才能够形成激励势能，才能打造样板工程。二是极大程度压缩改善周期。参与活动的每个人都必须全程高强度、高专注度地参与到每个细节的改善，奉献每个人的极致思考。三是团队作战。企业生产不是一个生产部门的事情，必须将企业与生产相关的部门联动起来，包括财务、采购、研发等，形成实现高效率制造的支持系统。四是采用最先进的方法论和研究工具。五是时间管理。六是现场改进，不断迭代。

在力王改善周实践过程中，两个团队开始提出来的目标都比较保守，仅提出30%的生产效率提升。但当全员全力以赴时，效果超乎想象。其中一条生产线通过改变流水线方向、增加小流水线、统一底板方向、增加使用自动铜箔焊锡机，最终效率提升高达164%。

促进会之所以与真佳咨询公司联合推出"精益管理改善周"计划，一是差距大，改善空间就大，二是大量精益改善实践证明，只要企业重视，精益管理一定可以做出效果。力王高科原来人工成本与销售额的比超过15%，精益专家就判断，眯着眼睛都可以达到一倍以上的效率提升。

令人惊叹的精益管理

卢振认为，经过几十年的发展沉淀，以美的等为代表的企业在竞争激烈的行业中脱颖而出，可以代表中国制造管理的最高水平。但中国制造的整体水平跟世界先进制造国家的差距依然巨大，这主要体现在众多中小制造业企业与先进制造国家企业的差距。

他提到，美的公司原料成本与销售额的比达70%，其他30%要包含生产费用、利润及人工成本，其人工成本与销售额之比仅是2.7%。而大多数中小制造人工成本与销售额比都超过10%，改善空间巨大。

精益管理改善，让企业焕发新生命力的例子有很多。顺德胜业电气公司的主产品电容器原来70%出口美国。中美贸易战后，关税大幅度提升，现在主市场变成国内市场，内销占比反过来超过70%。公司以出口为主时的毛利率是45%，国内市场为主的毛利润是 25%~30%，还有可能更低。通过引进精益管理，胜业电气的生产效率大大提升。8 个月时间里，胜业电气整体产能提升 99%，整体效率提升 54%。然而，对于胜业公司的改善结果，卢振觉得还有持续改进空间。

同是促进会会员企业的丰明电子公司，也是生产电容器的企业，市场一直以国内为主，早就习惯国内竞争激烈的环境，也早把精益管理变成企业日常管理的常态。由于企业更适应国内市场的竞争，其公司所占市场份额自然比例更大。

苏州固锝公司，一家从事电子元器件生产的企业。促进会曾邀请企业董事长吴念博到广东分享打造"幸福企业"的做法。但总有企业认为，固锝打造"幸福企业"的同时，虽然内部一派和谐，但企业利润率太低，缺乏竞争力。

2019 年，固锝全面引进精益管理，经营面貌焕然一新：一年开展"改善周"126 次，员工自主参与改善提案 4000 余件，参与"改善周"人数 408 人，TPM（全员生产维修）改善效率提升平均值达 23%，客户年投诉下降 39%。2019 年企业业务增长 33%，利润率增长达 122%，最近披露的 2021 年业绩预告，利润率将再增长 112.83%~164.28%。企业在披露上市公司的核心竞争力时就有一段这样的描述："精益管理新思路导入的优势。"

曾走到破产边缘的鞋王百丽，2018 年开始深度导入精益运营系统，从战略到日常管理、BPD（业务计划实施）爆品开发、班组长育成等全体系改善管理工具，建立企业的 BBS（行为安全管理）体系。企业利润率从 2018 年的 2% 提升到 2020 年的 12%，交货准时率从 30% 提升到 90%。

同样作为促进会会员的虹桥家具，经过一年多的精益改善，这家传统家具生产企业焕发出巨大生机，与当初卢振开玩笑说的

"刚开始进虹桥家具,就在仓库里发现了几条生产线"有了天壤之别。从 2018 年到 2020 年企业销售增长 43%,毛利率提升 129%,交货准时率提高 142%。

企业总经理左伯良说,进行精益管理还有两个意外收获:一是减少大量库存,使得企业在 2019 年上半年国家收紧银根时多出几千万流动资金。二是精益管理提高了企业交货准时率及质量保障,使企业有能力及资格成为更为高端的国际、国内航站楼座椅及办公设备供应商。

卢振从事中小制造业精益管理服务 4 年多,已参与 30 多个行业的精益改善管理服务。他说,企业参与精益管理最容易达成的目标就是利润倍增,不是通过增加销售,而是通过直接降低成本达成,降人工成本、减少用地空间、提高生产效能、减少库存,还有提高交货准时率,提高品质。这些改善基本不用增加设备投入,改善立刻有产出,立竿见影,非常可控。

当中的关键是中小企业的老板要更新观念,让精益管理成为企业的"C 位",尽快打造企业内部的精益管理样板工程。卢振认为,精益管理分三个层面:一是传播,二是传习,三是传承。作为作业机构,"医不叩门",需要政府、协会、媒体来共同推动企业实现精益管理,共同促进中小制造业企业的高质量发展。专业管理咨询公司的工作是传习,而每个制造业企企业都要做好一代一代工人精益管理思想、方法、工具的传承。中小制造企业需要一场自内而外的管理变革。

重塑产业结构

中山新盛世机电公司是全球生产吊灯风扇的"隐形冠军"企

业。这两年，在中美贸易战及原材料上涨、运费上涨等多种不利因素的夹击下，企业效益仍然能够逆势增长。究其根本，就是通过精益管理、效益提升对冲其他方面的成本上涨。

董事长卢齐荣认为，精益管理叠加技术创新，就是未来改变行业格局的法宝。2021年以来，他收尾房地产及其他业务板块，全身心回归制造业。卢董坦承回归制造业，心就踏实下来了，用新思维重构制造业，会有大机遇。

中国制造当前面临巨大的产业调整机遇期，关键问题之一是提升产业集中度。这是一个国家工业化的中后期，产业资本进入工业体系，逐步形成工业托拉斯的过程。中国制造在进入这个阶段的同时，迎来了消费互联网的快速发展期，大量社会资本投入消费互联网，中国产业集中度提升的问题，一直没有机会提上议程。

而今，中国互联网发展已进入工业互联网的新阶段，资本会进入工业体系，中国产业发展也有需求。究竟通过什么方式来达成中国制造业产业集中度的适当提升？数字化赋能、管理赋能、资本赋能或是叠加的方式。美国丹纳赫集团是全球最成功的实业型并购整合公司，号称"赋能式"并购之王，就是采用这种叠加赋能模式。

美的公司为提升制造业管理水平，不断迭代自己的精益管理，从ISO9000、六西格玛、丰田模式到丹纳赫管理。而今，美的公司也拥有自己的产业资本，选择不同的赛道投资，形成产业整合公司。其中很重要的一环就是管理赋能叠加资本赋能，美的输出管理能力，诱发产业结构变化。

产业结构变化有由外力引起的，比如兼并和收购，也有内在力量失衡所引发的旧结构坍塌。行业中，一些企业采用精益管理，一些则没有。原来势均力敌的同行，在经济发展的顺周期是赚多赚少的问题；在经济发展逆周期，改善的企业存活下来，没改善的企业被淘汰，是关乎存亡的竞争格局。力量失衡，旧产业结构坍塌，新结构将在新管理、新技术与资本的共同作用下形成，塑造产业新格局。

在以往企业管理实践中，精益管理仅是一种管理方法和工具，改变行业是量变过程。而在经济结构调整、产业变革的窗口期，精益管理的变量作用有可能转为质变，从而引发产业结构变化。

中国式管理

管理思想的发展往往与所在国家企业的崛起形成正相关，当年随着摩托罗拉的崛起，六西格玛发展起来；当丰田崛起，丰田管理模式便深入人心；当丹纳赫商业成功，便有了丹纳赫的 DBS（Danaher Business System）管理系统。

对此，卢振在大量精益管理实践中深有感触。中国制造业变化节奏很快，如果管理理论跟不上实践变化，就会落后。中国制造现在的活跃程度及复杂性远远高于世界其他任何国家，当中国企业崛起，或许会形成中国企业的管理思想及方法，如美的的生产管理、华为的研发管理等。

卢振提到，不是在大学学了知识、学了 IE 工程就可以成为精益专家。就如理论课讲游泳，不如将人放在水里扑腾。一旦学会游泳，20 年以后都会，这是实践的功夫。换作知识，20 年可能就忘光了。学精益就是学游泳，是成功的体验过程。他说，促进会现在开发"五星智造"班组长管理系统，以后有机会开发精益管理师，就需要企业有"精益管理改善周"的成功实践经历。

日本人的丰田管理模式固然很好，但其传承是师徒制模式，中国很难学到位，最主要是文化差异。而丹纳赫总结了丰田管理模式，形成西方所能够理解和执行的条款，可以学以致用。

在精益管理改善周实践中，发现很多没有多少文化的企业员工反而做得更好。一是虚心，二是没有原有知识的缠绕。教育及改变最大的成本，就在于解开缠绕。很多中小制造业企业的老板为什么自以为是、很难改变原有观念？就是有了缠绕。

解开缠绕的方法是理解事物的空性，进入所谓的禅定状态。精益管理改善周就是通过高目标导入，要参与人员集中全部精力，进入心无旁骛的"工作禅"状态。有些企业让研发人员闭关，就是解开原有观念的束缚，让头脑进入一个全新的自由世界，这可能都是"道"的应用。

苏州固锝，原来是打造"幸福企业"的典范，后来企业引进精益管理，以中国文化中的敦伦尽分与精益管理结合。有中国文化熏陶的企业员工，引进其他管理方法，韧性、发动能力、落地能力都极强。一般企业，一年能做个十几个、几十个改善周已经很了不起。固锝一年可以做126场，很多都不是管理咨询机构定的任务，是企业内部自发的结果。

在经济发展的结构调整期、产业变革期，中小制造业企业面临前所未有的挑战，无论是管理上、观念上都需要一场革新。中小制造业企业，与其在烽火连天、危机四伏的产业变革中沉沦，不如放手一搏，先来一场自内而外的自我变革。

正如力王高科、胜业、丰明、固锝、百丽等企业，其实并没有遭遇真正的风险，区别在于老板愿不愿意做出改变，企业愿不愿意把精益管理常态化。常态的力量就是《道德经》所言"企者不立，跨者不行"而已。

中小企业深藏功与名：不只关乎就业

2006年，笔者应邀参加在日本东京举办的一场日中经济交流会。当时，有位日本专家谈到，日本实施《日本中小企业现代化促进法》是在1963年，中国实施《中华人民共和国中小企业促进法》是在2003年，两部涉及中小企业发展法律出台的时间距离，也反映了两个国家经济差距的时间距离。笔者当时并不明白这其中的逻辑是什么，如今却深有感悟。

企业，家

2023年年底，一篇关于江西赣州人为什么要到广东潮州打工的文章提到，2022年江西赣州市的GDP约为4500亿元，而广东潮州的GDP仅有1300亿元左右，赣州GDP是潮州的3倍多，完全超过了汕头经济特区。为什么江西人还是愿意去潮汕地区打工？

文章分析，赣州城区遍地高架桥，开发了一栋又一栋的楼盘，城市基础设施投入很大，房价也很高，这应该是赣州GDP高的原因。但这些产业都是以国企为主，哪怕赣州GDP再高，也没有给社会提供多少就业岗位。

相反，潮汕地区虽然GDP不高，但中小企业产业集群众多。普通老百姓如果希望有非农收入，还必须离开家乡，到经济看起来不是特别"发达"的广东潮汕打工，且粤东还是广东经济相对落后的地区。

笔者跟一位潮汕企业老板聊天，他说江西员工的素养很高，有很强的组织纪律性。他们企业给到员工的月工资在五六千元以上，有一定技术或管理能力的人的工资能超过1万元。公司还提供免费住房，一天十块钱就可以吃三餐。很多员工都把家安在潮汕，在当地买房买车，企业老板也会协助员工子女在当地入学。

笔者走访企业发现，广东很多制造业企业，基本都在公司盖有员工宿舍楼，免费或以低价提供给员工住宿。有些企业的宿舍还配有健身、娱乐设施，有夫妻房，低价或免费的饭堂。有些企业则配有图书馆，还有各种兴趣和爱好的学习小组与社团，甚至有传统文化的学习，有各种乐善好施的义务组织。

笔者问一些企业负责人，是不是企业有外单，需要履行企业的社会责任，需要通过社会责任的审查？他们表示，外企对企业确实有社会责任审核，包括劳动安全、工作强度、薪酬水平、环保排放等。但他们认为，中国人有家族文化传承，一旦企业将员工视为家人，给予家人般的关怀，员工还是有"知恩图报、士为知己者用"的文化观念。他们说，对于优秀的企业而言，社会责任认证仅是基础，真正的员工关怀不是应对验厂审核，而是要满足员工真实的生活需求。

深圳有家企业的负责人讲，员工离乡背井外出打工，需要实实在在的收入。如果企业给他们一个月一两万元的工资，员工在外面租房、坐车、吃饭，每月就要万把块钱的支出，实际收入就很少。这位负责人说，企业和员工是命运共同体，员工的能力关系到企业竞争力。所以，企业不仅要关心普通员工的生活，还要关注他们的工作，关注他们个人能力的提升，比如制定企业职工的技能培训及考核。

江苏苏州的固铻公司就把传统文化应用到企业管理上。固铻公司的文化系统包括人文教育、人文关怀、绿色环保、健康促进、慈善公益、职工拓展、人文记录和敦伦尽分，其基础是人文关怀，目标是止于至善。

给固铻公司做精益管理咨询的一位咨询师讲，他们给固铻做精益改善周，非常震撼：普通公司做得好的，一年也就做几十个改善周；而固铻公司的企业文化非常棒，员工自主自觉，一年下来改善周能够做200多周。其中，一个改善项目通过对流程的优化，工序由41项减少为21项，人数由68人减少到后来的45人，生产效率大大提升。

河南省许昌市的胖东来公司，企业文化主张公平、自由、快乐、博爱。公司除了建立非常好的分享机制，还帮助员工进行职业规划和生活规划。

中国的这些民营企业、中小企业，如此善待企业员工，甚至比国企还讲福利、讲人性、讲公平。刻板印象中，它们不是只会偷税漏税、假冒伪劣、行贿受贿、低买高卖、囤积居奇吗？现在的中小企业、民营企业，究竟是一种什么样的存在？

农、家

作为工业社会、现代社会的细胞，企业在某种程度上，替代了过去农业社会乡村宗族作为社会最基层组织的功能。

中国已经连续20年以中央一号文件的形式，出台关于中央对于中国农业与农村问题发展的相关政策。在漫长的历史中，中国始终是一个农业国家，农业与农村的政策设定问题是根基之策。

三农专家温铁军认为，中国农村承载了中国人生态、生活、生产"三生合一"的生存方式，由此决定着一种文化传承的方式。传统上，中国是个农业大国，尽管王朝更迭，但只要中国的农村存在着宗族延续，中国的文化就能得到延续。中国农村就是中国人生产、生活、教育与文化传承的最重要载体。

温铁军还有一个观点，新中国成立以后，通过农业与农村，化解了新中国的多次经济危机，包括建国初期的城市供给危机、工业化原始积累问题、城市青年就业问题等。但随着改革开放与工业化的开始，工厂开始从农村吸引大量劳动力。而今的农村，又变成大部分是留守儿童、留守老人的地方。现在的农村，要人没人，要钱没钱，仅有的资源被城市与资本侵蚀，留下的是残败、萧条与环境堪忧的村落。

与此同时，温铁军提出了很多乡村振兴的建议与观点，包括农村生态化的发展方向，认为生态化是比工业化更高级的生产、生活与文明方式。

今天，反观农业现代化发展良好的国家，无一不是工业化、现代科技发达的国家。工业化是农业现代化重要的基础，这应该也是中国农村与农业发展的新生态。

农、技、工

笔者考察了位于广州白云区的康御智慧农业园。这里探索开创了一套立体种养、生态循环、低碳环保、优质高效的种养一体化模式：利用山坡地，用钢构搭成四层楼高的农舍，一层养鱼，二层养猪、养鸡，三层种植蔬菜或者名贵中草药，外墙还种着一种名为忧遁草的抗癌草药。

鱼塘的水含有硅藻、螺旋藻养分，通过智能的滴灌设备灌溉植物，植物无须农药化肥就能健康生长。鱼塘中的养分，则是来源于投喂鸡的饲料。在鸡饲料中添加了菌草料，鸡吸收后排出粪便直接掉进鱼塘，进而养成很多硅藻、螺旋藻，成为鱼的养分。如此养殖出来的罗非鱼味道非常鲜美。

该农业园创始人陈进辉博士解释，架空鱼塘养鸡的设计可以降低鸡粪清理成本，也消除了传统养鸡的臭味。这一模式不但节省空间，还具有提高鱼氧、改善池内生态系统营养环境、减少鸭寄生虫病等优点。据介绍，康御园区亩产值可超百万元。

陈进辉博士今年已经67岁了，他说自己是农村出身，有机会出来读大学改变命运，后来下海创办企业和工业园区。有了原始积累后，他一直希望能够力所能及用自己的知识与实践反哺农业农村。于是乎，他在家闭关一年，构思自己的农业3.0、4.0模式，而今已经迭代到6.0模式。

在陈进辉博士的农业园区里，动植物都可以听音乐，鸡舍、猪舍没有异味，鸡舍的负离子可以达50000万个。焉知鸡比人幸福？

陈博士的研究团队，有研究种子种苗、水分子、植物的。他认为，中国农业的发展不能单靠国家政策，一定还需要让市场规律来发挥作用。农业也要靠资本，资本要讲投入产出。中国农业的发展，最终还是要看产出。而农业产出，一定要借助现代的科学技术、工业成果与商业模式。

现代的农业文明也好，生态文明也好，一定要借助人类工业文明的成果。荷兰国土面积狭小，气候偏寒冷，每年农产品的出口达到1000亿美元，仅次于自然资源良好、耕地面积超大的美国，这正是借助了工业技术的成果。智能大棚、芯片发光、育苗育种……荷兰的大棚光照时间，能够达到一年 5500 个小时。

跟笔者同去陈博士农业园的还有几位中小制造业企业的企业家，大家也畅想了将康御农业园的模式推广及商业化的可能。一是通过结构化、标准化、智能化、绿色化的总体设计，进一步降低投入成本。二是通过提升光能效率与增加负离子等现代技术，促进动植物的健康成长。三是通过现代生物技术总体提升农业园的科技水平，从而打通农业发展的技术、商业模式与客户的所有验证。

企业，社会

中国改革开放的伟大成就之一，在于让中国发展工业，改变了中国几千年的文明生态，中国也成为工业化国家。

因为制造业的快速发展，中小规模的制造业企业吸收了大量农村劳动力，使之成为产业工人。中国经济发展的增量、政府财政收入结构、中国人的收入结构，也实现了从过去几千年依附农业到依附工业的转变。7 亿多人口摆脱了贫困，占全球减贫人口的 70% 以上。2022 年，中国的城市化率（城镇化率）也达到了 65.22%。

政府官员、专家学者谈及中小企业时，喜欢用"56789"来形容中小企业的作用，即贡献了 50% 以上的国家税收，60% 以上的国家 GDP，70% 以上的技术创新，80% 以上的城镇劳动就业，占企业数量超 90%。

从这个视角看，中小企业的存在不是简单的经济发展问题，而是一个关乎社会发展的经济基础问题。从经济规模与税收收入、就业结构与城镇化水平角度，中小企业就是中国成为工业化国家的重要基础。

笔者认为，工业化国家不仅仅是工业产值占国内生产总值的比例高，还必须涉及就业结构中产业工人的比例，产业工人占总人口的比例，城市化或城镇化的水平等。工业技术成为社会的生产力支撑，工业文化与价值观念在社会中逐步形成。

如今，中国企业的管理形态与改革开放初期已完全不同。从改革开放初期的"三来一补"与农民工组合的业态，到大产业与产业工人的业态，中国企业也从单一的制造业态发展到企业组织业态，并开始拥有自己的管理文化与经营逻辑。

中国传统社会中的家族关系，也在中国现代企业中留下一些痕迹。企业是原来外来务工人员、现代产业工人的家。它提供了产业工人参与生产的机会，提供了新的生活业态，提供了人生新的发展方向与目标。每家企业都成为中国社会的细胞，承载了现代中国人生产、生活、生态新的"三生合一"。

现代管理学之父彼得·德鲁克认为，企业作为经济主体，其存在的目的是创造经济绩效。但这种经济绩效并不是企业的目的，而是企业作为经济主体所履行的经济责任，是企业承担社会责任的逻辑起点。他还讲，企业是社会的一部分，是社会的一种器官。企业依托社会而存在，社会为企业提供了生存和发展空间。这意味着企业不仅受到社会的影响，同时也对社会产生影响。

德鲁克还强调，企业管理者必须承担维护公共利益的责任，并采取符合道德标准的行动。这是因为企业的目的是在企业本身之外，必须维护企业利益相关者的基本权益。这既是对社会的一种责任，也是企业作为社会细胞的伦理底线和道德要求。

当中国企业拥有了属于中国文化的社会伦理时，在中国式现代化的语境下，中国企业特别是中小企业，就已经成为中国式现代化建设最重要的力量，是中国式现代化建设的重要支撑。

直至今日，笔者还是要追问：中国究竟是农业国家还是工业国家？为何每年出台的中央一号文件还是以农业及农村为主？这是历史的惯性，是中国人口组成还是以农民为主，还是中国社会组织的基层就在农村？为什么中央一号文件不能关注中小企业的发展？

笔者曾跟一家海外智库交流，该智库专家讲，美国 2023 财年国防开支预算 8130 亿美元，刷新历史最好水平。如果要通过国会预算，就会有议员质疑是不是向军工集团输送利益。为了争取法案通过，他们约定其中的一半预算向中小企业采购，就容易得到代表中小企业利益的议员支持。

我们很多企业出海到欧美投资，不关心 GDP，不关心企业税收，就关心两项：一是就业人数，二是工资最低水平，即就业与收入。既然中国的中小企业提供了中国 80% 城镇人口就业，那么中小企业才是国之大者。

相比 GDP 抑或高楼大厦，一份跟上 GDP 增长的收入更有现实意义。而平民百姓的工作岗位，更多是由中小企业提供的。

当前，国家对中小企业愈发重视，出台了一系列促进中小企业高质量发展的政策措施。但文件解决的是"术"的问题，还须从根本上解决"道"的问题。中国已是工业化国家，必须建立新的观念、新的认知，确立中小企业"1"的定位，其他问题才能迎刃而解。

一家"追光"企业的哲学思考：未来产业的重构密码

2022年5月初，笔者走访了位于中山的LED国家高新技术企业——广东欧曼科技股份有限公司（以下简称"欧曼"），与董事长李小平进行了一次探索式交谈，试图从不一样的角度理解未来产业的重构。

进入欧曼，公司大堂给笔者的第一感觉，不像是制造业企业，倒像是五星级酒店：装饰用的铝合金、大理石、木饰的材质非常考究，通过材质的表达，明暗之间勾画出的立体，隐含了一种深度。

这家新三板挂牌企业，当时计划2022年在北交所申请转板上市。董事长李小平很在乎细节和严谨性，谈及上市有些纠结，倒不是因为业绩，而是他在思考，上市后的欧曼应该成为一家怎样的企业。

在李小平看来，很多公司上市后，虽获得了资本，但企业并没有获得增长；还有一些企业上市后不断放大杠杆，投资收购很多标的，一系列并购之后被标的资产拖累致死。

广东中山古镇有"中国灯饰之都"的美誉，汇集3万多家灯饰及配件企业，年销售额超千亿元，在国内灯饰市场有一席之地。但如今，这些企业正陷入过度竞争、产业升级乏路的泥潭。特别是面对原材料成本、人工成本、土地成本都在上涨，传统企业产能过剩等一系列挑战，李小平也在思考，传统制造业企业如何拥有未来，欧曼如何独善其身。

光的境界

在促进会发起的私董会期间，有企业家曾建议李小平，审慎对待装修工程项目，主要是房地产装修项目。

李小平说，恒大暴雷后，中山供货恒大的灯饰企业，款项基本都收不回来，多的达上亿元。此外，国内应收账款拖欠严重，欧曼给很多央企的工程建设企业供货，也遇到收账难题。李小平担心，如果营商环境恶化，中小企业应收账款过多，会给企业经营带来风险。

如果砍掉工程类项目，会不会给欧曼经营带来影响？李小平却说不会。之所以进入工程领域，是因为他觉得欧曼对光的理解力和场景的实现能力很强，能够提供更完美的解决方案。如果因应收账款，不做也没问题，但就会觉得可惜。可惜之处就在于，装修公司只是把欧曼当成了产品公司。

"欧曼是制造业企业，制造优质产品，有问题吗？"笔者不解追问。李小平认真思考后说，欧曼对光的理解力强。笔者说，你前面已经讲了，光的理解力及光应用场景的解决方案。他说，你没有完全理解笔者的意思，其实"光是有生命的"。

在李小平看来，有生命才会有沟通、有感动、有温暖、有成长，甚至变得神圣。笔者问李小平，光有这么高的境界？李小平说《圣经》里耶和华创造万物，上帝说"要有光！"于是就有了光。上帝把光和暗分开，把光称为白昼，把暗称为黑夜。夜晚过去后，清晨接着来临，这是第一天，世界和万物是从光开始的。

"高尔基曾讲，人类一切美好的东西都来自太阳之光。光芒是一个人走向希望的期许，光芒是让一个热爱生活的人充满活力的能量石。心有光芒，必有远方。"李小平道。

诗和远方难道不是一种祝愿、理想和表达？什么时候开始，诗、浪漫与哲学思考，也开始变成企业的商业实践？但从欧曼公司的大堂开始，在走廊过道、员工办公室、展示厅，笔者开始理解，欧曼在明暗之间有所表达。

光明的事业

中国人用一种颜色就可以表达世界，黑白之间，远近虚实，水墨丹青。欧洲人喜欢在户外晒太阳，对光的感觉能力非常强，他们绘画及设计喜欢大色块、明快；不然到了冬天就显得单调与寂寞。从这个角度看，以前中国东北地区偏爱红红绿绿大花布，也有此原因。

与光"结缘"的企业、机构，各有特色。我们的一家会员企业——广东骏丰频谱股份有限公司，生产各种频谱仪，生意挺好。董事长陈险峰介绍，频谱就是模仿自然界中对人有益的光波段。深圳市安品有机硅材料有限公司董事长丁小卫是一位科学家。他说，土壤中也有这种光波段的材料，日本人把这种材料提炼出来，做成运动服穿在身上，有益光照射的效果，适合运动时人体吸收。东莞松山湖的北京大学东莞光电研究院，是一家从事光研究及光产业孵化的机构，研究第三代半导体材料，各种光材料、仪器、产品及应用。令笔者印象深刻的有光学治疗的仪器，有紫光，还有用于构成植物生长光源系统的光，他们就此技术培育了莞香灵芝。

用光源系统服务农业生产，将农作物从天然不可控的自然环境，迁移到人工可控的室内设施环境，全世界的典范是荷兰。荷兰地处温带，地形狭小，一年光照时间不超过70天。然而，它却是全球第二大农产品出口国，仅次于美国。荷兰通过大棚光照技术，使大棚光照可以达到每年5000多个小时，大大延伸了对传统农业中光环境维度的一般定义。

回到欧曼，公司使命是"用光创造美好生活"。公司专注于灯带的研发生产。灯带可以在城市、建筑和空间中有丰富的表现力。上海世博会的外滩、杭州的梦想小镇、博鳌论坛等标杆建筑，都有欧曼产品的光影。

笔者参观了欧曼的展厅，植物生长、水光潋滟，仿佛时光在流淌、生命在律动。公司会议室、接待室的灯光设计也很有味道，可以切换会议模式、投影模式、交谈模式等。或暗或明，或轻或重，一花一世界、一木一浮生、一念一清静……都因为光的铺陈，呈现出别样的境界。

按照李小平的理解，欧曼不应该是一家灯饰企业，应该是一家艺术公司。在西方观念中，艺术家是最接近上帝的群体，接纳万物，感受生命，触碰灵魂，创造世界。李小平认为，欧曼应该有这样的表达；而未来的世界，一定会接纳他们的表达。

从产品到艺术

据说香格里拉酒店的香氛，是以缓和心境的香根草、玫瑰木和琥珀为基调，增添些许佛手柑、白茶和生姜，有振奋的意味。只要闻到"芬芳的香格里拉"，就知道这是香格里拉酒店。这是酒店的香味管理、嗅觉管理。很多世界品牌的汽车，则会用灯光诠释品牌理念，展示品牌形象与最新车型，延伸客户体验，呈现满满的科技感、时尚感、尊贵感等。但这些灯光的表现,在李小平看来,还是产品,而非理念。他说,欧曼的很多作品也成了地标或网红打卡点,但其所呈现出来的价值还是产品,不全是它们的演绎和诠释。他认为,只有诠释,才是真正的价值。

李小平说,中山有几万家从事灯饰生产的企业,中国灯饰市场规模没有万亿元,也有千亿元级别,为什么没有产生一家大企业,连美国 GE(通用电气公司)都要卖掉中国业务?他总感觉中国市场规模大有机会,但机会在哪儿?

李小平说经常看笔者的文章,特别是产业思考方面,包括大数据、工业设计、品牌、研发、艺术等。除大数据他还没有更加深刻地理解,其他很多方面灯饰企业也做了,但也并没有破局。以前,李小平觉得艺术跟设计有关,但现在感觉艺术思维会更偏向本质思维、哲学思维。如果是哲学,产品应包含对生命的理解与关怀,而不是简单的展现与表达。

李小平的办公室在公司最高层,屋顶是玻璃。李小平将其命名为"光明顶"。他说最好的光是自然光。欧曼的理想是通过智能模拟自然界的各个实点的光线,以健康光、节律光,达到调节人的情绪和健康的目的。交流中,李小平其实是在求证、印证一些已有思考但没有完全确定的东西。聊着聊着,他突然心有所悟。"用光创造美好生活",不是一句口号,不是一个理想,而是一个实实在在的事业。

"五色令人目盲,五音令人耳聋,五味令人口爽,驰骋畋猎令人心发狂,难得之货令人行妨。"李小平认为,欧曼不应再往外求,而需要内求。公司的哲学不应仅是表现或展现,表现和展现可能有成果和业绩,但或会使企业浮躁。重点还在于企业对照明的理解。如果只是以产品作为切入点,欧曼就是工程、装修队的供应商，就永远是装修项目的配菜。如果欧曼的艺术设计，能够对表现和展现有理解，对应的可能是对方企业的品牌与文化。欧曼的哲学如果对光及关爱有理解，这可能是一种价值观，一种生命观，即用生命之光去关爱人，关爱世界。

中国提出高质量发展的应有之义，不仅指产品质量，还应该包括产品的内在功能、内涵及价值主张。这不仅仅是品牌建设的重要内容，也是企业价值观的内容。

欧曼公司的走廊，有很多画作都跟山有关系。每个产业的尽头都是攀登。攀登的意义都是到达新高度。产业的新高度，竟有可能是艺术、哲学思考与文化价值。"会当凌绝顶，一览众山小。"未来的产业发展，有可能以全新、更高的维度去重新整理产业、重构产业。或许是一个小小的切入点，有可能是南美洲一只蝴蝶的翅膀，山地中的一片青萍草头，海边的一丝微澜，芸芸中的一家中小企业。

无人区的世界，路需要自己走出来，只有大胆假设，积极探索。中国未来产业的重构，需要一批企业家自己走出来。而笔者会陪伴一批优秀的企业，从东岸走向西岸，从此岸走向彼岸。

第五章 新文明：一种新型商业文明的历史逻辑与未来图景

第五章　新文明：一种新型商业文明的历史逻辑与未来图景

灵渠：不单是国家主义的结果

灵渠，一段历史

　　丰水期的灵渠，水流汩汩，静静地横卧在桂北的崇山峻岭中，一淌就是两千多个春秋。参观灵渠的时候恰是夏日炎炎的三伏天气，但也感觉到丝丝的凉爽，沁入心脾。

　　于公元前214年凿成的灵渠，沟通了兴安县东面的海洋河（湘江源头）和西面的大溶江（漓江源头）。总体上湘江水位低于漓江，如何把湘江的水引流到漓江呢？接下来所参观的，便是灵渠主体工程部分——铧嘴。

　　铧嘴为灵渠的枢纽工程，是在湘江内修建的一座滚水低坝，呈"人"字形结构，称大、小天平坝。其衔接处向上砌筑的锐角就是铧嘴，把海洋河水一分为二，由南渠南走汇入漓江，由北渠北走归于湘江。铧嘴起到抬高水位与分流的作用，丰水期的水流就直接漫过大坝，涌入湘江北去。古代南北方，隔有秦岭、南岭，交通不便。秦灵渠凿成后，打通了长江与珠江水系，使北方的军需和舟楫能够运往岭南，于是秦军很快就攻下岭南，并在南方设立了桂林、象郡、南海（今广州）三郡。

两千多年来，灵渠对沟通中原与岭南百越，促进岭南地区政治、经济、文化的发展，起到重要的作用。有专家认为，灵渠体量虽小，但"使大半个中国的水运全盘皆活"，具有极其重要的战略意义。中国问题专家郑永年教授的著作《制内市场》中，引述了德裔美国历史学家卡尔·魏特夫著作《东方专制主义》中针对亚洲国家的治理模式，提出的"亚细亚生产方式"概念，及其对中国传统"水利官僚制国家"的形成和发展的论述。魏特夫提出了对东方专制主义的分析，强调了灌溉工程的作用、维持灌溉工程所需的官僚结构以及这些对社会的影响，并创造了"水利帝国"这一术语来描述这个制度。

在中国战国时期的秦国，首先是李冰父子所修的都江堰，使经常遭受岷江水患的成都平原变成沃野千里之地，水利工程灌溉面积多达1130万余亩，成就了成都"天府之国"的美称。其次便是沟通泾水与洛水的郑国渠，长达300公里，建成时灌溉面积达110万亩，也使关中地区变成富庶之地。

古代修建水利工程，主要的功能便是灌溉、运输与治理水患。灌溉主要是为农业发展、粮食增产、农民与国家增收做出贡献。秦国的三大水利工程为其统一天下，在物质和运输保障上发挥了巨大作用。秦国的三大水利工程在设计、建造技术、工程规模、引水量、灌溉面积等方面都领先于其时代，全部被国际灌溉排水委员会列入"世界灌溉工程遗产名录"。

秦国便是一个典型的具有"东方专制主义"特征的水利国家。

郑国渠本来是作为韩国的一个计谋，让秦国为修建工程而无暇顾及韩国。但在秦国看来，也就让韩国多存活几年而已，而一旦修成工程，就拥有多几百里的粮仓。因为在此之前的都江堰与成都平原，就是一个非常成功的水利工程实践案例。

在韩国看来，修建郑国渠能"疲秦"，但对于秦国而言，它存在的负担并不大。

商鞅是法家的代表人物，法家不像儒家一样讲以人为本、讲仁义，而是讲法令。法家严酷，所有开宗立派的法家代表人物最后都不得善终，商鞅、韩非子、李斯，不仅是作茧自缚，简直是"以身试法"，以生命去检验自己所设立的法度的残酷程度，如商鞅最后是被车裂而死。

商鞅变法主要是废井田、强力推行郡县制、实行什伍连坐法、禁游民与实施编户制、明令军法、废除世卿世禄制度、奖励耕织、重农抑商等。推平传统贵族的特权与障碍，使中央权力可以渗透到基层，调动国家一切力量。于是乎，整个秦国能战能耕，能摧能建，全国就是一个超大兵营、超大施工队、超大粮仓。修完水利修长城，修完宫殿修帝陵。就连张良这种韩国贵族也要去修长城，因为帝国不需要智力与人才，只需要劳动力和机器。

一个有雄心壮志的帝国

中国历史有儒法之争，商鞅是法家的代表，所主张的是严刑峻法，令出即行。商鞅变法实际上是弱民愚民的政策，其结果是国家富强，而人民更加贫困。一个国家真正的强大，一定是民富国强。基于秦王朝二世而亡的历史教训，汉初采取的是黄老之法，即无为而治、生息修养、薄赋轻徭的国策。十五课一本已经是很低的税赋水平，而"文景之治"更是达到"三十课一"的历史最低。

在汉武帝死后6年，汉王朝就汉武帝所实行的政策展开了一系列的讨论，所记录的文字便是鼎鼎大名的中国政治经济学大作《盐铁论》。

在汉武帝初期，汉朝便确立了独尊儒术的理念，但董仲舒的儒家已经不再是孔孟之道的儒家，而是融合了法家、道家的儒家。到了汉武帝建立强大中央集权、开疆拓土的时候，所采取的国策更加偏向法家。国家垄断盐铁经营，强化商业管理，获得巨量收入的同时，备粮备军。通过一轮又一轮的拓边，迅速扩大汉帝国的版图。但过于繁重的军备，也拖垮了汉帝国的财政，百姓生活受到严重影响。汉武帝也曾为此，晚年出过罪己诏。

以后的汉朝，就更加偏重儒家的治国理念，认为国家不应该去追求利益，应该以农为本，不与百姓争利。对于水利工程的理解，就有了孔子"节用而爱人，使民以时"的观念。但法家"重农抑商"的理念却深深根植于儒家的系统里面。

一个雄心勃勃的帝国，需要开疆拓土，逢山开路，遇水搭桥。五年、十年、几十年开一条路、修一个堰、开辟一条运河，要有足够的耐心去铺垫和等待，有足够的力量去出击。

但也有一个信心满满的帝国，却要修齐治平，胸怀天下，心系天下，以天下为己任，希望内圣外王，让万国来朝。内圣的根本就是以民为本。而后历朝历代的水利工程，便回到都江堰的范式中来。"功在当下，利在千秋"就是对所有水利工程的一种褒奖。很多官员都以能够参与水利工程建设、造福万民、名垂青史为荣，所以中国的"水利帝国"，又不全是魏特夫所描述的"东方专制主义"的水利帝国特征。因为修水利工程的价值观变了，出发点不再是扩张与战争，而是以民为本，增加粮食、消除水患与便利交通。

而到了今天的中国，所修建的不仅仅是简单的水利工程，而是三峡、南水北调、雅鲁藏布江这样的世界级工程。而水利，不再是一个简单的工程，而是一种国家治理思想，就是提供公共品，造福百姓、造福社会。于是，"水利工程"就变成了高铁、港口、高速公路、机场、电站、通信等。

当然，这就更不是魏特夫"水利国家"的概念，因为这跟专制与边界扩张无关，而是一个国家的治理观念与文化：国家应该为社会的发展提供边际效应。一个有进取心的国家，就必须真的逢山开路、遇水搭桥，直到天际，没有边界。所以，我们有通往西藏的"天路"，又有横跨大湾区的大桥。这不仅是一个个工程，还是一种价值观、信念、追求、信仰。

经济国家主义的概念

从一条灵渠到水利工程，从水利国家到经济主义国家，背后究竟是一种怎样的逻辑？郑永年的《制内市场》一书里反复出现了"经济国家主义"这个概念。

经济国家主义，是指国家对经济生活的某些关键领域和环节进行全面控制和支配，并以行政权力和政府运作代替市场和私营部门的体制。中国国家主义经济模式的形成可以追溯到战国晚期的集权国家建构，其中最有代表性的就是商鞅变法以后的秦国。在《盐铁论》的描述中，经济国家主义模式已经支配了当时中国经济的命脉，汉武帝时代国家掌握了盐铁酒业与货币政策。而对于官方经济政策的批评和质疑，则包含了贤良文学（儒者）对民营部门的最早辩护。

经济国家主义比较容易理解的概念是"举国体制",秦国的举国"水利体制",举国军事体制,就体现了举国调动资源的能力。之所以秦国能够崛起,其实就是通过商鞅变法获得调动全社会资源的能力,确保能够在短时间里达到"国盛"的状态,但代价是"民弱"。通过各种制度的设定有效地把财富从"民"转移到"国"。但从更长时间来看,民弱必然导致国弱。这不仅是秦王朝二世而亡的原因,也是汉武帝之后国家陷入困境的原因,为此才有了"盐铁会议"的反省与讨论。

其实,在中国历史上,能够威胁到中央政权统治的,一是诸侯,二是地方豪强,三是地方官僚体系,四是流民,五是外部势力。经济国家主义的问题就是其权力代理成本高。前面所讲的一至三点的势力都可以是国家权力的代理机构,之所以成本高,就是因其利用信息优势,获得对经济的主导权。一般情形下,一个新建的王朝,中央权力对地方的渗透还是比较有力量的。但随着时间的推移,很多制度的漏洞便会被挖掘与放大,导致中央政府的代理成本居高不下,并超出了中央政府的控制力。看似有"作为"的中央政府,最后都被其"作为"反噬。为何汉初有"黄老之治",为何儒家最后能够登上中国历史舞台,与其"无为而治""仁义""不与民争利"的主张有关系。

中国历史上,虽然一直主张"重农抑商",商人的社会地位也不高,也常被冠以"唯利是图"的标签。但"天下熙熙,皆为利来;天下攘攘,皆为利往",普通老百姓就不"唯利是图"?有的官员就不"唯利是图"?这样的"唯利是图"就是人性,既然是人性,就以制度约束,不出现反人类、反社会、反国家的结果即可。

其实,在中国漫长的历史上,鲜有商人犯上作乱。商业只要有利益，就有统战的空间，不至于走极端。商业有灰色地带可以妥协，更有优化资源配置的功能，所以通过利用商业社会功能，通过创新与资源重新配置，提高效率，也能够提高国家的竞争力。并且商业的发展可以促进所有社会个体的发展、就业与消费、创新与活力。笔者觉得这应该也是过去几百年资本主义崛起的原因。承认商业的社会价值和社会地位，让商业成为推动社会进步的主要力量，这就是发展社会私有部门所带来的好处。

当然，也不是说资本主义的发展没有问题，究其原因就是资本的无序扩张导致了国家权力的危机。资本主义通过市场机制获取利润最大化的同时，却使国家征收不到税，就业问题没有办法得到解决，国家会陷入贫富差距越来越悬殊的境地。另外的问题是在民主制度下，政党为了选票而把国家变成"福利国家"，掏空国家财政。英国的撒切尔夫人和美国的里根信奉新自由主义，进行大规模的改革，改革福利社会，但最终并没有成功。

中国的问题也有俩，一是经济国家主义的历史渊源仍然存在，当一些地方政府获得无限权力的时候，也会导致国家机会主义。一些地方政府和国有机构之间形成了一种特殊的利益共同体，政策与资本大幅度向国有机构倾斜，税收与收入也大力依靠国有机构，私营部门就会被歧视性的制度安排排斥在外。这导致了国民经济体系激励机制在宏观上的严重扭曲，进一步也导致其在微观层面上的扭曲，垄断性国有部门内部缺乏效率而丧失竞争力，但其机会在于政府容易实现在政治上的控制与在财政上的获利。从历史的经验看，经济国家主义的过于强大所造成的问题会大大超过它的正面功能，甚至会对中国经济社会的长期发展带来更加严重的威胁。

中国社会的另一个问题，恰恰是经济改革和社会改革没有区分开，把很多经济上的原则放到社会领域，导致社会没有保护好。新自由主义进到中国，在经济领域倒没有发生很大的作用。因为这个领域有庞大的国有机构，阻碍力量很大，它就停止了。但由于社会没有抵抗能力，新自由主义转而跑到社会领域。有的地方政府成了这些新自由主义的主体，只要GDP，只要能赚钱，怎么样都可以。所以、教育、医疗等的社会保障与社会公共品，都成了产业化，包括我们商协会所提供的社会服务。

国家也好，政府也好，民间也好，资本也好，个体也好，所有制度与执政理念，都需要不断重新迭代与设计，都需要不断获得新的平衡。哪怕是中国古代的专制王朝，也可以让社会充分讨论，正如盐铁会议一样，需要纠错与重构。

笔者觉得，灵渠及秦国的水利工程，其出发点可能是为了法家体系的国土扩张，为了所谓的强国。后来有了中国儒家及民本思想体系的确立，水利工程的目的基本上还是基于富民强国。调动社会资源的能力，也是国家执政能力的体现。关键在于用这种能力是侵犯社会利益，还是服务社会发展；是弱民愚民，还是富民强国。

过去几十年改革开放，中国修建了大量的基础设施，成为全世界交通最便利的国家、为社会的发展提供了低廉的边际成本。这种形式的水利工程，当然都是功在当下，利在千秋的伟业。但是，其出发点还是经济与GDP。如果未来中国"举国体制"不再是为了所谓的经济与机会主义，而是用于全民的社会保障体系建设，才是真的实现以人为本、"满足人民对美好生活的向往"的目标，才能实现中国古代朴素而伟大的政治理想"大同社会"的目标。

郑永年提出，消费社会繁荣，主要是因为有社会保障，如医疗、教育等。笔者在英国观察到，对很多家庭来说，能有几千英镑的存款就很好了，因为上学不用太花钱，看病不要钱，或者不需要很多钱，住房也不贵。没有社会保障机制，老百姓只能自救，就需要存款了。所以，建立一个消费社会需要社会保障，没有社会保障机制是建立不起消费社会的。社会改革就是要建立把社会保护起来的制度，用社会保障的制度鼓励老百姓消费。

不同的文化塑造不同的社会形态，也塑造了不同的国家与价值观，还塑造了在不同生产力条件下的国家竞争力。当然，历史的车轮滚滚向前，文化与自然的进化也有类似的地方，物竞天择，适者生存，文化也需要迭代与进化。

郑永年也讲：在西方，如果市场占据绝对的主导地位，没有任何国家和社会的力量能够平衡市场力量，那么危机必然发生。20世纪30年代的危机就是这样，2008年以来的全球性金融危机也是这样。反之，在中国，如果国家力量占据绝对主导地位，没有任何市场和社会的力量能够平衡国家力量，那么危机也必然发生。

一种制度与文化如果本身没有迭代与进化的能力，就只能走进历史的坟墓，所以中华文明上下五千年，而今犹在，自有其坚韧、兼容和与时俱进的基因存在。历久弥新，总有新气象！

灵渠，一段历史，流淌了两千年，见证了一个国家的历史与变迁，观念与文化，开放与封闭，民弱与民富，国强与国盛。

秦朝已经消失了两千年，而灵渠还在。一个国家，是兴是亡，是强是弱，是久是短，皆有因果。南渠南向，北渠北去，水是公平的，它流淌的声音一直在两千多年的时空中回响：民惟邦本，本固邦宁。

民也自私，也自利，所谓以民为本，是以承认人的自私自利与人性的弱点为前提。承认权力代理人也是自私与自利的,与其承担过高的代理成本,不如通过市场竞争与购买获得更加廉价的公共品。与其扭曲,不如承认;与其高高在上,不如真实存在;与其期望理想,不如认真设计制度。民本就是人民有生存与发展的空间,有选择的空间,有自由的空间,自由自在与自尊。

第五章　新文明：一种新型商业文明的历史逻辑与未来图景

《棉花帝国》的启示：
制度安排是新商业文明滥觞的关键

《棉花帝国》由哈佛大学的德裔历史教授斯文·贝克特所写。棉纺织业的发展，既是一段简单的人类发展史，更是资本主义的发展史，讲的虽然是贸易的发展、技术的进步及产业的演化，但这些却也在塑造世界经济格局，推动工业革命及科技进步。地理大发现、殖民主义、贩奴贸易、工业革命、美洲原住民屠杀、奴隶制与强迫劳动、美国南北战争等历史事件纷沓而至，但都编织在棉纺织业历史的丝线及织布机的经纬里面。

作者提出了一个新概念——战争资本主义。欧洲人通过殖民战争，在美洲屠杀原住民，掠夺土地，推动"黑三角贸易"，实现了纺织业原材料大量种植所需要的土地、劳动力等要素的集合，以此实现棉纺织产业全球供应链的重组。看来资本主义的发展也是发端于血腥和暴力的，而非温文尔雅的自由资本主义描述。

有了战争资本主义所形成的原始积累以后，人类才有机会进入盛大的第一次工业革命及资本主义时代。棉纺织业中诞生了飞梭、珍妮纺纱机、水力纺纱机、水力织布机、机械化纺织厂、轧棉机、蒸汽机等新的技术，极大地提高了生产力。英国的工业资本家打败了大量的印度手工业者，世界进入工业资本主义时代。

进入工业资本主义时代，棉纺织品的市场进一步扩大，对棉花原材料的需求加剧，美国南方奴隶种植园迅速发展，贡献了当时世界70%以上的棉花产量。美国社会存在两种性质的资本主义，即战争资本主义及工业资本主义，最终引发了南北战争。南北战争之后，奴隶制逐步瓦解，雇工及工人队伍逐步形成，并形成了新的社会阶层，完成了工业资本主义社会的整体架构建设。

工业革命之后，伴随着技术的不断扩散，全球资本主义时代来临，世界棉纺织业的工业制造中心也逐渐从英国转移到欧洲大陆、美国、日本、中国等地，分别带动这些国家逐步实现了工业化。

构建全球网络有利于推动技术进步

笔者认为，地理大发现对工业革命的发生有非常重要的作用。地理大发现以后，地球人终于知道了我们住在同一个球体上面。这样才有了苹果为何往地面掉的疑问，牛顿万有引力由此发现。当人类思考的维度不一样，思想的光辉便会照耀人类未来的世界。

英国及欧洲并不生产棉花，为何能够主导棉花帝国的游戏规则？关键在于信息对称。当棉花贸易商走遍全球，就会全方位地了解各个国家及地区纺织的技术，就可以集大成，推动纺织技术的进步，甚至是革命性的技术进步。

希音便是一家有全球网络的公司，中国的时装供应链，国外的时尚元素，各个国家的大数据分析，还有跨境电商的体系。一家公司如果能够很好地理解一个产业某一方面的体系，比如供应链、时尚、跨境电商，那么就有了一定的盈利空间。如果能够有两方面的体系，那就能够有更大的空间。如果是几个体系全部打通，那就不是简单的叠加效应，而是乘数效应了。希音公司厉害之处就是将时尚、大数据及算法技术、供应链、跨境电商各个系统全部打通，无缝衔接。

企业创新不能闭门造车，有时也要天马行空，才能够有所发现。发现比实现有时候更重要。比如，诺贝尔科学奖一般是授予发现者，不一定是给发明实现者。西方科学领先东方，因为西方的学术体系鼓励理论创新与发现。

企业颠覆性创新要从发现开始，华为经常讲无人区，就是要发现。中国企业走到今天，要持续创新，需要从更高的维度来思考企业的存在与发展，从更高的角度思考企业未来的发展之路。

有规模经济才有源源不断的创新

英国通过战争资本主义的方式，掠夺了全世界的棉花资源。但中国和印度的纺织业还是基于家庭妇女的作业，是农业社会农村家庭的经济补充，所以她们的工资便被忽略不计了。哪怕只比工资，英国的织工也要比印度的高 6 倍。以至于经过运输，印度的纺织品到了曼彻斯特，价格还是远远比英国本地的低，如果没有限制，会打击英国的纺织业。通过技术创新可以降低制造成本，所以就有了利用水动力的机器、蒸汽动力的机器、飞梭机、珍妮纺纱机等发明。通过不断的技术创新，叠加效应，提高效率，英国的纺织品，反而能够出口印度。

就如富士康公司，虽是代工，但因为有规模效应，富士康就可以在生产环节、采购环节下功夫，如果没有富士康代工，全世界的很多手机成本会倍增。中国今天的制造业，也有制造业红利，其中就是供应链、加工技术、加工平台及成熟的技术工人在发挥作用。美国前总统奥巴马曾经要求把苹果公司的生产线挪到美国。但乔布斯说，苹果手机如果是美国制造的，成本要 1 万元（人民币）以上。

制造业有量，才能有机会上自动化、上其他加工平台，否则连创新的投入都没有地方分摊。上规模，也可能有很多意想不到的边际效应。比如，规模大了以后，才有产业分工，有金融的延伸工具，企业的综合竞争力才会更加强大。美国后来居上，首先是种植规模上来了，南北战争以后，工业资本主义占了上风，又有了国内市场的规模效应。

制度安排是创新的关键

为什么历史上的中国及印度有悠久的棉花种植及纺织制造技术，却不能成为棉花产业的主导者？一是传统上，中国及印度的文化基因是农业文明，哪怕有工商业的发展，也是农业的附属。欧洲文明起源于古希腊，是贸易及商业文明。中国有很好的船舶制造技术，也没有往商业方面去发展。二是基于文化所塑造的制度。国家的赋税来源于农业，政权基础就是土地制度。《大学》云：有德此有人，有人此有土，有土此有财，有财此有用。"土"是根基。赋税来源于商业，商业的利益就要在制度上得到保障。英国有光荣革命、亚当·斯密的经济理论、资本主义制度，理解起来也容易。三是历史上的中国和印度的工商业不能够与农业分离，而英国的工商业可以独立，并且把农业仅当成工商业的"第一产业"——工业的原材料。四是随着工商业的发展，经纪人、金融服务、法律服务、保险、期货等服务业也可以从工业脱离出来，成为第三产业，历史上的中国和印度更无法发展到这一阶段。

棉花帝国所塑造的，不仅是人类社会的工业革命及资本主义，还有人类社会的产业体系，产业价值体系，产业架构体系。哪怕

第五章　新文明：一种新型商业文明的历史逻辑与未来图景

随着石油化工产业的发展，棉花的重要性已经不及往昔，但其所塑造的体系还可以是"石油帝国""美元帝国""互联网帝国"等。哪怕在工业体系上英国没有太大的话语权，但英国所塑造的现代产业体系，还是相当有话语权。标准、法律、结构，很多都源于英国。

资本主义的创新，既不起于技术，也不止于技术，而是起于资本的商业价值，止于资本的商业价值。为了资本商业价值，可以进行技术创新，可以进行贸易战，可以开始战争，可以改变制度，可以建立新的规则，这才是资本主义发展的逻辑。正如《棉花帝国》中所讲："在某个时刻看起来似乎永久稳定的世界在下一个时刻可以发生根本的变化。资本主义革命毕竟永久地重建了我们的世界，就像世界上的织机永久地制造出新材料一样。"

一个国家、一种制度、一种文化的崛起并非偶然，自有其逻辑、基因。中国如果能够重新崛起，其逻辑是什么，基因是什么？

可能需要重构新的文明，可能需要新的历史机遇。新的文明需要解决当下文明所不能够解决的人类问题。机遇可能是如农业遇上灌溉，商业遇上大航海般的存在。

"以经济建设为中心"的社会价值

中国民营经济得益于改革开放，不断发展壮大，展现了勃勃生机。改革开放的核心是确定了"以经济建设为中心"的基本路线，换来中国几十年的经济腾飞。经济发展成为推动中国社会发展的巨大动力和惯性。

以经济建设为中心，某种意义上是尊重人性、释放活力、解放生产力的结果，让市场成为主体，让市场配置资源。虽然难免存在泥沙俱下，但毕竟大浪淘沙，时间是裁判，历史会有答案。

作为普通企业，对"以经济建设为中心"的认知，往往是非常朴素的。他们的感受是经济发展的环境好了，赚钱不受太多约束，做事更纯粹。对于中国的社会基层，"以经济建设为中心"是一种深入人心的观念，也深深嵌入了中国社会的各个层面。

"凡是能用钱解决的问题都不是问题"这句话虽常被用于调侃，但从另一个角度看，这是用增量供给解决存量问题，经济增长确实给中国社会发展提供了巨大的动能与腾挪空间。比如城市的烂尾楼遗留问题，一旦城市发展，土地增值，解决的难度就大大降低。又如早年国营企业员工安置问题，经济发展基本面向好，分流也好，购买社保也好，都好解决。

"以经济建设为中心"成为全民共识，在促使政府部门重视经济发展的同时，也推动政府部门办事效率提升。尤其是与经济相关的部门，如科技、经贸、外贸、工商等，效率更高，创新能力也更强。地方的招商部门、基层书记、县长镇长效率更高。他们恨不得披挂上阵，亲自操刀。

当然，"以经济建设为中心"也带来了一些问题，如教育及医疗的市场化改革、重复建设、产能过剩、破坏生态、产生腐败等。但问题一定是在发展过程中被解决和消化掉的。

经济发展作为过去几十年中国社会发展的共识，由沿海到内陆全方位推动全国发展，推动城市日新月异的发展，推动中国大量人口的脱贫，其绝对量占全世界绝对贫困人口的70%以上。可见，社会共识不仅仅是一种价值取向，也是解决问题的基础。那么作为经济与社会发展共同的驱动力，经济高质量发展的新时期，新的社会共识又是什么？"以经济建设为中心"是否有了新内涵？

新重点

随着时代进步，科学发展观、高质量发展、绿色低碳发展等新观念接踵而至，经济发展处于不同阶段，有不同的经济主张，与时俱进理应如此。并且，这些新观念与"以经济建设为中心"的主体观念并不相违背。

但值得注意的是，这些新观念、新思想往往自上而下来自国家总体发展的顶层战略。这与改革开放初期"以经济建设为中心"自下而上的路径不同，需要政府的顶层设计能力，环环相扣，科学合理形成闭环，取得社会共识。如果各自理解、各自行事，就会割裂市场主体，使市场主体疲于应对。新阶段的"以经济建设为中心"，更加考验政府的执政能力。

这种情况下，政府的执政是否仍能够坚持"为无为"？为，是国家战略、顶层设计、营商环境、市场秩序；无为，是发挥市场主体配置资源的作用。有作为而不僭越，分寸要把握得好，左一分抢了市场主体的镜头，右一分便无所作为，让市场放任自由。

进入经济高质量发展时期，要素供给正在发生改变。经济建设初级阶段，招商引资的重点是土地优惠，土地是关键要素。但高质量发展阶段，土地虽然还是经济发展的必要条件，但却并非高级要素。高级要素是创新、大数据、品牌等，人才是核心。因此需要关注的系列问题应该是：如何培养人才、有效供给人才、吸引人才；教育体制是否有相应优化；税收政策可否为人才体系建设做出调整；居住环境是否有改善，等等。

与过去几十年"以经济建设为中心"直接服务于经济发展的做法不同，现在的重点是建设促进经济发展的软环境。不仅是修桥修路、"铁公机"和通信通水通电，这些基础设施的建设，政府在过去几十年驾轻就熟。今天却是软环境的建设：高效的政府服务、便捷的生活服务、自由自在的市民生活和友善的人文环境。因此，当下"以经济建设为中心"的重点，不在硬件而在软件；不是在让市场发挥作用，而是在市场制度建设；不是在机制，而是在体制。环境好，配套好，企业比较容易赚到钱，高质量发展就能够更好实现。一旦软环境建设稍不到位，就会出现一些地方政府干扰市场或越俎代庖的现象。因此，对有为政府的理解，不仅是创造硬件的营商环境，还包括建设软件的营商环境。有为是自我约束、自我管理的有为，不是全能政府的有为。从这个意义上看，科学发展观、高质量发展、低碳经济等，核心点在于政府建设更高效的系统，更好的软环境促进经济的可持续发展，这才是新时期"以经济建设为中心"的重点所在。如果涉及顶层设计、制度环境的建设，需要更好的智库、更优秀的外部智囊参与，包括民间智库，甚至国外智库。开放才有活力，不仅是经济建设的开放，也包括思想、决策的开放。

未来以经济建设为中心的社会价值

改革开放伊始，中国确立"以经济建设为中心"的基本路线，是希望与世界经济发展接轨。实际上，我国基本实现了与世界经济发展融为一体，实现经济发展、人民生活水平提高的目标。

但如今中国经济体量已达到世界第二，如果经济发展降速，我们一定要思考社会共识的新内涵是什么，重新思考"以经济建设为中心"的社会价值是什么。在中美竞争、地缘政策博弈的大背景下，"以经济建设为中心"的内涵也会发生变化。

"高质量发展"则可以被视为新时期"以经济建设为中心"的社会共识。哪怕是发展国内市场，仍然要发挥市场配置资源的主体作用，承认商业发展、市场经济发展对促进中国社会发展的根本性作用。要承认经济建设仍然是国家取得国际竞争力和获得国际话语权的重要基础，也是实现国家复兴的重要物质保障。

因此，未来中国社会的发展，对于"以经济建设为中心"的认知，仍需要借助市场经济及商业发展的力量。经济建设仍然是中国社会发展的重要力量，我们需要进一步确立市场经济、商业文明在中国社会的地位，保护好企业家及企业的创造力与创新力，承认他们通过各种创新满足人民对于美好生活的向往、通过商业优化社会资源配置并解决社会发展问题的重要作用，保护企业家与企业的积极性。

中国社会的政治理想是大同世界、人类命运共同体的建设。但在过去几千年农业文明的实践与探索中，似乎缺乏实现理想的物质保障。而过去几十年中国"以经济建设为中心"的社会实践中，脱贫、人民生活水平不断提升、中国经济发展对于全世界发展中国家的启示，已经证明中国"以经济建设为中心"的主张，不仅带来了经济发展，对于人类社会的发展也有巨大示范与促进作用。

因此，"以经济建设为中心"不仅应该成为现代社会建设的一种观念、价值观，还应该促使全新商业文明的形成。企业的本质是实现社会幸福，商业的本质是推动人类社会进步。

钢筋、数字与生态

笔者重温了美国学者贾雷德·戴蒙德（Jared Diamond）于1997年出版的跨学科著作《枪炮、病菌与钢铁》。这本书试图回答一个根本性问题：为什么不同大陆的人类社会发展差异如此巨大？例如，为何是欧洲人征服美洲、非洲和大洋洲，而不是相反？

书名中的"枪炮、病菌与钢铁"是作者提出的三个关键因素，看似无关的三者共同构成了欧亚大陆（尤其是欧洲）在近代取得全球优势的核心原因。

戴蒙德的核心论点是地理环境决定论，通过枪炮、病菌与钢铁三个符号，揭示欧洲文明依靠地理和生态因素，通过农业、技术和疾病传播的连锁反应，塑造了现代世界的权力格局。

该书也引发了笔者对于文明发展与现代文明竞争逻辑重构的思考。于是，笔者与DeepSeek（深度求索）就《枪炮、病菌与钢铁》的再思考与产业竞争逻辑进行了一番非常有趣的交流。

欧洲文明竞争模型与中国的"种田流"

戴蒙德在《枪炮、病菌与钢铁》中构建的文明竞争模型，本质上是一套"暴力—寄生—技术代差"的掠夺逻辑。

中国地处欧亚大陆东西轴线的另一端，为何没有发展出欧洲文明的侵略性？况且，中国的火药技术、钢铁技术发展还早于欧洲文明。

对此，DeepSeek 在交流中讲到，中国虽然最早发明火药，但主要用于庆典烟火和有限的军事用途。中国冶铁技术领先（如宋代的年产量达 12.5 万吨），但产品多用于农具和日用品，而非武器升级。

戴蒙德认为，中国的发展受地理束缚，西部多山、东部临海的封闭环境提供了早期发展的稳定性，但也削弱了其对外探索的动力。与此同时，制度的早熟与文化也是问题的成因，集权体制和儒家文化在维持大一统的同时，抑制了多元竞争和技术革命的可能性。中国长期将农业视为经济根本，压制私人商业和海外贸易发展。

DeepSeek 在比较两种文明时，将欧洲文明比喻成喜欢开宝箱的冒险游戏玩家，靠抢装备（枪炮）、放毒（病菌）、堆资源（钢铁）升级；中国更像是个种田流玩家，是修水渠、搞物流、建村子，慢慢把地图铺满的"种田流模式"。

DeepSeek 举了个例子：郑和下西洋带的是瓷器和农书，西班牙船队带的是火枪和《圣经》。一个想和别人做买卖，一个想抄家，这是文明底层逻辑的分岔点。

欧洲文明正是通过技术暴力（枪炮）、生态替代（病菌）、生产力碾压（钢铁），实现了对外资源的掠夺与榨取，发展出了外向攫取型的文明。中国是通过水利工程、官僚控制、技术驯化，实现了内部复杂系统的平衡，发展了其内向的稳定性文明。

两种文明对风险的偏好不同，选择了不同的发展路径。欧洲大航海是"高风险—高收益"的冒险，背后是封建领主、商人、教会的利益博弈。中国郑和下西洋却是"低风险—负收益"的政治展示，因为中国历史上的官僚系统天然厌恶不可控的变量。

动机的不同使得知识演化路径也不同：欧洲火药促成了军事革命，中国火药却用于节庆烟花；欧洲钢铁铸造大炮，中国钢铁锻造农具。技术用途由系统决定，中国与欧洲两种不同的系统体现为内生性整合与外生性征服的不同。

中国文明的内核与物质基础

欧洲文明的内核源于古希腊哲学、古罗马的律法精神与古希伯来的信仰文化。若将中国文明的历史维度拆解为"意义内核"与"物质基础"两个层面，其意义内核体现为解决"如何凝聚人心、定义存在意义"的问题，核心词语是儒家伦理、家国同构与文化涵化，所对应体现的社会功能便是道德秩序、社会组织与文明韧性。

儒家伦理以"仁""义""礼""智""信""中庸"等构建个人与社会的道德坐标系，替代宗教的绝对神权。在成为官方意识形态后，宋明理学通过"天理"概念将伦理宇宙化，不同于一神教的排他性，儒家具有兼容世俗性与开放性的特点。

儒家将家族伦理（孝悌）放大为国家治理逻辑（忠君），形成"修身、齐家、治国、平天下"的连续体。不同于欧洲"个人与上帝"的垂直关系，中国强调"个人、家族、国家"的横向扩展。

几千年的文明也锻造了文明韧性，通过汉字、史书等工具，异族文化被纳入中华体系，"夷狄入中国，则中国之"，文化的海纳百川最终体现为有容乃大。不同于欧洲的"征服与皈依"模式，中国更倾向于"融合与转化"。

不同于西方文明空间维度发展的路径，中国选择了时间维度的发展，主要体现在文明的延续上。作为一个农耕文明国家，首先要解决"如何维持庞大人口、支撑文明存续"的命题，其中最为重要的就是水利技术。水利技术是对抗洪灾风险的阀门，以中央集权动员大力修建大型水利设施、缓冲旱涝灾害对农业的冲击则发展了其制度文化。

水利是生产力：秦国修建都江堰使成都平原成为"天府之国"；隋唐大运河打通南北物资调配动脉。但在中国历史上，水利不仅是经济工程，更是政治合法性的象征。水利技术带来的刚性，成为中国文明的物质基础。水利又不单是一种技术，它还是一种文化，化险为夷、变害为利的文化。水利更是中国的一种信仰，动员国家力量，干成"功在当下、利在千秋"的大事。

儒家伦理为集权提供道德合法性，官营体系利润支撑官僚系统的运作，家国同构抑制阶级撕裂、维护政治稳定，精耕农业避免"马尔萨斯陷阱"，文化涵化消解外部冲击、延续文明，水利工程减少环境突变导致的系统性崩溃，内部稳定抑制了外部扩张的动力。

中国文明能跨越数千年动荡而不中断，其自成体系的文化柔性消解了社会矛盾，用物质的刚性维持发展的底线。相比之下，欧洲的"枪炮、病菌与钢铁"是单向突破的工具组合，中国的体系更像一个可以自我修复的生态球——不易对外爆发，更难从内部瓦解。这或许解释了中国始终是"超大规模文明"，而非"全球霸权帝国"文明的原因。

但戴蒙德的框架揭示了一个残酷现实：在近代全球化初期，"枪炮，病菌与钢铁"仍然具有强大的破坏性，"力量"也可以压制任何自有"意义"的文明，包括中国文明在内。

中国文明已经绵延五千年，西班牙的全球霸权仅维持了不到两百年。这种对比或许暗示：文明的终极竞争力，仍在于能否在"意义"与"力量"之间找到平衡。

DeepSeek 认为，欧洲的竞争力体现在"突破地理边界"，中国的优势在于"消弭时间断层"。前者追求空间的扩张，后者追求时间的绵延。这是戴蒙德的启示与文明路径的分野，而工业革命的分水岭，实则是两种文明逻辑的断裂点。

文明的进化与新的博弈

工业革命期间，英国通过蒸汽机与纺织机械建立技术代差。21 世纪，技术霸权已演变为对核心产业链的绝对控制。从 2020 年到 2023 年，美国商务部将 1200 余家中国实体和机构列入制裁清单，重点打击半导体、AI、量子计算等关键领域。以 EUV 光刻机为例，其核心部件来自全球 5000 余家供应商，但美国仅需限制 0.03% 的关键组件（如 Cymer 公司的激光源），即可瘫痪中国 7 纳米以下的芯片研发。这种"精准窒息战术"的成本效益比，远超 19 世纪的炮舰外交。

DeepSeek 认为，按照"枪炮、病菌与钢铁"的欧洲文明竞争模型逻辑，今天以美国为主的西方文明，其"枪炮、病菌与钢铁"已演化为军事、金融、数字复合体，生物、舆论、气候混合，战科技、教育、产业链闭环，本质是通过规则私有化，将全球体系变为"升级版殖民网络"。

DeepSeek 分析，现代"枪炮"即军事、金融、数字复合霸权。通过军事投射网络化，美国海外军事基地超过 700 个，控制 16 个海上咽喉要道，建立了其非对称打击的体系。通过 SWIFT 金融系统，美国垄断了全球的结算系统。通过数字殖民主义，美国掌控全球90%以上搜索、移动操作系统和社交网络流量，塑造信息边疆。通过建立人工智能伦理框架，美国主导了AGI（通用人工智能）研发，同时制定规则排除他国参与。

DeepSeek认为，现代"病菌"，就是生物、舆论、气候风险操控。通过疫苗知识产权，美国垄断mRNA疫苗专利；通过基因编辑技术，实现生物技术霸权；通过操纵社交媒体，如Twitter（现已更名为"X"）算法放大特定叙事，TikTok数据审查争议显示信息流动的"选择性阀门"等。

DeepSeek进一步分析认为现代"钢铁"是科技、教育、产业链闭环，如：尖端科技护城河，光刻机与高端芯片；高等教育的虹吸；全球产业链治理，掌握微笑曲线、设计和品牌，并形成"中心—外围"的剥削结构。

笔者认为，文明有它的基因，也必定存在其迭代逻辑。正如"枪炮、病菌与钢铁"所建构的竞争模型一样，在现代化的语境下，有它的迭代逻辑。当然，中国文明在改革开放与工业化的背景下，也得到了全新的进化。不仅如此，在比中国更早进入现代化的日本、韩国、新加坡等国家，也显现了儒家文化体系在现代化发展中的张力。

欧洲文明的迭代，也迫使中国必须重构它的解释框架。当下的中国为什么执着于修高铁、高速公路、机场与码头、超级电网与5G基站？这应该是农耕文明的现代转译。

战国时期李冰修都江堰，成就"天府之国"；今天"东数西算"工程把贵州水电变成北京AI算力。大运河与高铁，灵渠与公路，逻辑一脉相承。今天的基础设施建设都是历史上的"水利工程"。它们都需要国家的统一与强大，需要集中力量办大事的体制保证。

今天的中国消耗了全球60%的水泥、50%的粗钢，建成了占世界70%的特高压电网、65%的高铁里程。中国基础设施的密度革命，用30年建成人类史上最大规模的基础设施网络，这不仅是经济行为，更是中国现代文明的物理载体。

我们在此好像寻找到了"基建狂魔"的历史基因，这种跨越两千年的工程思维，本质是通过时空压缩，将地理劣势转化为竞争优势。钢筋就是中国制造的硬核底座。

中国新的竞争力模型

在与DeepSeek的交流中，笔者提出中国竞争模型的三位一体系统：钢筋、数字与生态。

这是基于中国竞争模型的产业组织现代转译。我们发现，特斯拉上海工厂的"中国速度"背后是基础设施与产业链的深度耦合：长三角"4小时产业圈"在300公里内解决95%的零部件供应，物流成本仅为德国鲁尔区的1/4。希音公司的数字化快反供应链，通过实时抓取全球时尚数据，新品从设计到上架仅需7天。这种组织能力使中国在全球产业转移中实现"反梯度承接"——从服装、玩具直接跃迁至新能源汽车、光伏、半导体等高端制造。

当西方还在争论AI伦理时，中国已将其转化为治理工具。杭州通过10万个路面传感器实时优化交通信号灯。深圳海关智能审图使CT机1秒完成货柜扫描（人工需5分钟），2023年查获走私案值提升220%。

当ChatGPT还在用巨量资本囤积算力打造护城河时，DeepSeek已经开始诱发中国全产业图景的场景深度耕植，并通过场景大面积应用开始反哺研发投入。DeepSeek法律大模型通过解析2.1亿份中文裁判文书，特定子任务准确率达91.7%。华为盘古气象大模型实现台风路径每小时预测更新，较传统方法误差平均降低20%。

这种场景优先的策略正在特定领域构建不可逆的优势。中国政府也开始导入AI数字模型，提高决策与服务效率，建设数字化服务型政府。中国开始定义智能时代的规则权力，开始社会治理新的范式革命，以规避中国人情社会在现代化发展中的文化短板。从"世界工厂"到"数字工厂"再到"数字社会"，中国正在实现从企业、产业到社会治理能力的跃迁。

中国有着庞大的人口基数，民俗风情多姿多彩；幅员辽阔，地理形态丰富，生态多样；制造业门类齐全，覆盖着全世界制造业所有的大门类与细分门类，供应链非常齐全。由于中国各种场景丰富，容易发展出系统共生的进化网络。

深圳华强北的硬件创新生态就展现出了超强韧性，3小时内配齐智能手机80%以上的常用零件；开发一款智能手表原型仅需2万元（硅谷需20万美元）。大疆从华强北柜台起步，10年内占据全球消费无人机70%的份额。大疆的案例表明，技术构想与资本都可以挪动，产业生态却难以撼动。

华为鸿蒙的生态突围不同于安卓的"标准化"，鸿蒙的分布式架构适配汽车、家电、IoT设备，甚至是智慧城市的管理。中国已有7亿终端的搭载，形成"硬件+OS+服务"的闭环。这种生态使中国制造的规模优势逐步升级为系统优势。产业生态的"热带雨林"效应，正在塑造产业竞争力的生命网络。

基于钢筋所代表的基础设施、数字所代表的场景突破与生态所代表的创新系统，中国正在进行着前无古人的临界点实验。

中国还在进行着全新的能源革命，中国光伏组件成本10年降

75%，宁夏"光伏－数据中心"直供电模式使算力碳强度约为美国平均水平的一半。华大基因的"AI+基因编辑"育种技术，使大豆亩产提升25%。

当特斯拉柏林工厂因环保审批拖延两年时，宁德时代德国工厂投产后迅速实现现金流平衡；当OpenAI耗费数亿美元训练GPT-4时，DeepSeek用1/10的成本在垂直领域实现可比性。

在这些对比中，钢筋代表着基础设施与制造业的硬实力，数字代表着智能化与数据驱动的治理能力，生态代表着供应链、人才与创新的共生网络。钢筋不仅支撑物理空间，更重塑产业时空秩序；数字不止于工具创新，更在定义智能文明新规则；生态超越简单协作，构建抗脆弱网络。

中国竞争力的模型表明，文明的高度不取决于征服多少土地，而在于能否将技术演进与人类福祉深度耦合。

在AI智能的背景下，钢筋已经从物理基建走到"硅－碳共生基座"，传统基建仍是经济底盘，但AI时代需要叠加数字新基建，包括智算中心、星链卫星和液冷服务器集群等。中国2025年将建成100个新型智算中心，单中心算力超1000P（1P=每秒千万亿次计算），支撑大模型训练。这是从钢筋水泥的基础设施变成"硅基（芯片）+碳基（生物制造）"。

生态则是从供应链到"数据、人才、资本"的超循环。通过AI重构生态要素，将中国拥有的全球最丰富的场景数据，构成AI训练天然优势；40%的全球顶级AI学者为华人，中国高校年培养50万AI相关毕业生，这成为中国新的创新生态。

数字是从工具到"文明操作系统"，通过AI赋能数字升维，实现中国社会治理的升级、产业的重构以及生成中国文明与世界新文明接口。使数字从"连接器"变为"创造者"，成为文明演进的内生变量。

当 2060 年碳中和目标与 6G 天地一体网络相遇时，绵延五千年的"治水"智慧，或将在未来写下新篇章。作为唯一未中断的文明，中国既未通过殖民征服实现工业化，也未在技术封锁中陷入停滞，反而在 21 世纪构建起以"钢筋、数字与生态"为内核的新竞争力体系。这充分体现了一个历史悠久的文明的韧性与由内而外的张力。

这一文明演进揭示，西方的"对外攫取型文明"依赖暴力扩张与资源掠夺，而中国的"内生整合型文明"，可以通过系统优化与生态协同实现可持续发展。这对人类社会发展有普遍的启示意义。中国产业范式的普遍意义在于，"钢筋、数字与生态"不仅是中国的竞争力模型，更提供了一种新商业文明的可能，"钢筋"确保产业基础不被击穿，"数字"可以实现非线性增长，"生态"形成抗脆弱网络。

与此同时，DeepSeek 认为，未来十年，中国的文明范式，将面临两大考验：一是能否在 AI、量子计算等新赛道复制"光伏奇迹"，二是能否让数字治理既高效又包容。答案或将决定，中国产业是成为全球规则的接受者，还是新文明的定义者。

从农耕文明到现代文明的跃迁

笔者认为，虽然中国在现代化的语境下也建立了新的文明架构——"钢筋、数字与生态"，但中国要完成从农耕文明到现代文明的跃迁，仍需要破解诸多核心矛盾。

一是技术自主性与全球化依赖的张力，包括："卡脖子"领域技术，高端装备、半导体设备国产化率不足的问题；数据悖论问题，大模型训练依赖全球开源数据，中文高质量语料仅占全球5%，文化解释权存在隐忧。

二是效率优先与包容发展的失衡。因数字鸿沟的存在，智能化的发展可能加剧地区与城乡分化。工业化的生态代价巨大，而绿色转型面临资源约束。

三是制度刚性与创新弹性的冲突。监管滞后，如AI生成内容的法律责任界定模糊，区块链金融创新与风险管控尚未平衡。存在评价惯性问题，科研经费的60%流向国企，但70%的颠覆性创新来自民营企业，激励机制需重构。

四是文明主体性与全球化叙事的博弈。虽然特高压、5G等技术领先，但国际标准制定权仍被IEEE（电气电子工程师学会）等西方组织垄断。在文化影响力方面，虽然TikTok全球月活超15亿，但海外营收仅占字节跳动总营收的20%，价值观输出尚未货币化。

五是新商业文明发展所需要的社会治理多元共治生态的构建。其中涉及政府角色转型，政府需要从"全能管理者"转向"生态协作者"，如合肥市政府以"资本入股+资源配套"培育产业集群，而非直接干预企业经营。社会治理逻辑需要从"管控型"到"生态型"发展，充分激活社会力量的创造性。

中国社会治理的升级，本质是农耕文明的集体智慧与数字文明的复杂系统管理学的融合实验。其成败不仅关乎国家治理现代化，更将为人类文明提供一条超越"技术垄断—社会撕裂"陷阱的新路径。

六是中国传统文化的现代化表述。虽然中国的"黑悟空"与《哪吒》已经出圈，但什么才是中国传统文化的现代语境？一边是底座，一边是现代化场景，中国文化能否"返本开新"？"返本开新"，"本"就是中国文明的"经"，"新"就是创新，就是运营。"返本开新"，就是全新的经营，有文明根本，有智慧的商业运营。如将"天人合一"传统生态观融入"双碳"政策与中国式绿色经济的理念；用"和而不同"的理念重构全球化的空间规则，推动世界和平与人类命运共同体的建设。

DeepSeek认为，当美国试图用"芯片法案"锁死经典算力时，中国正在架构一个"超导经济模型"——用制度优势实现生产要素的超流动，用文明韧性吸收技术冲击的熵增。决定这场博弈终局的，或许不是谁的系统更先进，而是谁的系统更能容纳不确定性。

生态主义才是中国的文明密码，"钢筋、数字与生态"三位一体的深层优势，在于将农耕文明的"天人合一"哲学转化为工业文明的"系统耦合"能力，"钢筋"不是冰冷的钢铁，而是"大禹治水"集体主义传统的现代演绎。"生态"不仅是供应链，更是"万物并育而不相害"的儒家共生伦理。"数字"不止于技术，更是周易变化与"格物致知"精神在赛博空间的复活。

农耕文明的"治水智慧"与数字时代的"系统思维"能否融合，将决定中国能否走出一条超越"掠夺—对抗"逻辑的文明新路，从而形成一套由内而外，内圣外王的发展逻辑。

文明的夹角：中国经济的第三只眼睛

厦门是个有意思的地方。中国经济自由度最高、市场经济发育最好的三个省份——浙江、福建与广东，处于中国的东南沿海，厦门在这条海岸线的中间点。三个省浙江偏贸易，浙江人是"行商"，"起得比鸡早，睡得比狗晚，走遍万水千山，穿过大街小巷"做生意。广东，特别是珠三角，做制造业，精益求精，再有广交会，全世界客商上门订货，是"坐商"。福建人是"行到哪里坐下来"。

来自广东的企业家，绝大多数都知道广东历史上的"十三行"。"十三行"最终的15个老板，7位福建人，6位广东人，1位浙江人，1位安徽人。十三行行首多是福建人，当时广州四大富豪潘、卢、伍、叶，三位是福建人，其中伍秉鉴是当时世界首富、怡和行的创始人。他多次游历南洋，参股瑞典东印度公司，懂四门外语，堪称商界"睁眼看世界"第一人。

企业家看世界的视角是什么？

中国经济的第三只眼睛

在中国历史上，经济是服务于政治的，中国难有独立的经济发展史，都是政治史。如鼎鼎大名的《盐铁论》，就是西汉经济史，也是西汉政治史，经济发展必须服务于政权建设。如果经济没有服务于政治，那么经济有可能无关紧要。哪怕在清朝经济发展中扮演了重要角色的广东十三行，政府说关闭就关闭。

现代文明的发展，一直由商业和贸易推动着，商业利益一直驱动着欧洲的大航海、全球贸易、宪制改革、工业革命，还有之后的第二次工业革命、第三次工业革命等。海洋贸易，从古希腊开始到西班牙的大航海，再到日不落帝国的荷兰、英国，一直是世界商业文明发展的主线。而其中，中国所参与的部分，居然不是它的正史。

厦门，在巨大的世界版图中，是中国历史上非常重要的一个港口，在中国近代资本与商业发展中扮演着非常重要的角色。

在中国商业发展的另一段历史中，汪直、郑芝龙是南洋华侨的鼻祖。而在中国的历史上，他是海盗与倭寇，真海盗、假倭寇。

中国历史上是一个陆权国家，"普天之下，莫非王土。率土之滨，莫非王臣"。中国是一个农耕社会，与古希腊贫瘠的土地不一样，中国河流灌溉，土地肥沃，依靠农耕与农业税基本上可以维持中央政府对所管辖土地的支出。历史上中国政权的威胁主要来自北方的草原民族，以至于海洋好像无关紧要。

即便是轰轰烈烈的郑和下西洋也仅是陆权思维的延伸，作用主要是展示明朝政权的威赫，而非出于商业利益，更不是殖民与统治。虽然明朝官方后来放弃下西洋，烧毁图纸，但民间商人敏锐地察觉到了海上贸易的巨大利润。于是乎，中国东南沿海的贸易迅速崛起，垄断了东海、南海的海上贸易。

明朝之所以有海禁政策，有两种说法。一是张士诚余孽流亡海外，朝廷需要切断其联系。二是元朝时候，色目人开展贸易，使中国的贵金属大量流向中东，明朝为了禁止贵金属外流，禁止了各种对外贸易、北方的边贸，东南沿海则开启了海禁。

第五章　新文明：一种新型商业文明的历史逻辑与未来图景

但只要有利益，就存在博弈，朝廷间有权力博弈，有政治与经济的博弈，国家间有博弈，朝廷与民间有博弈。朝廷的博弈间，有执政官员与退休官员（江南士族）的博弈，有利益在民间还是庙堂的博弈。戚继光是代表朝廷利益的，商业有边际成本，上岸抢夺如果死伤过重，收益覆盖不了风险，那么就屯兵海外而已。

其实，之所以有倭寇抢夺事件，一开始也是这些朝廷退休大员，拖欠货款，破坏商业信用的缘故。中国历史上的商业，有追求利益，并没有严格的商业信用、契约，因为政治势力，永远大于商业利益。而海外贸易，有中央政府法外之地的味道。它不管你这一套，"你破坏信用，我就硬来"，以至于发展到后来，也不用贸易了，抢掠比贸易收益更高。

虽然明朝廷开启海禁，但很多事情却事与愿违，倒帮了后金的忙。那时西班牙在南美获得大量白银，一是返回欧洲建立无敌舰队，横扫欧洲；二是在菲律宾建立基地，将白银输送进入中国。白银进入中国有两个渠道，一个渠道就是东南沿海的郑芝龙，另一个渠道就是通过朝鲜进入东北。后金人用兽鸟等换得白银，用白银通过山西人购得明政府的铁及武器，打败明朝。

第三只眼睛的视角，不是中国人传统的政治视角，所谓的利益，不仅仅是政府的政治利益，还包含民间的利益。第三只眼睛的视角，不是陆权思维的方式，而必须兼顾世界其他经济更加开放的国家的发展思维模式。用今天的视角看，郑芝龙所开启的海上贸易，才是后来世界经济发展的主流。中国明清政府没有建立这种认知，就会错过四百年。事实上，历史就是这样。

而今的厦门企业家，有没有这种视角，在政治与经济的夹缝间，在陆地与海洋的交会处，在内循环与外循环的接口中？

来自南洋华侨的第三只眼睛

在福建厦门，除了郑芝龙，还有他的继承人、收复台湾的英雄郑成功，他的雕像伫立在鼓浪屿。厦门大学所在的思明区的"思明"，是厦门的前称，是郑成功纪念明朝所起的名字。郑成功虽出生于日本，其母是日本人，但自小学习儒家文化，讲仁义礼智信，死忠明朝廷，经常让唯利是图的父亲怀疑人生。

郑家父子对中国的影响，不仅是收复台湾的贡献。大规模、有组织的台湾移民始于郑芝龙，台湾人讲闽南话，就是福建南部的话。中国大规模的东南亚移民，也在明清，依托沿海港口，漂洋过海，其船舶福建叫福船，潮汕叫红头船。福建南部、广东东部，主要讲客家话、闽南话（含潮州话）。浙南、闽、粤东移民众多，皆因为人多、耕地少、山地多，"富贵险中求，爱拼才会赢"。

郑芝龙、郑成功的贸易集团对东南亚的贡献极大，也造就了中国在东南亚巨大的影响力。有心栽花花不开，无心插柳柳成荫。明成祖通过郑和下西洋打造国家影响力，其收益甚微、乏善可陈，但进入正史。郑芝龙的商业贸易对东南亚产生实实在在的影响力，却在历史上不为人知。

商业可以是社会与国家成本最低的资源配置模式、是成本最低的交易模式、是成本最低的文化传播模式，但不存在于政府的运作模式中，以至于它经常用于交换、利用与束之高阁。而东南亚的华侨却视之为瑰宝，以至于他们到了所在的移民国家，很快成为当地的商业领袖，富甲一方。当国家有危难的时候，他们挺身而出，慷慨赴义。

提到厦门大学，必讲其创办人陈嘉庚。陈嘉庚先生创办集美大学、中学、小学以及厦门大学，慷慨捐资、全力以赴参与辛亥革命、抗日战争。有句话说辛亥革命是"广东省出人，福建人出钱"，其中的"福建人出钱就是陈嘉庚商会发起的。如今中国经济发展快速，大陆人现在有些狂妄自大，并不知道东南亚的这些华侨在哪里。但只要中国处于危难、穷困之际，华侨就会出手。在中国最困难的时候，各种物资、侨批纷至沓来，救人水火，何止万金。

"热爱祖国、情系故里、吃苦耐劳、勇于开拓、笃诚守信"，仁义礼智信，才是中国人的文化根基。不是经济，不是钱，是仁义。"侨批"现在在申报联合国教科文组织"世界记忆文化遗产"，所以侨批不是钱，是一种文化，一种血脉传承，是儒家文化与商业文化交汇的文化遗产。

笔者一直想探求"十三行"为何有诸多福建人的存在，隐约发现一些脉络，就是福建的社团与商会。古希腊的商业文化所依托的是其市民社会，因此契约文化是欧洲文化的基础之一。中国东南沿海的海上贸易，没有政府监管，就只能靠民间自律，因此，发展了社会团体、民间组织及契约文化。

厦门最早有8至10家商会组织，其根源可以追溯到郑成功早年在南洋成立的股份制公司。广东十三行的机制便是参考厦门商会的成例。1720年，16家主要行商宣布，建立广州公行，订立13条章程，规范市场秩序。这是中国古代最大的商会，这些章程显示，十三行商人极为重视信誉，希望交易流程透明化和公平化，有清晰的股份制意识，也将公有财产和私有财产分得很清楚。

历史上的中国商人地位低，缺乏自律，没有规范、没有协作，难以存活。盗亦有道，郑芝龙、郑成功亦商亦盗，并非是明火执仗的海盗，而是收取保护费。发展于福建云霄的天地会，后来的洪帮，有说是黑社会，有说是"反清复明"的力量，有说是底层穷人互助团体，他们也支持孙中山的辛亥革命，其中的优秀分子也有成为中国致公党参政议政的。历史中的人性、社会结构及变迁，是亦人，非亦人。

这些不是我们常见的历史，不是非黑即白，所思考的，有点"存在即合理"的味道。但不是这么简单的理解"存在"概念。"存在"合理的地方，必须存在于百姓的需求，存在于发扬人性向上向善的力量。

英国人当时非常痛恨十三行，觉得十三行的存在严重影响他们的商业利益，必先除之以后快，有点像现在美国对华为。现在的政府讲商业利益，会保护民族企业。清朝政府不明白，民间的利益，集腋成裘也是国家的利益，只将它视为呼之即来、挥之即去的肥肉。十三行要保护自己的利益，有时候需要借助天地会组织的力量。权力也有结构，当民间的权力有真空，就会有力量发展起来。

任正非讲灰度，灰度是中国商业的智慧，也是不得已而为之的智慧。如果中国有其现代商业文明，有现代商业文明的社会架构，有话直说，又何必弯弯绕绕，顾左右而言他？

海外的华侨有时候也是弯弯绕绕，也需要灰度，为什么不能光明正大？光明正大的资本只有华尔街资本、犹太资本，因为它们有强大的国家背书。这也是华侨希望中国强大的根本原因。

在厦门的第三只眼睛

福建商人称"闽商"，做生意需要走出去，需要闯出入，"出生入死",出入的都是龙,呆在门里面的就是虫,这是"闽"的意思吗?

厦门是旅游城市,全国文明城市,百姓安居乐业,其乐融融,福建人都以在厦门拥有房子为豪。厦门周边有泉州、漳州、金门,再外面有台湾省,海不扬波。郑成功正气凛然,南普陀寺佛陀端坐,妈祖娘娘慈光普照,吉祥安康。

广东的企业家普遍有焦虑感,担心接下来生意怎么做。其实,在晴雨之间,在阴阳之间,我们还是能够感觉有一丝分界线,若明若暗,若即若离,难于捉摸,即是混沌,即是灰色。我们企业家学习,不是学习什么,而是提高维度,在边际上创新。

农耕文化与海洋文化间,大河文明和海洋文明间,农业文明和商业文明间,就在中国的上海、宁波、泉州、广州有重大的交会,同时,它们又引领了中国经济从陆地走向海洋,从大陆架走向深海,与世界经济融为一体。

在一次研讨中,企业家们认为要珍惜海外贸易的机会。一是与世界先进国家交互,企业才有进步。二是相对于国内市场,国际市场产业分工清晰,供应链关系相对合理平等,利润有保证。三是市场经济秩序良好,关系维护简单,合作有确定性。

中国与美国在经济发展上全方位竞争,也非常正常,关键是我们对市场经济的理解,对全球化的理解到位吗?还是用中国人传统的思维去定义商业?中国政府对经济的发展定位究竟是经济为政治服务,还是政治与经济必须同时服务人民,以人民的利益为中心,并建立相应的制度保障?在"一带一路",《区域全面经济伙伴关系协定》(RCEP)下,民营企业作为经济发展外循环的主要力量走出去,用全球化的视角看中国,用海洋文明的视角看中国,从现代商业文明的角度看中国。只有开放系统,才能实现熵减，改善和提升自己，才能实现进步，才不会像明朝、清朝一样，以为通过海禁、迁海令就能够产生想象的效果。

清朝初年，清政府为了对付台湾郑成功父子领导的东南抗清力量，以及防止沿海人民起义，实行了大规模强制迁徙濒海居民的法令，史称迁海令。要求沿海居民内迁五十里，并将房屋全部焚毁，不准沿海居民出海。此举使中国数百年来的航海成就毁于一旦，沿海地区千里无鸡鸣，航海贸易一落千丈，同时沿海地带空虚，海盗趁机活动，沿海社会治安不得安宁。广东、福建两省就荒废576万余亩土地，浙江丧失上千亩良田，渔业与盐场遭到毁灭性打击。政府的盐税、渔税、商税等方面的收入也大量减少。

清政府迁海令最负面的效果是使中国失去了对东南亚的影响力，华人不再以贸易集团的形式出现在东南亚业务中，中国也彻底失去了融入近代世界的机会，南洋华人分散为各种小社团，没有再形成大规模的组织结构。真正海外的影响力，是经济。但经济的基础，还是文化，商业文化及其社会伦理。一带一路，民企企业走出去，不能仅是投资，没有文化输出的投资，是投机。

政治考量与经济思考问题的方式不一样，在过去40多年的改革开放中，政治建设的出发点是"以经济建设为中心"，政治与经济发展的目标是一致的。这在中国几千年的历史进程中，是非常开明与开放的政治。只有经济发展，才有老百姓的共同富裕和社会的发展。但中国毕竟是几千年陆权思维的国家，再加上世界经济发展的环境有时候对于中国不是特别友好。

民营企业，希望国家继续加大改革开放的力度，改善民营经济发展的环境，建设平等、公平、自由、有序的国内统一大市场，建立商业文化系统，发展新的商业伦理，发展新的商业价值观。

另一方面，笔者建议民营企业，要创造条件，主动走出去。

不仅仅是闽商不走出去就是一条虫，不走出、不闯出去的所有中国企业、中国经济，也会变成一条虫。因为封闭，就会熵增，这是历史非常深刻的教训。这就是厦门的历史视角，"易中天们"应该研究厦门及中国的商业史，特别是中国的海上贸易、华侨史，为中国新商业文明发展、商业伦理发展做基础，这是厦门大学经济与历史研究的应有之义。

历史交汇的时代，需要用智慧去思辨，没有对错，如果有，是时间和空间来评判。把厦门放进历史，放进从黄水到绿水、蓝水的经济博弈中；把企业放进历史，放进农业文明走向新商业文明的历史进程中，放进世界经济发展的大格局中，说不定就有雄霸一方的中国人世界首富扎堆出现。

从泉州、厦门走出去的南洋，现在的东南亚，一直游离于中国大陆的边缘，也是若即若离，好像是中国经济发展的一条暗线。现代中国及企业通过"一带一路"走出去，再也不是孤苦伶仃漂洋过海，而是带着一种新的力量，资本与商业的力量，文化的力量，崛起的力量，重新出发。

民营企业要珍惜这种机遇，打开一种新的格局，纵横捭阖、运筹帷幄、风云叱咤的格局。台湾海峡、东海、南海，不是风险，而是机遇，亚洲崛起的机遇。

企业参与社会治理的底层逻辑

从 2020 年年底至 2021 年，国家市场监督管理总局陆续开出针对互联网企业的巨额反垄断罚单，备受社会特别是企业家群体的关注。事实上，反垄断这股风潮也并非中国独有，世界各国对互联网企业都有类似行为。

提起反垄断，从事胶粘剂生产的"隐形冠军"企业中山市金利宝公司董事长陈世岳曾深有感触地讲，世界石油化工行业的发展，得益于 20 世纪初对洛克菲勒标准石油公司的反垄断。

一方面，标准石油当时占据全美 95% 的石油市场，通过垄断获取巨大利益，又何必创新？另一方面，第二次工业革命以后，科学家从石油和煤中提炼了大量化学物质，并以此作为工业原料，推动化学工业发展。

陈世岳说，反垄断不是针对企业规模，而是这些公司因垄断妨碍社会的创新与技术进步。

很多投资人都会问互联网创业企业：BAT 进入这个赛道怎么办？如果互联网企业利用垄断地位获取利润，不用来做前瞻性研究或未来的技术研究，而是跟小企业争赛道，那就必须重罚甚至分拆。洛克菲勒标准石油公司后来被拆分成 34 家公司。

反垄断在某种程度上会促进经济的良性竞争和新兴企业的崛起。虽然微软躲过被拆分的命运，但因其开放了系统才有机会产生后来的苹果 iOS 系统及安卓系统。

成为社会企业家

要理解中国的反垄断就不能离开实现共同富裕这个大的目标前提，共同富裕是一个远大的社会理想，是中国几千年来的社会抱负与追求，是未来可期的社会场景，不是多少罚款的问题。

2021 年 8 月，习近平总书记在主持召开中央财经委员会第十次会议上就提出要坚持以人民为中心的发展思想，在高质量发展中促进共同富裕，正确处理效率和公平的关系，构建初次分配、再分配、三次分配协调配套的基础性制度安排。社会分配机制主要有三个层次：基于市场机制的初次分配、基于政府财税收入的再分配、基于社会力量的三次分配。

有数据显示，中国企业特别是民营企业，是中国慈善事业捐赠的主体。根据中国慈善联合会《2018 年度中国慈善捐助报告》的统计数据，2018 年中国民营企业全年捐赠约 450.32 亿元，在捐赠主体中占比最高。《2019 年度中国慈善捐助报告》显示，2019 年中国共接收境内外款物捐赠 1701.44 亿元，其中，内地接收款物捐赠共计 1509.44 亿元，占 GDP 的 0.15%；最大的捐赠来源为企业，占比为 61.71%。

虽然中国慈善事业快速发展，三次分配比例不断提升，但无论是制度安排输出的结果还是最终的规模数量，还不足以与初次分配和再分配相比。因此，慈善捐赠更多是一种补充，通过特定社会功能去解决社会某种功能缺失所导致的问题。

三次分配强调在不增加税赋的前提下，基于自愿和爱心驱动，实现对收入分配的调节。除了经营好企业、遵纪守法、依法纳税，企业家成为捐赠主体、承担这种责任的逻辑是什么？

首先就在于企业家是推动社会发展的主体力量，而不仅限于经济作用。其次，推动社会共同富裕所需要的不仅是资金的捐献，还有企业家经营能力、配置社会资源在社会建设中的作用。

因此，企业家作为推动社会发展的主体必须有参与感，并非"被自愿"和出于临时动机。企业的社会地位、社会身份需要得到重新确认，而非传统历史上的商人地位。儒家所定义的"士"的身份，或许更加符合未来对企业家的定位，企业家也可以"修齐治平"报效国家。

由于新的定义、新的社会逻辑，未来企业家有可能成长为服务社会进步的社会企业家。

乡村振兴中的企业家责任

2019年8月19日，181家美国顶级公司首席执行官在美国商业组织"商业圆桌会议"上联合签署《公司宗旨宣言书》，宣称公司的首要任务是创造一个更美好的社会，重新定义公司价值，不是股东利益第一，而是社会价值优先。

一是为客户提供价值，满足客户期望；二是保障员工薪酬、绩效的公允，开展员工的培训和教育，包容并尊重员工的多样性；三是维持与供应商的良好关系，公平交易；四是参与社区活动，保护环境；五是维护股东利益。

现代企业管理之父德鲁克认为，企业的使命无非有三：实现经济绩效，促使工作具有生产力而且让员工具有成就感、社会影响与社会责任。经济绩效是优先使命，因为其他的社会使命，诸如教育、卫生保健、提升知识等，都有赖于经济资源的盈余。德鲁克同时认为，企业存在的合理性评判标准不是企业自身利益，而是社会利益。

稻盛和夫对于企业价值的排序，一是员工的幸福，二是顾客的价值，三是社会的价值，四是股东的价值。企业只有"追求全体员工物质和精神两方面的幸福"，把全体员工的积极性和创造性释放出来，才能真正"为人类社会的进步发展做出贡献"。

而中国企业家的底层文化逻辑是什么、有什么，值得每一位企业家深入思考。或许如上文所述，儒家所定义的"士"之精神可以作为深刻底蕴，奋发有为，以利天下。

总而言之，我们应当以义为利、义利并举，以实现社会幸福、推动社会发展为前提。这是中国社会进步的体现、中国文化自信的体现，也是中国新商业文明的体现。

习近平总书记2020年11月考察江苏南通张謇故里时就指出："张謇在兴办实业的同时，积极兴办教育和社会公益事业，造福乡梓，帮助群众，影响深远，是中国民营企业家的先贤和楷模"。

乡村振兴、共同富裕都是关系中国社会前途及未来的大事。虽然企业家经营的都是自己的企业，但必须将企业的发展放在国家发展大环境下。特别是乡村振兴，关系中国8亿农村及城镇人口共同富裕的问题，是中国建设共同富裕社会的重点。乡村振兴所涉及的不仅仅是资金问题，更是经营问题、资源配置问题。政府所能供给的是政策及部分资金，具体经营需要有能力的人去操办。

未来的乡村振兴、社会扶贫，重点不是钱，是经营能力。中国乡村振兴需要建设新的能力，需要新组织、新文化、新机制、新人才、新产业、新生态。

现在的企业家基本都受过良好教育，本就是儒家文化中的"士"。企业能够做强做大，这些企业家的身心都经受过锤炼，也有相当好的领导力与执行力。激发企业家们参与社会治理的愿望，或许能够真正激发"三次分配"发挥作用。

乡村振兴有企业家参与，或许可以通过企业家的经营，以企业发展赋能乡村振兴，通过企业的经营方式，提升乡村的经营水平和效率。张謇就是近代振兴乡村的乡绅及企业家代表。

当然，中国历史上的农村本就是乡村社会，是生活、生产、生态的"三生模式"，不仅是一种生活方式，更是一种文化的传承方式。所以，乡村真正的振兴不能止于"致富"。

企业家参与社会治理，参与共同富裕社会建设，不仅需要投入资金和用心经营，还要参与建设乡村的文化及生态。企业家讲文化与生态不是口号，而是稻盛和夫所讲的企业"哲学血肉化"。因此，新农村还必须要有新思想、新价值观和新文化。

企业家的职能就是通过把社会问题转化为商业发展的机会，满足社会需要。尽管当前，企业经营遇到前所未有的挑战，这恰恰反映出时代发展需要改变，需要新动能。

一家"裙带关系"简单的企业

笔者走访了深圳市嘉业精密科技有限公司（以下简称"嘉业公司"）。在这家主要生产智能穿戴、汽车、光学、医学、航空等各种精密金属零件的企业里，"人拉人"来工作是常态，充满了乡里乡亲的"裙带关系"，简单却形成了其独特的企业文化。

从饭堂开始的企业文化

"我们全体员工在这里免费吃饭，员工家属申请食堂每天三餐用餐，只收10元/天，员工的未成年小孩只收5元/天，"嘉业公司总经理邱军勇如数家珍地介绍其公司饭堂，"我们饭堂由3个厨师长轮流值月，每人轮值1个月做厨师长。不同厨师长的偏好与出品不一样，每月举行一次'菜品民意调查活动'，根据收集的意见，相应增减菜品，以满足多数员工的口味，我们几乎可以做到每月菜不重样。"

据邱总介绍，饭堂的团队为了让自己的菜品能够得到员工肯定，会花很多心思把饭菜做好，自己做包子、馒头、花卷。以前晚饭的菜梗经常扔掉，现在他们把菜梗做成泡菜当作开胃菜。中餐、晚餐及消夜，确保三荤两素一汤，并且为满足喜辣员工的需求，其中必须有一辣；每周会有一天加一个大荤菜，逢节日都会有一次大加餐。自己做的自己吃，货真价实，员工们在自己饭堂吃得开心、放心。

我们开玩笑说，广东媳妇炖汤，是管好老公的胃、留住老公的心。嘉业公司是不是千方百计管好员工的胃，就能留住员工的工作？原来，饭堂也是竞争力？

邱总没有正面回答，只是说，公司要把饭堂做好，确实要花更多预算。比如，自己包包子、做泡菜、做豆浆，得给加班工资，这样可能比外面买现成的成本高，但质量有保证。

邱总提到，嘉业公司很多员工都是他的江西老乡，吃住都在公司免费提供的饭堂与宿舍。有单身员工房，也有夫妻房和家庭房。很多员工一家几口都在嘉业公司上班，镇里村里的亲戚也都在嘉业公司。饭堂的菜好不好，乡里乡亲的，知根知底。有没有经常吃到家乡饭菜，员工也心里有数。

嘉业公司的员工，很多都是老乡招老乡，亲戚招亲戚过来的，确实是一家"裙带关系"非常紧密的企业。如何在一个现代化大都市里面，留住工厂员工？

邱总说，不能一面高收入，一面高支出，让员工把工资都用在住房与点外卖上。员工实际收入需要有获得感，吃喝拉撒睡都在工厂及宿舍，不用在外面花钱，赚到的钱都是自己的，回家乡就盖美美的小洋楼，是这代工人最实际的梦想，所以饭堂要好，住房也要好，企业必须有温暖。

嘉业公司的竞争力是什么

为何嘉业公司把留住员工当成是他们最重要的工作？

在嘉业公司的产品展览室，我们看到了各种各样的精密配件，有相机的金属框架、用于汽车的金属连接件、用于机器狗的脖子转向本体与手臂、用于军械的精密件、用于医疗的穿刺针等等。没有真功夫，不揽瓷器活，精密出精细，精细出匠心。

嘉业公司每年生产4000~6000款高精密零部件，供给全世界各行业的头部企业，其最核心的竞争力来自拥有一批经验丰富、技术过硬的员工。他们熟悉各种金属材质的加工要求，能够攻克各种技术应用细微场景的复杂工艺，越是有技术挑战性的产品，他们越是兴奋。

邱总18岁时因家庭的一场意外，辍学去工厂当学徒工，从车床、手磨车刀开始，成长为一名技术工人。后来随着同事到深圳一家外资企业当工人，这期间自费学习各种绘图软件，并将所学用到实处，不断发掘与创新，主动向公司提出成立"机加工部"自行测绘制作内部老旧进口设备的易损配件，解决了从国外采购零配件周期长与成本高问题。自学自动车床凸轮工作原理和设计，设计、制作自动接料器、长件接料器、自动铣床等设备。后来，受同事邀请创立新的企业，再后来又自主创业。

这些经历让他确立了几个人生信念：一是每个人都有无限可能，只要用心，总有机会，无论学历高低，能力高低，只要用心，总有奇迹；二是做人要简单、纯粹，一心一意，一辈子做一件事，一定能够"行行出状元"，成为大师；三是不忘初心，终身学习。

他说，大学生不愿意到工厂，嘉业公司的工人很多都是来自农村的普工，技术都是经过多年培养的。中国工人朴实厚重、勤勤恳恳，只要扎扎实实对他们好，他们会付出超出想象的努力，企业也会获得超出想象的结果。

工人没有文凭与职称，怎么衡量他们的技术水平与能力？为此，嘉业公司建立了一套严格的员工培育、考核、晋升管理体系。员工分制造类和检测类两个大类，从普通操作工一二三级，到技工一二三级、技师一二三级，再到高级技师，刚好是十个技术等级。员工经过培训通过考核，就能够晋升级别加薪。

邱总说，这样管理有两个好处。一是员工有预期，即员工可以预期他们在嘉业干了多少年，能够达到什么样的技术岗位与收入水平；二是员工成为技师有荣誉感和成就感，因为他们已经是可以在大城市立足的技术工人。

在邱总看来，有预期的员工与团队管理起来比较规范与容易，员工也比较不容易流失。他说，也有企业到嘉业挖人，一开始工资开得高，但因为没有晋升体系，实际上几年后也就没有在嘉业公司的工资高，并且在技术积累上显得"技不如人"。

邱总认为，嘉业公司是一家由普工经过多年努力沉淀出来的技术公司。那么，一群没有任何技术基础的普工，是如何被训练成一支能够供货全世界顶尖企业、攻坚全世界顶尖技术工艺的技术团队的？

邱总曾在中央电视台一档节目看到关于迈瑞医疗董事长李西廷的采访。节目中，李西廷提到，在国内90%以上的硬镜市场被外资品牌垄断的情况下，迈瑞医疗打破外企垄断，为国内硬镜领域带来了创新产品。而硬镜系统生产工艺复杂程度很高，对技术人员和工装夹具的依赖性很强，也成为"卡脖子"技术。

邱总补充介绍到，全球能够具备这种生产工艺的都来自日本一个家族企业。因为技术工人短缺，日本这家企业产能供给有限，全世界做硬镜产品都要在这家企业排队等候产能。日本企业不像中国企业，有订单拼命扩张，而是坚守技术壁垒，客户只能排队。一个医疗器械高科技产品居然受到一项工艺产能的限制，原来工艺也可以是壁垒，也可以让企业成为卖方市场。

邱总看完节目后很激动，因为嘉业公司已经有很深的类似产品技术积累，也有很多关于医疗尖端器具的生产经验。于是，他们快速与迈瑞医疗技术团队达成合作。邱总讲，跟中国大公司合作，企业成长很快。以前跟国外大公司合作，对方只要求依葫芦画瓢就行，不必知其所以然。中国大公司所需要的不仅仅是一项技术、一个产品，而是一个能够理解他们技术特点、客户需求的稳定技术供应商。他们还会提供情报，为供应商的技术研发方向提建议。

嘉业公司在新能源汽车领域也经常碰到类似情况。比如汽车雷达，很多新能源汽车的工程师没有汽车雷达研发的经验，但很清楚雷达所要达到的技术指标，要求近乎苛刻，因为他们需要极致的客户体验。传递到嘉业公司，又是一项具有挑战性的工作。

邱总说，嘉业公司最爱啃硬骨头，优秀的技术公司、工匠就喜欢挑战。这就是嘉业公司的企业文化与核心竞争力，也是嘉业公司不二的"管理意识形态"。承接具有挑战性的技术项目，也是企业获得较高毛利率的保证。

嘉业公司现在协助国内企业完成技术"卡脖子"问题的同时，还大幅度降低价格，保证及时供货，并配合采购商新的技术攻关项目。公司已成为一家拥有1万多平方米精细生产厂房、400多台高精密自动化生产设备的制造企业，产品出口遍及美国、德国、加拿大和日本等国家和地区，客户包括西门子、马斯康、西匹埃、索尼、尼康、奥林巴斯、东芝、加藤电机等知名企业。

邱总讲，嘉业公司400人的员工团队中，10年以上员工有60多人，5年以上员工近200人，员工队伍非常稳定。将工艺技术作为核心竞争力的企业，没有员工的稳定，就没有办法承接技术难度更大、更高端的产品订单。

邱总认为，一家企业的技术实力并不仅仅是由高端的、先进的设备堆砌而成，而靠的是工艺。通过长期做各种复杂产品，员工才拥有丰富经验，及时总结这些经验，就形成嘉业公司的经验与人才数据库。

做百年企业，关键还是人

邱军勇的目标是使嘉业公司成为一家百年企业。

在中国，成为一家百年企业最重要的因素，不是家族传承，而是文化传承，共享的文化、共创的文化，为客户创造价值的文化，为社会服务的文化。

为此，嘉业公司2024年开始了新的股改计划。高管们原来的股份是协议股，现在嘉业公司学华为，把股份正式分配给高管们，让他们成为真正的股东。邱总说，嘉业公司没有融资上市计划，因为资本不是嘉业公司发展壮大的杠杆，管理人才、技术工匠才是嘉业公司做成百年企业的最大保障。打造百年企业是不折腾、不急于求成，坚定信念、一步一个脚印、日积月累的全过程。

笔者探问，嘉业公司现在的技术生态位，是否跟日本年轻人不愿意从事制造业有关系？日本企业面临制造业人才不济的问题，以后可能也会在嘉业公司以及中国制造业未来发展中出现。这将是嘉业公司做成百年企业的挑战，也是中国制造业的挑战。

邱总表示确实如此。中国年轻人现在也不愿意从事制造业中繁重与重复的体力劳动。不过，中国毕竟是发展中国家，还有大量的人口需要工作。嘉业公司以前招聘大学生很难，现在有大学生来了，稳定后也会推荐他们的同学及校友前来应聘。

他认为这主要与企业待遇、生产环境、生活配套、发展前景、员工实际收入有关系，还有就是中国制造业现在的智能制造与数字化发展。他觉得中国制造业比较幸运，社会观念变化与企业转

第五章　新文明：一种新型商业文明的历史逻辑与未来图景　　373

型、技术发展周期刚好赶在一起。如果在制造业人才青黄不接时再来搞智能制造与数字化，人才就会断档，很多IT（信息技术）跟OT（操作技术）就难以结合。

嘉业公司现在已经在做机器人试验。从一个岗位试点到一个车间试点，再到全面推广。先培养出一个团队，进行企业的自动化改造与智能再造，再逐步提升。这几年公司招回来的大学生，很多就从事相关工作，也配合大学的产学研。而且，公司很多员工都鼓励他们的子弟去报读金属材料、精密加工、智能制造相关的大学专业。

邱总说，现在中国的工业软件、工业母机发展快速，适应中国工厂能力也很强；中国现在的工业工程师经验丰富，在企业设备上调来调去也收放自如。如果还是大量地进口设备，掌握不了原代码、控制系统，就很难做到因地制宜、逐步改造。那么小型制造业基于工艺技术形成的优势就不明显，反而要倚重成套的大型设备与大量的资本投入。

有了中国制造新的智能制造与工业软件供给，嘉业公司可以逐步改善，把复杂的、要长期培养的工匠工作分解成为若干个细分岗位与任务，以后操作起来就比较简单，这也是智能制造的基础。

邱总提到，制造业数字化千万不要华而不实。制造业数字化不是搞一个大屏，而是需要很多小屏，包括手机的小屏，打开手机就可以看内部数据，每一个人都可以有工序汇报。运行状态、速度、进展、质量等才是企业内部数字化的核心，生产过程、经营决策都有数字化做支撑，才是真正有意义的数字化。

自从嘉业公司建立了数据库，各种经验就可以固化。比如企业接到新的特殊订单，可以搜索数据库，看采用什么样的工艺技术与工具。这避免了有些员工离职以后，技术经验跟人走，企业又要从零开始研发。

邱总认为，如果管理不细致，管理内耗就会产生。企业采用数据化管理后，新订单的合同评审有数据支撑，产品也可以快速分解指派到生产流程中，员工做完每一个工序后扫二维码，将数据输入系统。由于数据快速实时，设备与刀具能够自动匹配，专门的刀具部门通过系统看到指令清单，就可以调出匹配的刀具并安装好，打好精度，提前进入生产状态。

笔者在工厂看到嘉业公司的刀具库，一千多种，都有二维码，取用有序，繁而不乱。实际上，嘉业公司的数字化能够将每天生产线、设备、员工的生产效率、工作成果及时核算出来。嘉业公司经过测评，其在数字化成熟度方面是二级企业，评价是 2.5 分。

笔者问到，以后有了智能制造、数字化，人还重要吗？邱总讲，无论何时，人都是最重要的生产要素。特别是需要复杂工艺的产品，依然要依赖人的智慧与经验。数字化仅是不断固化人经验积累的成果，提高效率。智能制造也仅是协助人不断提高生产效率，从繁重的体力劳动解放出来，但依然需要经验与拓展认知边界。

笔者问，中国人有没有劣根性，以文化造成对于制造业的伤害？邱总回答，嘉业公司就在深圳，全中国都认为深圳效率高，人容易浮躁，但为何嘉业公司这样需要稳定性和钻研精神的公司能够留存在深圳？中国地大物博、人口众多、观念迥异，关键还是看企业文化与制度。

在他看来，中国人的谦虚、中国人的厚道、中国人的纪律性、中国人的勤劳刻苦、中国人的钻研精神、中国人的朴素、中国人的投桃报李可以成为中国制造业的国际竞争力。他说，这就是为何特斯拉上海工厂比全球任何其他地方的工作效率更高的原因。

笔者问，深圳会不会房租高，管理成本高？企业有没有外迁计划？邱总回答，嘉业公司所在的宝安区，以前属于深圳郊区，他们的工业园，最早也属于村里的工业园。企业踏实了，政府也踏实，会真心实意地支持企业。很多消防问题，员工子女教育问题，社区现在都很照顾。他们之所以没有计划外迁，本质上是让团队踏实、员工踏实、设备踏实。

邱总说，踏实是嘉业的文化。企业踏实容易获得员工的信赖，企业踏实容易获得社区的信赖，企业踏实容易获得客户的信赖。中国制造业踏实就容易获得全世界供应链的信赖。从嘉业公司的实践可知，哪怕很多国际企业供应链迁出中国，只要企业自身踏实，客户还是会依赖你的。

他说，企业数字化、智能化也要踏实，需要根据企业的现实条件来逐步实现，理解力先到位，业务场景先闭环，否则容易浪费资源。

笔者问，何为踏实？邱总回答说，实实在在做人，实实在在做事。踏实了企业才能够一丝不苟，才能够精益求精，才能够十年如一日。实在就是有自己的节奏，风吹不倒，雷打不动。他说，广东提"制造业当家"，深圳推"工业上楼"，但制造业当家的核心价值是什么？就是踏实、以人为本，千万不能以 GDP 为本、以税收为本、以投资与资本为本。

邱总说，如果没有技术工人，嘉业公司一年就几吨的金属材料，能卖多少钱？有了技术工人，才有了一切的生机盎然。社会也必须像嘉业公司一样，对产业工人好，对技术工人好。

笔者认为，一个社会、一个国家、一个地区、一个企业，对于某种群体的偏好与重视，会决定一个社会的价值取向与竞争力方向。比如德国的学徒、日本的工匠与美国的财务与律师。

嘉业公司从饭堂开始，到技术人才的培养，到智能制造，到数字化，因人因时，落到根本，关心、关怀，激发人的善意与创造力，每个人都是可造之才。重视制度建设，重视文化建设，这才是真正的以人为本。以人为本，不是资本为本、土地为王。以人为本，人就踏实，企业就踏实，社会就踏实。人民踏实，企业踏实，社会踏实，制造业才有未来，国家才有希望，民族才有未来。

大企业存在的意义是责任而非攫取

七年前，笔者邀请广州视源电子科技股份有限公司（以下简称"视源电子"）的创始人孙永辉加入促进会。

孙永辉问，企业入会能够享受什么样的服务？笔者回答，视源电子曾是一家中小企业，而今成长为一家大企业，是不是有义务去促进更多中小企业的发展？对此，孙永辉表示，视源电子永远是一家中小企业，要永远保持作为一家中小企业的活力，不能有丝毫的大企业病，也有义务去促进中小企业发展。

为此，视源电子不仅加入了促进会，还主动贡献场地，免费接待促进会会员企业在视源电子参观学习，甚至提供用餐。视源电子的员工自助餐是笔者见过的最为丰盛的，早中晚全部免费向员工及家属开放。该企业还创办了幼儿园和员工体检中心，体检中心也向员工亲属免费开放。"老吾老以及人之老，幼吾幼以及人之幼"，孙永辉讲，企业不仅是一家盈利机构，还应该是社会的细胞，承担社会的某些功能。

而此前比亚迪一则发给供应商的通告，引发了笔者关于制造业发展与企业社会责任的思考。

比亚迪通告的大致内容是：2024年11月18日是比亚迪成立三十周年的纪念日，比亚迪汽车已成为全球首家达成第1000万辆新能源汽车下线的车企。这既是比亚迪的里程碑，也是中国汽车工业的里程碑，标志着中国由汽车大国走向汽车强国，中国汽车迎来高质量发展阶段。比亚迪汽车承认销量的不断突破，得益于技术创新、规模化优势和低成本供应链。为增强比亚迪乘用车的竞争力，比亚迪要求整个供应链从2025年1月1日起降价10%。

笔者认为，比亚迪是一家优秀的企业，但这则通告，反映出其距离成为卓越企业还有相当大的距离，也反映出中国大企业与国际企业在价值观念与社会责任方面的差距。

汽车强国与工业强国

汽车工业可谓是一个国家现代工业的基础。世界上先进的工业化国家，基本上也都是汽车产业发达的国家。以德国为例，国家经济对于汽车产业的依赖度达到70%，汽车产业成为国家工业化的基础。

传统汽车工业涉及汽车零部件制造，包括发动机、变速器、悬挂系统、制动系统、车身、内饰等；汽车材料，如钢铁、铝合金、塑料、橡胶、玻璃等；汽车电子，各种电子设备，如导航系统、音响系统、车载通信系统、车辆控制系统等；汽车模具，为汽车零部件制造提供模具的设计和生产，包括冲压模具、注塑模具等；还有汽车涂装与汽车检测设备等等产业环节。

通过发展汽车产业，带动国家工业化，汽车产业所积累的大量工业知识、创新发明与管理知识，都可以便捷地迁移到更多行业，推动一个国家的工业化进程。

在20世纪90年代，亚洲的马来西亚与泰国就曾提出过"汽车立国"的目标，为此不惜在燃油价格、高速公路的收费上补贴汽车。纵观"二战"后全世界的工业化发达国家，也基本都是汽车制造大国。汽车产业就是现代工业化国家的第一标签。

20世纪末，中国也不惜以市场换技术，引进大量国外汽车品牌，但始终无法进入核心供应链、获取核心技术，最终的结果是中国汽车工业大而不强。

如今，中国汽车工业的快速发展依赖于新能源汽车的兴起，甩开传统汽车发动机、变速器等各种技术门槛，实现弯道超车。事实上，中国新能源汽车的发展仍得益于中国改革开放、全球化产业转移形成的工业基础，中国工业基础支撑了中国新能源汽车的崛起。

按照工业化发展的剧本，工业体系是在汽车产业发展中汲取工业化养分而得到充分发展。中国却走了一条与世界工业化国家、汽车大国不一样的发展路径。中国的汽车产业是在汲取中国工业化的养分后成长起来的。

中国的工业体系不是"汽车强而工业强"，而是"工业强而汽车强"。当然，这当中有彼此成就的部分。中国汽车产业需要对自身在中国制造业体系的作用、贡献与地位有清醒的认知。

汽车产业的高质量发展

高质量发展意味着中国经济已经由高速增长阶段转向高质量发展阶段，从简单追求数量和增速的发展，转向以质量和效益为首要目标的发展。高质量发展的基本要求是生产要素投入少、资源配置效率高、资源环境成本低、经济社会效益好。

从本质上讲，比亚迪突破1000万辆新能源汽车成绩难能可贵，但仍必须清醒认识到中国新能源汽车产业目前存在的问题。

一是中国汽车产业对中国工业并没有起到龙头引领作用，对中国整个工业体系的带动力不强，特别是汽车科技的产业带动效应并没有传统汽车发达国家强。

二是中国汽车产业的利润率普遍不高。2023年度，比亚迪总销量约300万辆，丰田汽车超1000万辆，比亚迪2022年整车销量大约是全球第8。在利润方面，归属丰田母公司的利润达341.97亿美元，比亚迪约为300亿元人民币，比亚迪的全球利润排名约在15名前后。

三是整个汽车产业管理水平对于工业体系的溢出效应不明显。德国的汽车体系在发展过程中，对产业贡献了"双元制"教育。福特汽车贡献了流水生产与质量管理体系。日本丰田贡献了丰田精益制造。特斯拉创造了新能源汽车发展的新赛道。中国的汽车产业对中国工业体系的管理贡献尚在摸索。

比亚迪是中国新能源汽车产业发展中的领先者。中国汽车产业在新能源汽车的赛道上，也取得越来越好的成绩。成绩需要肯定，但对存在的问题也需要清醒认识。所谓的领先，不是基于模仿，而是率先垂范。

供应链的价值

最近，笔者看了产业专家林雪萍所著的《供应链攻防战》。供应链涉及国家以及产业的竞争力，其重要性不言而喻。

中国大企业对制造业供应链重要性的认识显然不足。中国的大企业要清楚，一家企业的竞争力，如果是建立在对供应链企业盘剥基础之上，这一定不是可持续发展之道，起码不符合产业高质量发展的要求。

大企业与供应链企业的关系本就是命运共同体。大企业应该为供应链企业赋能。不仅是提供订单，大企业还需要对供应链提供管理、技术路线规划等。专家们讲，特斯拉比它的供应链企业都懂制造，马斯克是降本大师，特斯拉为业界贡献了其研究的技术资料。

反观中国的龙头企业，对供应链企业好像只有一个要求，就是降价、降价再降价，以及永无止境地拖欠供应链企业的应收账款。国家规定1个月，很多大企业是9个月、1年甚至更长时间。国内某家电龙头企业，其一年供应链融资的利润比制造部分的利润还高。

林雪萍在《供应链攻防战》中提到：苹果手机在中国制造带动了大批精密制造设备商和材料商的发展。如果苹果公司决定要搬迁到印度，这些产能可能会永久性丢失，也可能会导致周边设备商同步搬到印度。

他不无担忧地讲："对中国而言，如果连接力被削弱，就会导致供应链能力等级的恶化，从而阻碍中国制造向更高价值链攀升。保护供应链的连接力，是相关产业刻不容缓的行动。"

一家优秀链主企业的存在是一个国家产业的福音。广州的希音不仅为其供应链企业带去了订单，还带去了数字化改造，大大提升供应链企业的管理水平与制造能力。

笔者认为，哪怕需要通过降本提升企业竞争力，比亚迪也应该要有方法论，并设立一个部门以分类指导供应链企业的降本。

通过广东省中小企业发展促进会的服务实践，我们发现，中国制造业还有很多降本空间，但需要具体的方法论指导。而这些正是大企业可以有所作为的地方，而非简单粗暴地要求降价10%。如果没有空间硬要降低，是否是以牺牲质量为代价？如果降本还有30%的空间，10%的要求岂不是少了？

供应链就是与大企业利益攸关的命运共同体，是企业市场竞争力的重要构成。但它不是价格,而是价值。

企业的社会责任

CSR(Corporate Social Responsibility,企业社会责任),指企业在创造利润、对股东和员工承担法律责任的同时,还要承担对消费者、社区和环境的责任。企业的社会责任要求其必须超越把利润作为唯一目标的传统理念,强调在生产过程中关注人的价值,强调对环境、消费者和社会的贡献。

在近代商业的发展进程中,企业的责任也随着生产力的提升与社会的进步不断迭代。

古典经济学理论认为,一个社会通过市场能够最好地确定其需要,如果企业尽可能高效率地使用资源以提供社会需要的产品和服务,并以消费者愿意支付的价格销售,企业就尽到了社会责任。

19世纪初,两次工业革命带来了社会生产力的飞跃,企业的规模与竞争力都达到前所未有的程度。受社会达尔文主义影响,企业更多强调物竞天择式的自由竞争,而非承担社会责任。于是,大企业极尽盘剥有密切关系的供应商和员工,以此保持企业的竞争力。

19世纪中后期,企业制度逐渐完善,劳动阶层维护自身权益的要求不断高涨,加之反托拉斯、消费者保护等观念及法律的出台,客观上对大企业履行社会责任提出了新的要求,企业社会责任观念逐步形成。

在20世纪80年代,企业社会责任运动开始在欧美发达国家兴起,具体包括环保、劳工权益和人权等方面。而社会对企业的关注也开始从产品质量，延伸到更加广泛的环境、职业健康和劳动保障等多方面。

2002年2月，在纽约召开的世界经济峰会上，36位首席执行官呼吁公司履行社会责任，其理论根据是公司社会责任"并非多此一举"，而是核心业务运作至关重要的一部分。2002年，联合国正式推出《联合国全球协约》，该协约包括9条原则，呼吁企业对待员工和供货商时尊重这些原则。

2017年8月19日，181家美国顶级公司首席执行官在华盛顿召开的美国商业组织"商业圆桌会议"上联合签署《公司宗旨宣言书》（以下简称《宣言书》）。《宣言书》重新定义了公司运营的宗旨，并宣称：股东利益不再是一家公司最重要的目标，公司的首要任务是创造一个更美好的社会。《宣言书》提到了几个重要目标：一是向客户传递企业价值，公司需要关注客户需求，提供高质量的产品和服务，以满足客户的期望。二是投资员工，公司应通过雇佣不同群体并提供公平的待遇来投资员工，关注员工成长和发展，创造积极的工作环境。三是与供应商交易时遵守商业道德，公司需要建立诚信的供应链关系，与供应商进行公平合理的交易，共同推动行业可持续发展。四是积极投身社会事业，公司应该积极参与社会公益事业，回馈社会，为社会繁荣和进步做出贡献。五是注重可持续发展，公司需要关注环境保护和可持续发展问题，采取积极措施减少对环境的影响，为股东创造长期价值。该宣言书不仅是对传统商业理念的挑战和反思，也是对未来商业发展的指引和期待。它鼓励企业不仅要追求经济效益，更要承担社会责任，为实现更美好的社会贡献自己的力量。

笔者认为，企业的社会责任不是一种约定，而是一种自我承诺，应当是企业价值观的体现。

观念与文化

过去几百年间，商业无疑是人类社会进步的重要推动力量。无论是商业需求推动生产力发展，还是生产力进步推动商业进步，两者应是互相成就的。

与此同时，人类的初心也在牵引着社会发展。东西方的哲人都在追求人类的智慧、道德和社会的和谐，通过不同的方式和方法引导人们认识真实自我、追求真理和智慧、实现个人和社会的和谐与幸福。如果没有初心，人类就会陷入物欲横流的泥沼不能自拔。有初心就有理想与追求，企业家们才能锲而不舍、坚定不移。虽然有不同的路径与方法，但笔者相信，只要初心与目标一致，商业与人类就能有共同的未来。

管理学大师德鲁克把企业比作社会的器官，强调企业在承担社会责任方面具有不可推卸的义务，并强调企业"不作恶"是其必须坚守的道德底线。企业不能在明知道经营行为会危害社会的情况下仍一意孤行。德鲁克认为，企业既要行善又要赚钱，必须基于解决社会问题、化解社会矛盾而提出创新。在创新过程中，企业可以把对社会产生的不良影响或社会中本来存在的问题，转化为对企业自身有利的机会。这样的创新是德鲁克眼中的社会创新。

中国现代商业的实践只有改革开放短短几十年，商业的迭代效率之快可以媲美中国经济的发展速度，但与之匹配的商业文明却也是泥沙俱下、良莠不齐。当前，经济发展遇到挑战，能让更多企业冷静思考未来。困难不仅仅是用来解决的，而是用来超越的。优秀的企业家解决问题，卓越的企业家超越自我，他们都需要借助创新，而创新的思维不是因袭，而是来自第一性思维的创造。

林雪萍讲，华为是一家优秀的公司。美国断供后，华为的另一个价值开始浮现，它具有强大的供应链组织能力，可以从头复制一条供应链。华为旗下的哈勃投资公司开始进行针对性的投资，涉及供应链的各个角落，如第三代半导体材料碳化硅、模拟芯片、传感器、存储芯片、功率半导体、软件设计工具等。这些优秀的"小巨人"瞄准一个个被控制的节点，进行全力突围。华为一位高管讲，大数据发挥了作用，他们用1个月的时间就完全拆解并分析了它的供应链，以避免违反美国法律要求的限制。林雪萍讲，华为用了4年时间，完成了13000颗以上元器件的替代开发和4000个以上电路板的反复换板开发。

笔者也接触过很多华为的"备胎"企业。据这些企业讲，华为对他们的帮助不仅体现在研发方向上，还包括建立数据分析的能力，这对企业的帮助非常大。企业拥有研发数据后，可以分析问题，有了数据基础，响应华为的研发速度更快。很多企业表示，自从在华为"转正"以后，企业形成了新的能力，即可以基于研发数据库，给华为以外的企业提供技术方案，而在其他行业得到的经验可以进一步丰富研发数据，有助于提高他们对华为的服务水平。

商人有逐利的一面，但随着生产力和社会进步，商业伦理出现变化。其中，西方新教改革对资本主义的商业逻辑有巨大的促进作用。在改革开放相当长的时间里，中国现代商业受美国管理思想影响深远，包括任正非也肯定了美国乃至西方对华为及其本人的深刻影响。

任正非把绝大部分的股票给了员工，自己只保留0.58%的股份。于东来把95%的利润分给员工。孙永辉也把大部分的股份分配给了自己的创业团队，他自己的股份并不是企业中最多的。

怎么对待财富与社会，中国的企业家开始有了自己的价值判断。而中国传统文化的价值观也在背后发挥了作用。

中国企业家深受中国士精神的影响，"士不可以不弘毅，任重而道远。仁以为己任，不亦重乎？死而后已，不亦远乎？"中国优秀企业家普遍具有国家与历史的使命感。

解决中国制造业大而不强的问题，破局点或许不在制造能力和创新能力上，而在观念与文化上。我们必须从更加宽阔的视野去理解企业的存在对于社会的作用。如果企业存在的价值就是创造财富，那么它不可能得到社会的尊重。这也是中国传统商人、历史上的犹太商人得不到尊重的原因。

通过创新推进了经济与社会的发展、解决了社会的问题，将问题转变成机遇，商人才开始成长为企业家。企业家必须站在历史与未来的维度，去审视自己的企业，才有可能突破历史的局限、穿越周期。企业家最终的使命是造福社会、造福全人类。

中国必须建立自己的现代化工业文明，除了经常强调的科学理性、一丝不苟、精益求精、合理谋利等，中国企业还要强调与合作伙伴的平等关系以及契约精神。

今天笔者如此"苛求""比亚迪们"，是因为中国商业的未来需要大企业去引领。正如世界商业文明的发展，离不开商业领袖们的推动一样，中国新商业文明的塑造，需要华为、比亚迪、希音等企业的力量。只有中国能够代表新商业文明发展的方向，中国企业才能够得到世界的尊重，中国才有资格从商业的角度去谈文化自信。

大企业的存在是责任而非攫取，这既属于一个国家现代化的观念文化，更应是一家现代化企业的认知起点。

企业与共同富裕

当前，我国经济发展进入结构性调整阶段，民营中小企业发展出现停滞困顿。社会有偏激言论认为，民营企业已完成历史使命。有些观点则把当前经济发展的局面与共同富裕社会建设联系起来。在新时代发展命题下，笔者认为有必要重新理解共同富裕社会建设与民营中小企业发展的关系。

从世界范围看，"二战"后，工业革命极大提升了生产力和社会生产效率，增加了社会财富。生产力的发展也导致社会结构的变化与贫富差距的扩大。为了缓解社会矛盾，维护社会稳定，欧洲各国开始探索建立社会福利制度，以保障公民的基本生活需求。

欧洲福利社会的建设有其理论基础。其中，社会民主主义和凯恩斯主义经济学为福利国家的建设提供了重要的理论支撑。社会民主主义强调国家的干预作用，认为国家应该通过立法和行政手段，对市场经济进行干预，保障公民的福利和权益。凯恩斯主义经济学主张通过国家干预经济，刺激有效需求，实现充分就业和经济稳定增长。这些理论为欧洲福利社会的建设，提供了政策制定的依据和思路；而其重要的物质基础则来自工业革命及工业化。

在历史的长河中，无论东方还是西方，公平一直是人类社会的理想。但如果没有现实的生产力作为支撑，理想也将难以实现。工业革命之所以伟大，国家实现工业化之所以重要，就在于新的生产力提供了物质基础。

历史上，中国是一个农业国家，农村与农业的发展问题，始终是我国社会稳定与发展的中心课题。改革开放对于中国的意义是历史性的，通过改革开放，率先完成国家的工业化，让一部分人先富起来，先富带后富，最终实现共同富裕。改革开放从性质上改变了中国几千年作为农业国家的生产形态，提供了全新的生产方式。随着工业化的发展，中国取消了长达几千年的农业税，推进了国家的农业现代化、城镇化与城市化。

经过改革开放40多年的发展，我国已完成了国家的工业化建设。无论是国家、社会，都具备了一定的物质基础。因此，2012年党的十八大再次提出建设新时代共同富裕社会，也是水到渠成的事情。

在过去几十年与西方发达国家的竞争中，效率是第一的，资本也至关重要。"时间就是金钱，效率就是生命"至今仍振聋发聩。一个国家没有了效率，就没有活力，没有竞争力；没有了公平，贫富差距悬殊，社会就没有安定。效率与公平是人类社会发展过程中既矛盾又统一的组合体，中国的历史也交错着效率与公平之间的再平衡。

改革开放允许民营中小企业发展，释放了生产力，带来了效率。民营中小企业的快速发展改变了中国，改变了世界的经济格局。民营中小企业成为中国市场经济的主体力量，是中国改革开放中实现工业化、代表中国经济参与国际竞争的中坚力量。

民营中小企业主要供给了自改革开放以来中国经济的效率部分，其对中国社会主要的贡献集中在几个方面：一是具有国际竞争力的经济效率，体现在我国的对外贸易盈余上，并由它的收益折现出中国资产的国际相对价格；二是应用技术的持续创新，使中国制造处于总体上升的通道，并引发了经济全球化格局的改变；三是通过吸纳就业，改变中国人口的就业结构，使中国从以农业就业为主的国家，迅速转变成为以工业就业为主的国家。就业结构的改变，还促使大批农民进城，推进了中国的城镇化、城市化发展。

中国的民营中小企业，是中国实现工业化、参与经济全球化、推动国家经济发展的重要力量，是实现中国共同富裕社会建设的主体力量。

理解认知差异

党的二十大报告指出："分配制度是促进共同富裕的基础性制度。坚持按劳分配为主体、多种分配方式并存，构建初次分配、再分配、第三次分配协调配套的制度体系。"其中，第三次分配是社会各个主体在道德力量的作用下，通过募集、捐赠、志愿等慈善公益方式自愿进行的收入分配。要充分发挥第三次分配的作用，重要的力量来源之一便是先富起来的民营企业老板。

但发挥民营企业在共同富裕社会建设中的作用，可以是一个更为立体的课题，仅通过捐赠等方式，或许并不能够真正发挥民营企业的作用。

笔者此前跟一位企业家交流时，后者刚好接到家乡政府的慰问电话，希望他能捐款捐物。而企业家的态度是不再捐钱，他认为家乡的领导不一定能够把项目运作好，不能够把资金用好，就是浪费资源。

有的企业家们也经常抱怨政府开展的帮扶项目，不能很好地配置社会资源，项目效率低下，浪费纳税人及捐赠人的资金。这些项目甚至存在贪腐及严重的浪费现象，不按市场规律办事，官僚主义与形式主义严重。

有的企业家们回到家乡，发现家乡的城镇化建设、社会建设发展迅速，但背后更多的是财政资金转移支付的结果。一方面，有的企业家们发现家乡领导花钱毫不吝啬，不是缺钱的样子；另一方面，有的企业家们也看到家乡存在严重的腐败现象。这让企业家们有理由怀疑，当地政府财政转移支付的真正效率以及他们对项目的管理能力，因而对参与第三次分配的热情度不高。企业家们也经常为乡村振兴项目效率的低下与浪费，感到痛心。

笔者在洛杉矶曾接触过美国的一家华人基金会。在美国，基金会要遵循政府规定，每年要捐赠不低于一定比例的资金做公益。为此，基金会征集及审核一些社会慈善项目，给予支持。

美国慈善捐款总额占GDP的比例相对较高，达到约2%，新冠疫情暴发后，这个比例达到2.3%的新峰值。相比之下，中国在这方面的比例仅为0.15%。中国的捐款总额也不到美国的十分之一，这反映出在慈善捐赠方面，中美两国的总体规模和活跃度上存在差异。

中国网民经常抨击部分中国富人去美国捐款。笔者认为，既不要高估富人们捐款的道德性，也不要低估富人们捐款的积极性。做慈善事业，水至清则无鱼，要允许企业家们捐款有一定的私人目的，如亲近政府、亲近目标对象、税收筹划、品牌形象打造以及进行市场公关。

之所以美国社会慈善事业发展规模大，除了完善的慈善法律体系和成熟的慈善市场，还包括为企业及个体捐款提供了良好的环境和保障，如捐赠者可以享受税收减免等优惠政策。美国慈善机构的运作也相对透明和规范，企业家捐款后能够清晰了解到善款的使用情况和效果，增加了捐款的透明度和可信度，提升了企业家与社会个体对捐款行为的满意度。

美国慈善事业的基点是社会，而非政府。激发企业家与社会个体参与社会慈善事业的热情，必须将他们视为慈善事业的主体，而非附庸。美国社会对于慈善事业的认同和尊重程度较高，企业家通过捐款可以提升社会形象和声誉，公众对其企业和个人的信任和支持也会增强。

但企业家主要的社会功能与社会责任是经营企业、合法纳税、解决就业，并通过创新解决社会问题。企业家捐款属于自愿行为，不能对企业家有太多道德约束及绑架。

很多企业家坦然，在中国做慈善与非盈利事业，比做商业更难，更容易招惹骂名。企业家做基金会面临各种各样的管束，运作机构经常要"委曲求全"，很难有做慈善事业为社会服务的荣誉感与成就感。

笔者始终认为，共同富裕社会的建设，特别是第三次分配，必须有更加深刻的制度设计，必须理解企业家对于第三次分配认知的差异，必须让企业家与富人们成为社会慈善事业的主体，让他们得到尊重。承认认知差异，社会才具备丰富性，社会才有力量。社会有力量，中国的慈善事业才能够兴旺发达。

借助现代商业力量

在世界各国，现代农业有不同的发展模式，很多发达国家通过"以工补农"的方式发展农业。国土狭小的以色列，科技是其现代农业的支撑。农业发达的荷兰，其农产品出口金额仅次于耕地面积超大的美国，背后的支撑也是现代科技及工业化。

中国要走共同富裕的发展道路，首先要解决的就是农业与农村生产效率低下的问题。而这些问题，都要通过发展现代农业来解决。中国的农业现代化，同样离不开工业化基础，具体体现为技术、生产方式和商业模式。若不改变生产方式及市场模式，中国农业将难以实现现代化，其中就需要大量民营中小企业的参与，通过技术、经营以及市场配置资源等方式，发展农村经济，振兴乡村建设。

当前，乡村振兴最大的问题是更多在供给侧发力，很少在需求侧做文章，产品不能到达市场。哪怕是帮扶项目、乡村振兴项目，也必须到达市场。

一个单位曾经组团去购买乡村振兴点的产品。员工买回几斤重的鱼、几斤重的鸡，到家里没有配套处理的工具，不知如何下手。这个小细节反映出卖方缺少用户思维。帮扶项目、乡村振兴项目，也必须按市场规律办事，必须有用户思维，否则将会事倍功半，甚至血本无归。

中国的工业化发展也要经历成本曲线发展的过程，没有规模，就没有效益。以前，笔者讲过一个例子，中山小榄镇锁具产业在形成产业集群之初，很多企业参加展览会的展品样本，也要开模具，成本很高。接不到订单，模具就浪费了。日本与德国有做锁具样品的专用设备，但投入要两千万元，那时候是一笔很大的投入，企业不愿意去做没有经济效应的事。而小榄镇政府就把它当作一个公共品投入，若干年实现规模效应之后才转给私人企业运营。政府公共品的供给，大大降低了所有企业市场拓展的成本，更多锁具企业也因此愿意聚集到小榄镇。

乡村振兴也必须按照市场规律办事，尊重市场规律。政府仅是在市场不具备条件甚至失灵的情况下，提供公共品，降低市场交易成本，而不是轻易下场。

中国现代工业发展的基础，不是农业本身，而是工业化的思维，必须借助现代商业文明的力量，包括融入企业家的创业和创新精神，市场化配置资源的理念，工业企业经营中的技术创新、规模经济、商业模式，甚至是科学理性、一丝不苟、精益求精的工业精神。农业与农村发展需要人才，就需要有企业管理与激励的机制。

政府所要做的就是理顺农村生产关系，释放空间，让企业更加简单直接地进入乡村，将现代工业文明的理念融入农村。

促进会不少会员企业，就有很多非常好的技术可以向农业与农村输送，包括智能制造、机器人与农业自动化的结合，光源量子点技术与大棚种植技术的结合，环保技术与农村环境治理的结合，生物科技与农村种植的结合等。由于农业与农村效率较低，技术转换成本就高，难以形成规模效应，企业不愿意做投入。

很多完成积累的制造业企业家，也希望能够反哺农业，并用他们的经营能力，去盘活农村的各种土地资源、房屋资源。

笔者认识不少企业家，他们尊重农民、贴近农民、理解农民，有很好的利益分享机制。同时，他们为农村带去很多新的技术、新的品种、新的观念和经营理念。他们非常重视传统文化，重视人文教育，敦伦尽分。

未来，中国的农村应该是中国人的乡愁，中国人情感的故乡，中国传统文化的重要载体。中国农村可以与养老健康、民宿旅游、休闲度假、绿色经济深度融合，它更需要资本、人才与经营能力的投入。

相对而言，中国的工业资本有了一定的积累，工业产能也有一定的过剩，工业人才也有一定的富余。如果能够改革农村生产关系，让工业进村、企业进村、商业文明进村，一定能够大大促进中国农村的发展，改变农村面貌，促进中国共同富裕社会的建设发展。

共同富裕社会建设的第三次分配，不应该仅是企业家捐款，而是资本、经营能力、人才进入农业与农村的资源分配。

消费型社会的基础

资本与经营进入乡镇农村，有利于农村资产的证券化，农民与农村才可以利用其资产，获得收益及分配，农民与农村才可以拥有财产性的分配收入。

一个重要的意义在于只有增加居民收入，中国的消费市场才能够形成，中国统一大市场的建设才能够形成。在2024年的全国人大会议上，《政府工作报告》也提道："大力推动消费恢复成为经济主拉动力，多渠道增加城乡居民收入，稳定和扩大汽车、家电等大宗消费，培育壮大新型消费，推动生活服务消费恢复。"

国家统计局数据显示，2023年中国人均GDP为1.27万美元。而日本人均GDP为3.39万美元，美国人均GDP为8.04万美元。但中国的人均消费支出约为2.7万元人民币，日本人均消费折合人民币约为16万元，美国人均消费折合人民币约为45万元。中国人均GDP约为日本人均GDP的34.5%，约为美国人均GDP的15.8%；但人均消费却只有日本的16.8%、美国的5.9%。中国与美国的人均消费比不足人均GDP比的三分之一，我国居民收入同步享受国家经济增长红利并不明显。

根据国家统计局的数据，2023年，中国全年社会消费品零售总额达471495亿元，大约是美国的80%~90%，如果中国能够通过建设共同富裕社会，提高居民收入，人均消费比与人均 GDP 比能够与美国逐步同步，中国就可以成为全世界最大的消费市场，是美国市场规模的两倍多。中国消费型社会才能够真正形成。

中国企业为什么要出海，就是要抢订单，没有海外市场，中国制造只能内卷。但如果我们能够建设共同富裕社会，增加人民收入，使中国成为全球最大的单一消费市场，中国就有可能在全世界拥有真正的话语权。中国的优秀企业才能够立足本土，拓展到世界。

共同富裕社会、消费型社会与通过消费拉动中国经济持续增长之间，存在着紧密而复杂的关系，存在着相互促进、相互制约的关系。

共同富裕社会强调的是社会的全面进步和人民的全面发展，不仅包括物质层面的富裕，还涵盖精神层面的富有。在这样的社会中，人民的生活水平普遍提高，收入差距逐渐缩小，消费能力也随之增强。因此，共同富裕社会为消费型社会的形成提供了坚实的基础。

消费型社会以消费为主导，强调消费在整个社会经济发展中的重要作用。随着共同富裕社会的推进，人们的消费需求不断增长，消费结构也不断升级，这为消费型社会的发展提供了广阔的空间，并进一步促进了经济的持续增长。

我国浙江省发布的《浙江高质量发展建设共同富裕示范区实施方案（2021—2025 年）》就提出到 2025 年主要的发展目标，包括人均生产总值、居民人均可支配收入、数字经济增加值占生产总值比重、人均预期寿命、国民体质合格率等，超出关注经济层面的富裕，还注重文化、教育、医疗、环保等各个方面的均衡发展。

福利社会建设与共同富裕社会建设的相同点在于，都是为了提高人民的生活水平，都体现了社会进步对于人全面发展的社会需求。

人与社会全面发展，社会有保障，居民才有消费的意愿，社会才有消费的动力，统一大市场的建设才能够到位，中国经济发展从出口、投资拉动到消费拉动的结构调整才能够实现。

无论在东方还是西方，共同富裕是全人类的理想。中国就有"天下为公""天下大同""老吾老以及人之老，幼吾幼以及人之幼"等社会观念。古希腊哲学家柏拉图也在《理想国》中描绘了一个理想的社会模式，强调公正、平等和共同福祉。

西方近代的社会契约论，也为共同富裕社会提供了理论基础。社会契约论认为，人们通过缔结契约，形成国家和社会，旨在保护每个人的权利并确保社会的公平与正义。这种理论强调共同体的利益高于个人利益，并通过法律和制度来保障每个人的权益，从而为实现共同富裕提供了保障。

笔者始终认为，社会事业必须用社会的力量，市场发育必须借用市场的力量。共同富裕社会的建设，就需要借助社会的力量，特别是现代的商业力量、企业的力量。共同富裕社会的建设，始终还是要回到第一次分配。共同富裕社会建设需要钱，但绝对不只是钱的问题。

第三次分配绝不是要"分配"企业家的钱，是要发挥企业家创新创业的精神及商业文明的力量，借用他们的工业化思维、经营方式及技术手段。无论何时何地，过去还是未来，社会最重要而稀缺的资源，还是企业家与企业家精神。

第五章　新文明：一种新型商业文明的历史逻辑与未来图景

中国制造业的底层重塑：新商业文明的力量

中国曾经是世界第一的农业大国，基于农耕文明的社会制度、农耕及水利技术、儒家文化为主的社会伦理三位一体，支撑中国成为稳定的农业文明国家。

而今，中国已经成为世界第一制造业大国。制造业作为一个国家经济的基础，制造业社会的社会伦理是什么，社会治理应该是什么，必须用全新的视角去探讨。文化及社会伦理的建设是社会价值取向发展的基础，中国建设制造强国，必须有坚实的社会文化、社会伦理做支撑。这也是建设中国新商业文明的立足点与新起点。

以制造业为主体的现代商业社会

中国现在提出制造业高质量发展的方向，要从制造业大国发展成制造业强国。但中国制造业的底层文化是什么？

人的观念由文化所塑造，而文化又有一定的保守性与滞后性。中国传统的农业体系、商业体系、手工业体系属于中国农耕文明体系，中国现代制造业体系源自西方的制造业体系，两者是完全不同的文明体系。

西方的制造业体系形成是资本主义发展的一个重要过程，工业制造业具有相对独立的商业伦理和价值观。马丁·路德的宗教改革，更是奠定了新的商业伦理，赋予经营企业与从事商业的道德合理性。确认合法经营与认真劳动同样是修行，从而释放了推动商业社会发展的巨大道德推动力与精神引领力。

在中国传统文化的社会价值体系中，古有四民，士农工商，唯儒最贵，工商业处在农业社会中的鄙视链底层。而在改革开放的现代产业体系发展中，"熙熙攘攘，皆为利往"。中国人所理解的制造业也只是赚钱的渠道。中国的儒家体系之所以对工商业发展持谨慎态度，就是担心利益心太重，会失去农业社会的根本，本末倒置。

但在现代社会语境下，中国不发展现代制造业、工商业，又会失去发展机遇；发展现代制造业，又与中国传统商业文化及社会认知、伦理不完全兼容。

如果中国制造业还是传统文化视角中的工商业，从事制造业的人们不能得到社会尊重，缺乏制造业发展所需要的工匠精神、长期主义、精益求精的文化，中国制造业的发展也将仅是昙花一现。

文化在很多事情的选择和演进中起到非常重要的作用。德国制造业在第二次工业革命时后来居上超过英国，就是因为德国较早形成了制造业文化，倡导科学、理性、严谨、一丝不苟、精益求精、合理谋利。同时，在职业技术教育上创造了独特的"双元制"体系，让社会人才投身制造业，服务制造业。

过去几十年，中国整个现代工商业体系，虽有德日制造成分，但主要学习参照的还是美国体系，包括企业管理思想、资本理念、商业模式。之所以学习美国商业体系，主要是中国像美国一样，有足够的市场规模和投资空间。所以虽然制造技术粗糙一点，但有了可复制的商业模式，就可以实现投资的"指数性"增长。既然可以一夜暴富，制造业的精益求精还有意义吗？没有制造业的文化底蕴，在金钱和资本的驱动下，各种投机主义就会沉渣泛起。在全球，真正具有制造业文化与底蕴的还属德国、日本。如今，中国强调发展制造业，实际上也是向德日学习，让制造业成为"C位"，而非资本至上。

资本的属性是追求利润与回报，会天然选择回报率高的行业，慢慢地脱实向虚、脱硬向软。结果之一是就业机会减少，中产阶级减少，导致社会贫富分化，引发社会矛盾。中国现在把制造业当成国家发展的根本与支柱，就是为了避免美国的社会问题在中国出现，避免商业投机主义在中国泛滥。

没有美国的金融话语权、原标准制造话语权、科学基础研究及原创设计能力，中国继续学习美国的商业思维，对标美国商业模式、资本投资模式，一定是难以为继的。

但支撑中国制造从大国走向强国的产业基础、研究基础、文化基础、商业伦理，中国企业普遍具备吗？中国企业普遍有德国对制造业那样的坚守、理性，而不投机吗？中国制造业能够拥有它的制造业文化吗？它的商业伦理又是什么？

以人为本的价值取向与制造业文化

制造业文化首先是人的文化。没有高质量的人才作为支撑，制造业发展可能是空中楼阁。德国制造业体系的竞争力，很大程度来自人才体系的支撑，既有底层商业伦理的文化基础，又有整个社会的观念支持，还有现实的利益做保障。

在德国，刚毕业的技术工人年收入可比办公室白领年收入高15%；技术工人年收入可达45000多欧元（约合30.7万元人民币），远高于公务员；部分资深技术工人工资收入甚至比大学教授更高。德国对职业教育的投入是对普通教育的3倍，而中国普通教育投入是职业教育的3倍。

中国制造发展，人才是瓶颈。中国从事制造业的人口大约在1亿左右。相关研究预测指出，至2025年中国制造业十大重点领域人才缺口将接近3000万人。即使每年有1000万的职业技术学校毕业生，也不能满足产业需求。

原因主要有四方面：一是专业不对口；二是所学能力与社会需求脱节；三是社会对从事制造业有一定职业歧视；四是从事制造业的收入水平并没有体现国家、社会对制造业的重视。

制造业是国家竞争力的体现，是实现人民对美好生活向往的基础，是实现人类命运共同体的依托和保障。从事制造业、服务制造发展，是服务国家、社会和人民的光荣职业，应该成为中国制造业发展的商业伦理。

以儒家文化为主体的中国传统文化提倡以人为本，今天中国社会也是践行以人为本的价值观。制造业工人是社会生产与服务的主体，应该享受选择职业的自由，得到教育与成长的机会，有服务社会的工作与渠道，得到尊重的权利等。

制造业是国家的根本，制造业从业者的教育、就业、成长就应是国家支撑制造业发展的根本。国家的教育体系也必须以人为本，而不是以上级部门行政命令为本，教育成果必须经过社会检验。特别是职业教育，其教学成果必须经过产业、企业的检验和认可，并以学生的能力提升、工作成果的实现为根本。他们所获得的薪酬、社会地位必须体现对应的社会尊重。

而除了以人为本的主价值取向，过去几十年，中国制造业文化还有很多沉淀。制造业文化中的匠人精神、科学理性在企业中留下烙印；中国儒家文化中集体主义的组织性与纪律性、"士为知己"的认知、艰苦奋斗的精神以及为国家为企业争光的"修齐治平"理想等，也深度融入了现代的制造业文化中。

经过工业化多年的交融、沉淀、酝酿与发展，中国制造业文化逐渐展露其独有的"气质"：以人为本，有教无类的教育思想，行行出状元，每个人都可以成为大师。让每个人都尽可能地发挥天赋与能力，让他们在研发、工艺实现，以及音乐、美术和体育等各行各业都有自己的成就。制造业文化及工匠精神的培养，需要为人们提供更多工作场景，去打开自己，重新建立人与世界万物的新关系，获得人生与心灵的新认识与新体悟。

日本的工匠精神培育中，也有很多心学与佛学的内容，如心外无物、工作禅等。中国工匠精神中也有庖丁的目无全牛、心物一体，是非常独特的感悟与心理体验。

庖丁之所以成为大师，是他在心物的场景交流中，超越了自己，获得了超越人生的心灵体验、哲学体验，以达到新的思维境界。这可能是中国文化哲学的一个精髓，也可能是中国人工作场景中一个非常特别、形而上的话题，属于中国文化与中国人精神在制造业文化中的独特体现。

以企业为载体的新社会组织形态

在传统农业社会，中国人有非常强的家庭属性、家族属性，也就是集体属性、社会属性。中国人如果没有被组织起来或组织不起来，就可能是一盘散沙；一旦被组织起来，拥有了其社会属性、集体属性，潜能就会被激发出来。

改革开放初期，中国农村人口走向城市的制造业发达地区，一开始并不适应。后来企业与城市逐步建立了管理制度与规范，这一群体在现代化的企业管理语境中被组织起来，生产、生活就显得更加有节奏、有效率。可见，在现代工业社会，企业是国民工作、学习与成长的重要载体，更是他们发挥能力及实现人生价值的载体，也是他们参与社会劳动与分工、服务社会、创造价值的载体。

现代企业，不仅为社会提供了就业，为国家提供了产业竞争力，也成为从业者集体属性、社会属性的载体。企业与传统农业社会乡村与宗族的存在一样，是现代社会的重要构成，是社会的细胞，承担了现代社会运行重要功能的实现。

因此，企业已超越简单的生产功能，拥有了重要的社会功能。如何衡量企业的社会价值和贡献？怎么发挥企业的作用，以丰富员工社会生活，支持员工获得全面发展机会？怎样真正把企业建设成为全体员工的命运共同体，让企业能够"发光发热"，对社会进步产生重要推动作用？

遗憾的是，中国的社会组织形态，特别是基层的组织形态，还没有完全脱离原有农业社会的管理形态。现代工业社会必须拥有现代工业社会的组织形态，企业组织的建设与发展，对社会的建设尤为重要。

2019年8月19日，包括苹果、百事可乐、摩根大通与沃尔玛等上市大企业在内的美国工商团体"企业圆桌会议"，发表了名为《公司的目的》的宣言。该宣言强调企业将更重视履行对社会的责任，不再独尊股东利益，并希望重新界定企业在当今美国社会中的角色。这项宣言已获得美国188位顶尖企业首席执行官的联合签署，以示共同负责。宣言承诺，企业应该在改善员工福利与教育培训，以及环境保护方面进行投资，并且公平对待合作的供应商。宣言写道："我们每个企业都有自己的企业目的，但我们对所有利益相关者都有着共同的承诺。每个利益相关者都至关重要，我们致力于为所有公司、社区和国家未来的成功创造价值。"宣言还强调，"美国人民应该拥有这样一种经济，让每个人通过努力工作和创造力获得成功，并过上有意义并有尊严的生活。我们认为，自由市场体系是为所有人提供良好的就业机会，壮大可持续经济，实现创新和健康环境的最佳手段"。

看来，现代社会的组织体系中，企业不仅有生产功能，服务社会的物质需求，也有组织与教育功能。企业不断发展的价值主张，成为推动社会观念进步的新力量。正如管理大师德鲁克所讲，企业是社会的器官，企业不是为它们自身而存在，是为实现特定的社会目标而存在，为满足社会、社群以及个人的特定需求而存在。企业通过管理实现使命：经济绩效的实现，促使工作具有生产力而且让员工具有成就感、社会影响与社会责任。

企业家精神与新商业文明

既然企业是现代社会的重要器官，需要发挥企业的社会功能，以确保社会功能发育的完善以及社会美好愿望的达成，那么，需要赋予企业及企业家新的社会地位，让企业家拥有更多话语权。

按马克思的观点，所谓现代商业文明就是需要建构与工业社会生产力发展相匹配的生产关系与社会伦理、现代价值取向。现代的企业家不能像在古代商业中那般成为政治的附属，用一顶"红顶商人"帽子，来换取政治对商业活动的保护。德鲁克也称企业管理是博雅教育。"博雅"（Liberal）一词源自拉丁文，包括知识、自我认知、智慧以及领导力，是对精英阶层和统治阶层进行的一种教育，目的在于培养人的高尚品格和德行。

古希腊的社会精英是哲学王，中国古代的社会精英是士。士的精神，是修齐治平，是希望天下大同、天下为公。中国儒家的"大学"是"大人之学"，"大人"就是立于天地，"与天地并生"的社会精英。德鲁克认为管理的本质就是去激发和释放每一个人内心的善意，从这一点上，东西方文化源头倒是有相似之处。

在今天现代化的语境中，士不单指士大夫，而是指有理想、有追求，愿意服务社会、服务大众的社会精英群体，他们可能是社会工作者、企业家、各行各业的大师。行行出状元，行行都可以有社会精英群体的存在。

德鲁克认为，企业家群体能够通过其创新创业，解决存在于社会的种种问题，有社会责任的企业家应该成为现代商业社会非常重要的支撑。企业家的精神是一种责任，是创新、敬业、诚信、务实、合作和学习的精神，应该成为社会共同的精神财富。

马克斯·韦伯在《新教伦理与资本主义精神》中写道："这种需要人们不停工作的事业，成为他们生活中不可或缺的组成部分。事实上，这是唯一可能的动机。但与此同时，从个人幸福的观点来看，它表述了这类生活是如此地不合理：在生活中，一个人为了他的事业才生存，而不是为了他的生存才经营事业。"货币只是成功的标志之一，对事业的忠诚和责任，才是企业家的"顶峰体验"和不竭动力。

熊彼特认为作为资本主义"灵魂"的企业家的职能就是实现创新。因此，可以把他所称道的企业家称为创新型企业家。在现代商业社会语境中，企业家本应该是现代商业社会的"灵魂"，而不仅是资本主义的"灵魂"。只要社会存在着创新的需求，存在着未被满足的社会需求，企业家就应该是现代社会的脊梁。

在德鲁克的著作《管理的使命》中，企业家需要承担各种各样的社会责任，需要不断地学习、思考与实践。优秀的企业家需要创造价值，贡献社会，不满足于仅对既存事物进行修正和改善，而是创造价值、满足需求，将问题转变为机会，在新的构想下将已有的资源重新组合，促进社会整体效率的提升。

敬业诚信、不懈追求、学习创新、创造价值、奉献社会……是新时代企业家精神，也是新商业文明下的社会价值新取向。

任何观念、文化、制度的形成，都是在历史的前行中不断演进、检讨、迭代和发展的。中国以儒家文化为农业社会伦理也经历了长期的形成过程，制造业文化和新商业文明概莫能外。

社会主义市场经济是中国历史上新的经济发展尝试，重要成就是使中国成为工业化国家，有机会成为现代化、现代文明的国家。国家工业化使人民生活品质提升、国家富强。工业化是现代化的基础；企业是现代社会的细胞及社会基层组织；企业家及企业家创新精神、工匠精神是社会活力、产业竞争力的重要体现。

确定基于中国制造业文化、新商业社会的伦理，对中国社会的文化现代化、新的文明的形成尤为重要。这也是国家在现代化发展语境下，取得社会共识、获得世界认可的根本，是中国的儒家文化与西方制造业文化一次全方位的交融与全面构建。

后　　记

《正道：中国制造企业的新出路》终于要在生活·读书·新知三联书店出版了，这是我前半生未曾料想到的事情。十年前，时任广东省中小企业发展促进会（以下简称"促进会"）秘书长的玉娟建议我在促进会公众号"岭南商道"下写"行者视角"专栏。今年3月份，在"行者视角"发表十周年之际，我写下了《十年行路，千里回眸》的文章，回忆"行者视角"及我个人在服务社会、服务企业及个人思想上的成长历程。

我以前经常听朋友说，人不要高估自己两三年能够取得的成就，也不要低估一个人坚持十年所能取得的成果。年轻时候没听明白这些道理，而不知是幸运还是不幸，筹备及创办促进会让我没有办法选择其他的人生路径，今年不知不觉就迎来了促进会二十周年的纪念生日。二十年的协会，十年的"行者视角"，当我们以十年为周期来思考人生、事业及社会的时候，实际上我们慢慢可以拥有一种展望更长周期的能力。

十年间，从企业到产业，从企业经营到哲学，从社会组织到社会发展，从商业文化到新商业文明……我所观察与思考的愈发深入本质，从单一视角扩展到多元维度，"行者视角"在业界受到的关注也越来越多。2021年底，我有幸受邀成为《经济观察报》（以下简称"经观"）专栏作家，在报纸开设"微观世界"专栏，与更广泛的读者群体交流、分享。

与《经济观察报》的合作缘起于邹卫国副总编在网络上看到我所写的《中国制造新势力》文章,而后约记者专访我。专访文章《对话谢泓:"小巨人"改写中国商业文明》见报后,经观邀请我在报纸写作专栏。于是,此前几乎没有在报纸上发表过文章的我,怀着忐忑的心情,开始了经观专栏的写作。

经观专栏写作的三年多时间里,我通过与读者交流,得到新的启发与思考,视角进一步丰富。经观每篇文章大约要写个七八千字,文到深处,才见真章,心流涌动,与内心对话,与世界对话,与未来对话。这时候我才明白,文章也是一种修行。

在人潮汹涌、熙熙攘攘的大世界中,有一群人,经营一份报纸,温和而恬淡,坚守而坚定,慈悲而智慧。我认识了经观的很多朋友,执行总编辑文钊、副总编辑陈哲,还有高若瀛等很多很多的记者朋友。邹副总编与高若瀛鼓励我,说很多人在经观写作专栏,后来就结集出版了书籍。但我感觉专栏文章内容比较分散,可能难以成集出版。

邹卫国副总编很关心制造大省广东的企业发展,每年都会来广东调研企业与经济发展情况。在一次关于疫情之后经济发展的调研回京后,他与经观同事做了一个题为"生生不息"的报告。邹卫国副总编思考,企业发展更像是一粒种子长成一棵树的过程,而不是用蓝图造房子、造飞机的过程。企业是生物学,是DNA展开,不是蓝图,不是机械学。他思考经济究竟怎么样、怎么办,是什么阻碍了企业的生生不息,中国经济信心来自哪里。

中国社会、经济界总需要一批批悲天悯人的学者,他们在中国经济一日千里的时候,提出一些冷思考;他们在经济低潮时会走进企业，感受企业家的探索与坚忍不拔的精神，渴望看见中国的未来。

脚踏实地，仰望星空。中国的南方，因为改革开放，涌现了一批批的企业家，这是中国几千年农耕文明及商业文明出现以来未曾有过的一个群体。是他们的创新创业，是他们的坚忍不拔精神、精益求精精神与家国情怀，使得他们总能在中国经济面临挑战的时候于无声处出奇迹，他们是中国经济持续发展与创新的主力军，是面对各种打压仍然蓬勃生长的力量，是中国经济发展中最大的良性变量。

我在广东这片市场经济的沃土中汲取了大量养分，制造业的生态链、创新链，制造业企业的出海与国际化，制造业企业的数字化，无疑都在加速中国制造业进化与中国工业化的进程。

珠三角、粤港澳大湾区更是改革开放的热土，是创新创业企业家的沃土。它从不缺乏创业的激情，从不缺乏市场的灵动，从不缺乏创新的勇气，从不缺乏坚忍不拔的企业家精神。我坚信，只要这片热土在，只要这个群体在，创新创业的梦想仍在，我就有取之不竭的创作源泉。

而我所要关注的，还有它们存在于中国经济，甚至于世界经济的底层逻辑、文化逻辑。我因此不断思考，中国经济的发展，对于世界而言，它究竟是破坏，还是贡献，它的出现，为何导致了全世界经济结构的坍塌？

我去过很多国家，思考为什么二战以后，人类社会的生产力得到快速发展的同时，地球上的很多人类还会陷入无尽的贫穷，发达国家还是极其少数的存在。我理解诸多发展中国家对于工业化与现代化的渴望，但资本逻辑下的工业化与现代化对于它们而言，是遥不可及的。

中国商业要实现现代化的转向，既要抛弃初期照搬照抄西方商业文化的做法，又要告别中国传统商业文化成为官僚体系附属品的角色，这需要发挥中国企业家以创新、实践和创造性思维为核心的精神。企业的使命是实现社会幸福，商业的本质是推动人类文明进步，以此而构建基于人类商业伦理的新商业文明。

我近期在《经济观察报》的专栏文章写道："中国正通过技术实用主义开辟新战场：不是追求绝对技术领先，而是用成本重构、场景深耕和生态协同，重新定义全球的创新规则。"在中国工业化所带来的全球制造生态中，地球上所有的国家，均有实现工业化的普遍可能。

2005年，我在筹建促进会的时候写了三句话，"努力使协会工作成为令人尊敬的职业，努力使协会成为令人尊敬的社会组织，努力使企业家成为社会最受尊敬的群体"。二十年过去，虽然这个目标难以实现，但我觉得这是促进会及我的初心，每当面临一些困难与挑战，回想到我们的初心，就有了向前的动力。

《经济观察报》的朋友认为我专栏的文章虽然涉及多个话题，除了制造业的创新、出海，企业的商业模式、数字化，偶尔也会有关于产业发展、社会治理的，但所有文章都有一个底座，就是对于中国新商业文明及中国式现代化建设的展望与探讨。

中国式现代化的建设，离不开现代政府、现代商业与新社会组织的共同治理，社会建设必须既有底座，又有生态，才有生生不息的创新动能。中国"士"的精神就是修齐治平，为国家计，为天下计，天下万物本是一体，人类命运就是一个共同体。中国新的商业文明，就是为全人类的福祉服务，这应该是中国商业的正道，是中国制造业的新出路。

本书的出版，我要特别地感谢十多年陪伴的促进会同事们，感谢玉娟、薛飞，特别感谢促进会的何平，编辑功底非常扎实。要特别感谢十多年来相伴成长的企业家们，石华山、朱康建、刘小锋、陈险峰、许桂萍、陈日铃、尹育航、温小燕、钱炫舟、陈明汉、庄沛锐、许冠等等，他们是与促进会相伴历史最长的一批企业家，他们的创新思维给我带来了无限的启迪，他们对我的帮助是无私与慷慨的。感谢我的家人，是亲人的爱与陪伴，给了我勇气，让我度过了艰难的岁月。

我要感谢余志川老师、李青老师、丹蕨老师、蔡孟曹老师。我从2012年开始学习中国传统文化、阳明心学，是哲学给予了我新的生命。记得我在2021年7月份参加丹蕨老师在青海的阳光牧学与在拉萨的修学中，感悟了山的庄严，水的灵动，而庄严与灵动是统一的。那一瞬间，我也好像理解了生命的价值：只有把有限的生命投入无限的探索中去，才会真正理解慈悲和爱。此外，还要特别感谢生活·读书·新知三联书店何奎副总编辑的大力支持与帮助，在本书出版的过程中他就书稿的具体内容和框架多次与我商议，并给予了非常专业的指导。同时，也感谢责任编辑李倩老师认真细致的工作。

2025年是促进会成立二十周年，企业及产业发展，社会组织与社会发展，是我服务与研究的两个维度。过去更多地研究企业、制造业的成长，未来我会把更多的精力放在研究社会组织与中国社会力量的成长上。没有中国社会的成长，中国经济的发展将缺乏最为重要的支撑，中国式现代化的建设也或将是昙花一现。

　　为此，我希望结合促进会成立二十周年，再写作一本新书——《我在协会工作二十年》（暂名），以我在促进会工作二十年为引子，思考中国社会多元化、生态化的发展，与读者共同探索中国式现代化建设的方向。

　　再次感谢《经济观察报》的文钊执行总编、邹卫国副总编，还有高若瀛。